D1747311

„hundert"

100 Jahre Theater Dortmund

100 Jahre
Theater Dortmund
Rückblick und Ausblick

Edition Harenberg

Abbildungen Umschlag:
Don Juan (1927), Wozzeck (2004)
Stadttheater (1904), Opernhaus (1966)

»100 Jahre Theater Dortmund«

Herausgeber:
  Theater Dortmund
  Spielzeit 2004/2005
Geschäftsführender Direktor:
  Albrecht Döderlein
Operndirektorin:
  Christine Mielitz
Schauspieldirektor:
  Michael Gruner
Leiter des Kinder- und Jugendtheaters:
  Andreas Gruhn
Generalmusikdirektor:
  Arthur Fagen

Redaktionelle Koordination:
  Dr. Franz-Peter Kothes
Lektorat:
  Prof. Ulrich Huse
Typographie und Gestaltung:
  Prof. Dieter Lincke,
  Annette Pfisterer
Produktion:
  Annette Retinski

Reproduktion:
  Vogelsang-Zander
  Digitale Medien + Kommunikation,
  Dortmund
Druck und Bindung:
  Hitzegrad Print · Medien & Service,
  Dortmund

ISBN 3-611-01269-6

Printed in Germany

© Theater Dortmund 2004
Das Werk ist urheberrechtlich geschützt

Ermöglicht durch die
Kulturstiftung Dortmund

Edition Harenberg Dortmund 2004

Vorwort
der Theaterleitung

100 Jahre Theater Dortmund: Was Gründerstolz und Bürgersinn 1904 mit der Eröffnung des ersten Dortmunder Theaters in städtischer Trägerschaft ermöglichten, bildet bis heute das vielfältigste, zentrale Kulturangebot in unserer Stadt: Musiktheater und Ballett, Schauspiel, Philharmonische Konzerte und seit 50 Jahren auch ein eigenes Kinder- und Jugendtheater.

Über Kriegszeiten und Wirtschaftskrisen hinweg haben die Menschen unserer Stadt ihrem Theater die Treue gehalten, weil es ihnen gemeinsame kulturelle Identität und Selbstfindung ermöglichte. Theaterkultur bedeutet Lebensqualität. Diese seit 100 Jahren erhalten zu haben, verdanken wir der Stadt und ihren Politikern, aber auch unserem Publikum. Die hundertjährige Dortmunder Theatertradition, auf die wir mit Stolz zurückblicken, beinhaltet für uns als Theaterleitung des Jubiläumsjahrs 2004 zugleich eine große Herausforderung und Verpflichtung, aus der Gegenwart heraus dieses Erbe für die Zukunft zu erneuern.

100 Jahre Theater Dortmund: Zum Jubiläum legen wir ein Buch vor, das nicht das Ziel einer detaillierten Chronik aller vergangenen Spielzeiten verfolgt. Unsere Autoren, denen wir für ihre engagierte Mitarbeit an dieser Stelle danken möchten, behandeln unterschiedliche Aspekte der Geschichte und der künstlerischen Entwicklung des Dortmunder Theaters. Dabei entsteht, so hoffen wir, ein vielfältiges Spektrum der Dortmunder Theatergeschichte als Beispiel für die künstlerische Leistungskraft, die Chancen aber auch Gefährdungen der deutschen Stadttheater-Kultur im 20. Jahrhundert.

Unser Dank gilt in besonderem Maße der Kulturstiftung Dortmund für die großzügige Förderung dieser Publikation.

Herzlich sei auch Bodo Harenberg gedankt, ohne dessen vielfältige Unterstützung dieses Buch nicht entstanden wäre.

Albrecht Döderlein
Geschäftsführender Direktor

Christine Mielitz
Operndirektorin

Michael Gruner
Schauspieldirektor

Andreas Gruhn
Leiter Kinder- und Jugendtheater

Arthur Fagen
Generalmusikdirektor

Grußwort
der Kulturstiftung Dortmund

Das Theater Dortmund trifft seit nunmehr hundert Jahren mit seinem anspruchsvollen und vielseitigen Programm den Geschmack und die Wünsche eines breiten Publikums. Die steigenden Zuschauerzahlen sind ein Beleg dafür, dass es sich auf dem richtigen Weg befindet.

Ein Blick zurück auf das Gründungsjahr 1904 zeigt, wie aktuell die damaligen Überlegungen geblieben sind. Dortmund, bis zu den Eingemeindungen nach der Jahrhundertwende die größte Stadt des Reviers, wird von außen als die Stadt von Kohle, Stahl und Bier wahrgenommen.

In der alten Reichs-und Hansestadt erkennt man selbstkritisch, nach dem dynamischen Wirtschaftswachstum des 19. Jahrhunderts, einen Nachholbedarf im Bereich der Kultur.

Die beiden Jahrzehnte vor und nach 1900 sind die große Zeit eines mäzenatisch gesonnenen Bürgertums gewesen. Führende Industrielle wie Albert Hoesch spenden ebenso für den Bau eines Theaters wie Kaufleute und Handwerker. 500 Bürger sollen es allein im Jahr 1899 gewesen sein, 40 Prozent der Grunderwerbs- und Baukosten werden aus privaten Mitteln aufgebracht. Wirtschaft und Bürgertum, das sind auch die Paten der Dortmunder Kulturstiftung, die 1992 im Dortmunder Opernhaus ins Leben gerufen wurde. Sie betonte damit schon bei ihrem Gründungsakt die Verbindung zu dieser traditionsreichen Kultureinrichtung Dortmunds, die nunmehr ihr hundertjähriges Jubiläum feiern kann.

Am 17. September 1904 konnte das Große Haus am Hiltropwall – ein bemerkenswerter Jugendstilbau des Architekten Martin Dülfer – seiner Bestimmung übergeben werden. Die Stirnseite des Hauses schmückten die Verse, die der Stadtbaurat Carl Marx dem Hause widmete: »Nimmer entbehre die strebende Stadt der veredelnden Künste. Opferfreudiger Sinn baute den Musen dies Heim.« Diesem bis heute lebendigen Gemeinsinn verdankt die Kulturstiftung ihre Existenz. Ihn gilt es zum Nutzen und Gedeihen der Stadt auch in schwierigen Zeiten zu hegen und zu pflegen.

Die Kulturstiftung Dortmund kann heute eine Leistungsbilanz vorlegen, die für sich selbst spricht: 150 Stifter und Zustifter brachten bisher ein Stiftungsvermögen von 4,1 Millionen Euro auf. Daraus flossen Stiftungsleistungen von bisher 2 Millionen Euro, die satzungsgemäß der Kunst und Kultur in Dortmund zugute kamen. Glanzstück der Förderung ist bis heute die Konzertorgel im neuen Konzerthaus Dortmund.

Dem Theater Dortmund wünsche ich auch für die kommenden 100 Jahre lebendige und packende Inszenierungen, ein stets volles Haus und viel Applaus.

Heinrich Frommknecht
Vorstandsvorsitzender der Kulturstiftung Dortmund

Inhalt

Vorwort der Theaterleitung 5
Grußwort der Kulturstiftung Dortmund 7

Das Dortmunder Theater:
Eine Zwischenbilanz

»Oper ist immer Grenzüberschreitung«
*Operndirektorin Christine Mielitz
im Gespräch mit Thomas Voigt* 11

Im Räderwerk
*Schauspieldirektor Michael Gruner
im Gespräch mit Annegret Schach* 18

Das Dortmunder Theater:
Die ersten 100 Jahre

Detlef Brandenburg
**Stadttheater zwischen Provinz
und Emanzipation**
*Zur Ideologiegeschichte
einer deutschen Theaterform* 25

Udo Bermbach
Oper in der Erlebnisgesellschaft
*Zum sozialen und politischen Ort
der Oper* 45

Stefan Keim
Impulse und Reflexe
*Der Wandel der Theaterästhetik
eines deutschen Stadttheaters
am Beispiel Dortmund* 55

Seitenansicht des
Dortmunder Stadttheaters
von 1904, noch ohne die
1909 angebaute Pergola
mit Musikpavillon

Günther Högl
**Das Stadttheater –
eine Stiftung des Bürgertums**
Das Theater in Dortmund etabliert sich 69

Michael Holtkötter
»Aufgabe künstlerisch vollendet gelöst«
*Das Dülfer'sche Stadttheater
in Dortmund* 81

Ulrike Gärtner
Die farbige Glut der Bühne
*Hans Wildermann und
das Dortmunder Stadttheater* 89

Werner Häußner
Das Dortmunder Theater 1904 bis 1944
Personen und Entwicklungen 93

Günther Högl
**Das Dortmunder Theater
während der NS-Zeit**
*Gleichschaltung und totalitärer Vollzug
am Dortmunder Stadttheater* 119

Sigrid Karhardt
Auferstanden aus den Trümmern
Die Interimszeit nach dem Krieg 129

Renate Kastorff-Viehmann
Das Große Haus – ein Kunststück
*Der Dortmunder Theaterneubau
von 1966* 143

Sonja Müller-Eisold
Zwischen Schüchter und Dew
Die Dortmunder Oper 1966 bis 2001 149

Rainer Wanzelius
Gute Zeiten, nicht ganz so gute Zeiten
*1965 bis 2004 – Vier Jahrzehnte des
Dortmunder Schauspiels* 174

Marieluise Jeitschko
Ein Auf und Ab im Fluss der Zeiten
*Das Dortmunder Ballett
1904 bis 2004* 194

Bernhard Schaub
Ohne Orchester geht es nicht
*Die Dortmunder Philharmoniker
als Basis des Musiktheaters* 206

Dirk Aschendorf
Die andere Seite des Kunstwerks Oper
*Chor und Extrachor des
Theaters Dortmund 1904 bis 2004* 217

Wolfgang Schneider
**Theater für Kinder – Theater für
Jugendliche – Theater in Dortmund**
*Eine kleine Kulturgeschichte
in 50 Kapiteln* 222

Chronik 1904–2004 227
Autoren 230
Bildnachweis 232

Luftaufnahme von 1966 mit dem neuem Opernhaus an der Ecke Hansastraße/Hiltropwall, dahinter das Kleine (Schauspiel-)Haus von 1950

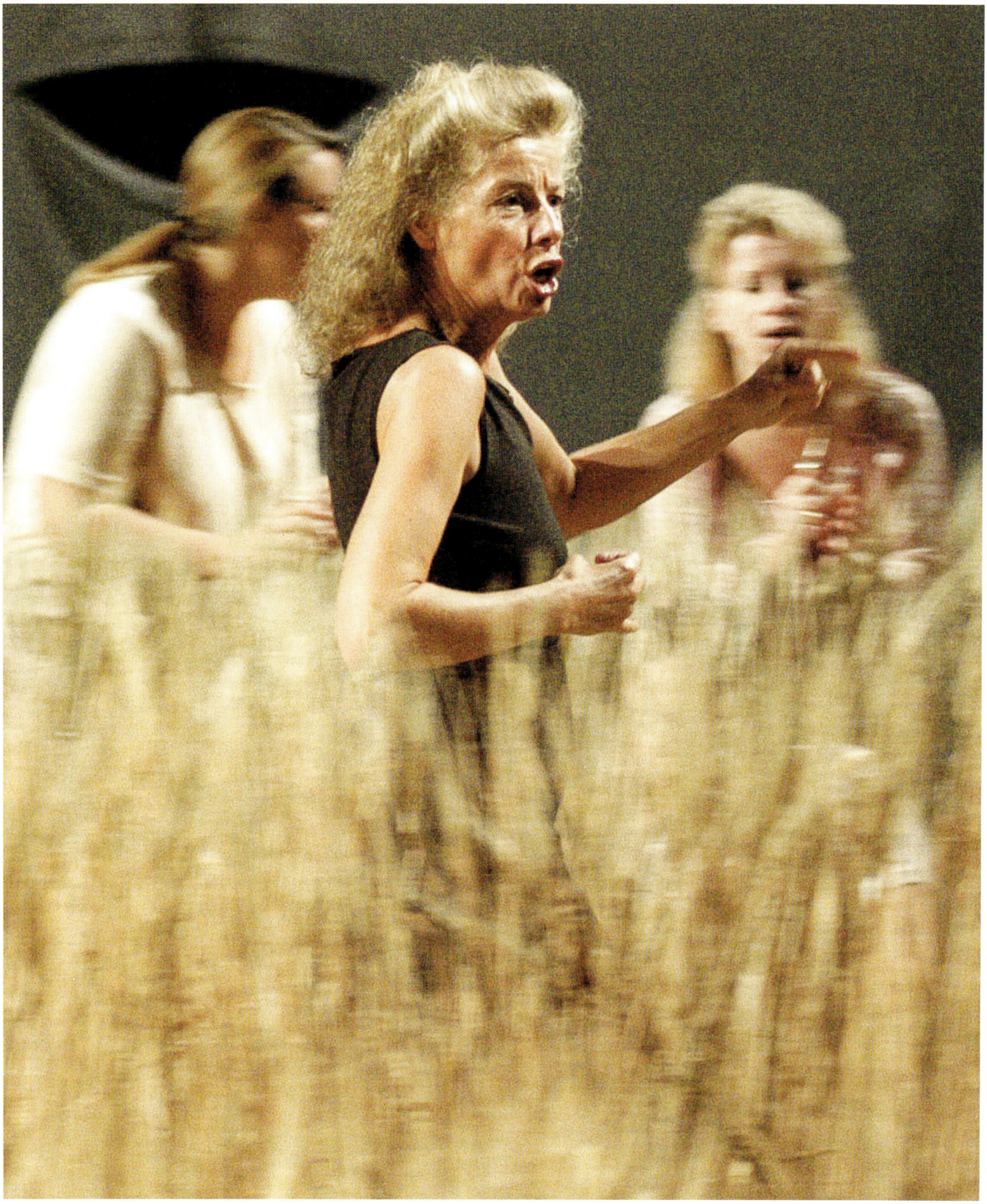

»Oper ist immer Grenzüberschreitung« *Operndirektorin Christine Mielitz im Gespräch mit Thomas Voigt*

Als Regisseurin gehört sie zum »Modernen Regie-Theater«, als Intendantin schätzt sie »altmodische« Tugenden: Christine Mielitz, seit Beginn der Spielzeit 2002/03 Direktorin der Oper Dortmund, äußert sich im Gespräch mit Thomas Voigt über das deutsche Stadttheater-System, über Machtgefühle und Visionen.

Christine Mielitz bei der Probe zu »Eugen Onegin« von Peter I. Tschaikowsky

Frau Mielitz, was reizt eine Regisseurin, die in der großen weiten Opernwelt inszeniert, als Intendantin sesshaft zu werden?

Direkt sesshaft bin ich zweimal geworden: im Moment als Operndirektorin in der siebtgrößten Stadt Deutschlands – in Dortmund, einer Stadt, ganz geprägt von bürgerlicher Eigenverantwortung, ehemalige Hansestadt, dann einer der größten Industriestandorte Deutschlands. Diese Stadt war durch Kohle und Stahl ein ganz besonderes »Energiezentrum« innerhalb unseres Landes. Kohle und Stahl sind fast verschwunden und andere Industriezweige haben versucht, erfolgreich und manchmal weniger erfolgreich Fuß zu fassen. Eine Stadt, die immer wieder im Aufbruchstadium ist.

Davor war ich in Meiningen, einer ganz von herzoglichen Traditionen geprägten Kleinstadt, deren Geschichte mich ungeheuer reizte. Ich wollte wissen, ob man unter gegenwärtigen Bedingungen noch mit dem so genannten deutschen Stadttheater-System etwas bewirken kann. Denn dieses System, das etwas Einmaliges ist auf der Welt, steht ja seit Jahren auf dem Prüfstand – nicht nur wegen der Finanzen, nicht nur wegen des großen Drucks von außen, sondern vor allem wegen der Probleme im Inneren. Und es hat mich wahnsinnig gereizt, dieses Innenleben kennen zu lernen. Ich fühlte mich wie ein Uhrmacher, der in das Räderwerk einer Uhr hineinschaut und versucht herauszufinden, woran es hakt. Und genauso reizte mich die besondere Geschichte des Meininger Kulturlebens. Das hat ja eine ganz große Tradition durch Herzog Georg II. von Sachsen-Meiningen. Er war der geistig herausragende Regent unter den Fürsten des zweiten deutschen Kaiserreichs, ein Künstler auf dem Thron, der sein Land zum »liberalen Musterstaat« formte und der dazu der herausragende Theater-Intendant und Regisseur der Bismarckzeit war.

Der Herzog gilt sogar als Begründer des »modernen Regietheaters« – da dürfte Ihnen die Nachfolge, nebst einer gewissen Identifikation, nicht schwer gefallen sein...

Ich fand es toll, auf demselben Sessel zu sitzen, auf dem Georg II. als Intendant und Regent begonnen hat. Ich finde es gut, die Macht zu haben! Die da so gern auf die »machtgeilen« Politiker oder Kulturmanager oder Theatermacher zeigen – das sind doch meist die, die sich nicht trauen, selbst Verantwortung zu übernehmen. Denn eins ist klar: Irgendwer wird immer die Macht ergreifen. Und dann bin ich es doch lieber selbst und versuche, etwas Positives zu bewirken.

Im konkreten Fall: Zu versuchen, mit dem deutschen Stadttheater-System trotz Finanzkrise und aller Schwierigkeiten etwas auf die Beine zu stellen. Und das ist von der Position des »Nur«-Regisseurs viel schwieriger; da müssen Sie das System einfach hinnehmen. Diese Situation habe ich an der Komischen Oper Berlin, wo wir jahrelang unter dem Verdikt »Ihr werdet geschlossen!« arbeiten mussten, erlebt. Eine solche Situation kann den ganzen Apparat lähmen. Aus diesem Teufelskreis kommen Sie nur heraus, wenn Sie die Macht haben, etwas zu verändern.

Es gab allerdings auch Stimmen, die meinten, dass Sie ein bisschen zu viel auf einmal wollten...

Ja ja, was meinen Sie, was es für einen Aufschrei gab, als ich sagte: Wir machen hier den »Ring« mit eigenen Kräften, an vier aufeinander folgenden Tagen. Da waren plötzlich auch der »Stern« und der »Spiegel« interessiert, nach dem Motto: »In Meiningen findet der letzte Wahnsinn statt!« Natürlich war das eine irre Herausforderung. Ich habe zu den Musikern gesagt: Hier hat Bülow gespielt und Eure Vorfahren haben bei der Uraufführung des »Ring« im Bayreuther Orchestergraben gesessen. Warum sollt ihr das Stück nicht spielen können? Es war ein Testlauf in Sachen deutsches Stadttheater. Zwei Jahre haben wir wie ein U-Boot den »Ring« erarbeitet und dabei nicht eine Premiere ausfallen lassen. Nach 19 Premieren pro Spielzeit haben wir die Vierlinge zur Welt gebracht – und damit den Nachweis erbracht: Das deutsche Stadttheater ist nicht nur zu retten, sondern es kann unglaubliche Hochleistungen erbringen, wenn alle motiviert sind.

Welche Situation haben Sie bei Ihrem Amtsantritt 2002 in Dortmund vorgefunden und was wollten Sie verändern?

Die Menschen dieser Region haben mehrmals ganz festgefügte Grundpfeiler ihres Lebens wegbrechen sehen. Das war auf der einen Seite schmerzlich und sozial schwer erträglich, hat auf der anderen Seite aber eine große Kraft zum wiederholten Neubeginn, unglaublichen Humor und ein sehr starkes Erinnerungsvermögen hervorgebracht. Noch heute spricht man von den Aufführungen unter Wilhelm Schüchter und Marek Janowski. Und man weiß, was man hier in der Ära meines Vorvorgängers Horst Fechner hatte. Auch John Dew hat in Dortmund einiges auf die Beine gestellt, vor allem tolle französische Opern. Aber: Der Faden zum Publikum war gerissen.

Der Wunsch, etwas zu besitzen, das in ihrer Mitte gewachsen ist, ein Theater, ein Ensemble, einen bestimmten Sänger, ist hier stärker, als ich es in anderen Städten zuvor erlebt habe. Und so habe ich zunächst meine ganze Kraft darauf gerichtet, das Dortmunder Publikum zu verstehen und ihm Mut zu machen, wieder in dieses Opernhaus zu kommen.

Szene aus »Eugen Onegin« mit Karolina Gumos (Olga) und Charles Kim (Lenski)

Musikalische Leitung:
Dirk Kaftan
Inszenierung:
Christine Mielitz
Bühne und Kostüme:
Christian Floeren

Premiere: 12.10.2003

Was nicht heißen muss, dass man nur dem jugendlichen Publikum hinterher rennt...

Ich denke nicht daran. Erstens haben wir im Theater immer mit drei Generationen zu tun, und zweitens finde ich es schlichtweg eine Unverschämtheit, wenn einer sagt: »Ja, da sieht man ja nur graue Köpfe im Publikum.« Als ob es ein Armutszeugnis wäre, wenn wir auch der älteren Generation etwas bieten können. Das ist doch gerade die Herausforderung, möglichst alle Generationen zu erreichen!

Überhaupt haben sich die Theater mit diesem Jugendkult in letzter Zeit zu sehr prostituiert – so wie zuvor die Kirche, als sie in den Gottesdienst noch ein paar Rockelemente eingebaut hat. Das mag ja am Anfang ganz nett gewesen sein, aber irgendwann haben sich die Jugendlichen gesagt: Das ist ja alles austauschbar, da kann ich ja gleich in ein richtiges Rockkonzert oder ins Kino gehen.

Ihre erste Inszenierung als Operndirektorin in Dortmund war Wagners »Die Meistersinger von Nürnberg« – auch ein Hinweis darauf, dass die Verantwortung für den Umgang mit Kunst nicht »denen da oben« überlassen werden darf, sondern auch in den eigenen Reihen wahrgenommen werden muss?

Ganz sicher. »Bürgerlich« gilt ja seit Jahrzehnten fast nur noch als Schimpfwort und gerade in den »Meistersingern« hat das »Bürgerliche« natürlich auch seine gefährliche Seite. Aber auf der anderen Seite stehen die sogenannten bürgerlichen Tugenden – Gründungswille, Selbstbestimmung, Selbstfindung –, die alle Generationen an einem Tisch zusammenführen. Und die auch heute noch ungeheure kreative Kräfte freisetzen können, wenn man sich die Mühe macht zu fragen, was ursprünglich hinter diesen Gedanken stand. Und damit

Szene aus »Eugen Onegin« mit Elena Nebera (Tatjana) und Kevin Greenlaw (Onegin)

sind wir wieder beim Stadttheater und beim Bildungsauftrag: Diese Dinge sind über Generationen gewachsen wie ein Baum und es liegt in unserer Verantwortung, wie wir damit umgehen. Dass Politiker, bedrängt von großen sozialen und wirtschaftlichen Problemen, den Wert der Kultur als der Seele eines Gemeinwesens oft nicht mehr erkennen, ist eine Tatsache.

Die Lösung liegt nicht in Schuldzuweisungen, sondern in der gemeinsamen Erkenntnis, dass Kultur vollkommen gleichwertig neben allen anderen gesellschaftlichen Komponenten behandelt werden muss und dass es eine Balance herzustellen gilt. Anders als bei vielen berechenbaren wirtschaftlichen Fragen kann eine kleine Einsparung im kulturellen Bereich einen unberechenbar großen Schaden anrichten. Wir im Theater selbst haben uns immer wieder zu fragen, inwieweit wir das Theatersterben mit zu verantworten haben? Wo haben wir versäumt, etwas zu ändern, und wo können wir es noch? Wo sind zum Beispiel unsere Verbindungen zur bildenden Kunst? Wo finde ich die Partner, die noch an die gesellschaftliche Bedeutung des Theaters glauben? Und ich bin sicher, dass es da noch einige Quellen gibt, die wir uns erschließen könnten, weit über das übliche »Sponsoring« hinaus.

Die Intendantin, die den Kontakt zum Publikum sucht, und die Regisseurin, die als Exponentin des »Modernen Regietheaters« gilt – zwei Seelen in einer Brust?

Wie jeder Mensch habe ich nur ein Herz und eine Seele und möchte beides ganz unzerteilt im Leben und im Beruf wissen. Deshalb bin ich auch außerordentlich allergisch gegen Aussagen auf der Probe: »Also, privat finde ich…« Den Zustand des Privaten gibt es am Theater nicht oder sollte es genauso wenig geben wie zum Beispiel bei Ärzten, Lehrern u. a. Und ich kann doch als »moderne« Regisseurin gelten und gleichzeitig «alte Werte« schätzen, wie zum Beispiel den Gedanken der Publikumspflege. Und den Gedanken der Repertoirepflege. Nur wenn Sie das ABC der Oper anbieten, wird der Zuschauer das Besondere einer Barock-Rarität oder einer Uraufführung schätzen können.

Überhaupt bin ich sehr für »altmodische« Tugenden: Dass man zum Beispiel versucht zu halten, was man beim Amtsantritt versprochen hat. Oder dass man als Intendant der Erste und der Letzte ist, der im Hause arbeitet. Solche Dinge, die eigentlich selbstverständlich sein sollten, es aber längst nicht mehr sind.

Was Sie über die Untrennbarkeit von Beruf und Privatleben am Theater sagten, erinnert mich sehr an einen Brief, den Walter Felsenstein nach einer Aufführung Irmgard Arnold, seiner Darstellerin der Schweigsamen Frau, schickte: Sie hatte zu jemandem gesagt, dass sie in der Rolle nicht jedes Mal total einsteigen könne, sie sei letztens krank nach Hause gekommen. Worauf Walter Felsenstein erwiderte: »Kann und soll das anders sein? Das Zuhause hat keine andere Funktion als die eines kurzfristigen Sanatoriums, das einen für die Stunden auf der Bühne wieder bereitmachen muss.«

Dieser Ausspruch zeigt Walter Felsenstein von den zwei Seiten, für die wir jungen Leute ihn damals gehasst und geliebt haben: den ganz ausschließlich im Theater lebenden Künstler und den total egoistischen Machtmenschen. Felsenstein kam ja aus dem Westen und wurde im Osten behandelt wie ein schöner Papagei, der in Grönland gelandet ist. Und er hat diese Sonderbehandlung genossen, hat die Pervertierung nicht bemerkt. Als ich Studentin war, war er schon ein alter Mann, der in allen Gremien saß und dort meist schlief. Er hat nicht eine einzige schlechte Kritik bekommen und wurde hofiert. Wir haben ihn gehasst – nicht zuletzt auch, weil wir mitbekommen haben, wie er den jungen Götz Friedrich kujoniert hat. Und trotzdem waren wir natürlich neugierig auf seine Aufführungen. Einmal hab ich nach einer Aufführung auf der Damentoilette übernachtet, um am nächsten Vormittag die Endprobe von »Anatevka« zu erleben. Und da war alle Wut auf ihn wie weg-

Christine Mielitz bei der Probe zu »Wozzeck« mit Milana Butaeva (Marie) und Raffael Naldoni (Mariens Knabe)

geblasen. Er hat dieses Stück mit genauso viel Herzblut inszeniert wie die großen Opern, es war toll!

Haben Sie ähnlich ambivalente Gefühle, wenn Sie auf Ihre Ausbildung zurückblicken?

Teilweise schon. Wir hatten eine gute Ausbildung, ungeheuer gründlich in der gesellschaftlichen Analyse, nur wurde das selbstverständlich nie auf die DDR angewendet. Ich bin froh, dass man von uns gefordert hat, den Dingen auf den Grund zu gehen und immer nach der gesellschaftlichen Relevanz zu fragen. Doch die Röntgenanalyse, die man uns beigebracht hat, die ging zwangsläufig an einer wesentlichen Dimension vorbei: Was man »Geheimnis des Menschen« oder »Seele« nennen mag, das wurde auf diese Weise natürlich nicht erfasst. Denn das war nicht durchschaubar, nicht kontrollierbar. Ideal finde ich, wenn beides zusammenkommt, so wie das bei der Leipziger »Ring«-Produktion von Joachim Herz und Rudolf Heinrich der Fall war: die Herz'sche Analyse kombiniert mit dem ungeheuren künstlerischen Reichtum eines Heinrich.

Ich glaube, dass nach der Wiedervereinigung Deutschlands noch ein ungeheures Begegnungspotenzial zwischen den künstlerisch Schaffenden aus Ost und West vorhanden ist. Hier wird wieder eine ganz neue künstlerische Welt entstehen, die mich außerordentlich neugierig macht.

Wenn man beim analytischen Teil einer Inszenierung das Politisch-Gesellschaftliche außen vor lässt...

Geht nicht! Zumindest nicht bei mir. Kunst ist immer politisch. Weil der Mensch im Mittelpunkt steht. Im Theater muss der Mensch der Motor aller Dinge sein. Aufführungen, bei denen nicht der Mensch im Mittelpunkt steht, sondern ein schickes Bühnenbild oder eine szenische Ästhetik – das sind für mich ganz schlimme Deformierungen.

Wenn mich als Zuschauer Lasertechnik, Hydraulik oder Multimedia mehr interessieren als die Menschen auf der Bühne, dann stimmt etwas nicht. Darum finde ich auch den Begriff »Ästhetik« so verdächtig: Man kann weder mit hübsch verpackten Paketen Inhalte ersetzen noch mit schicken Farben und toller Beleuchtung den emotionalen Druckpunkt auslösen...

Wann haben Sie diesen »emotionalen Druckpunkt« zuletzt verspürt, wann waren Sie zuletzt berührt und bewegt von dem, was sich menschlich auf der Bühne abspielte?

Das war bei der Darstellung des Amfortas durch Thomas Quasthoff (»Parsifal«, Wien 2004). Anfangs war ich skeptisch; ich fürchtete, dass es als »billige Nummer« abgetan werden könnte, nach dem Motto: Und jetzt benutzen sie noch den behinderten Sänger, um auf die Tränendrüse zu drücken!

Aber dann kam der Moment im dritten Akt, wo Quasthoff allein auf der Bühne ist... Wie er da auf das Gericht wartet, ganz langsam die 60 Meter am Rundhorizont entlanggeht und dann, wenn er am Ende angekommen ist, mit dem Kopf gegen die Wand schlägt – das hat uns allen wirklich die Sprache verschlagen. Das war so auf den Punkt gebracht, wie man das vorher nie hätte planen können. Man konnte es nur vorbereiten – alles Weitere ergab sich aus dem Augenblick.

Das war ein solcher magischer Moment, wie ich ihn seit der »Fidelio«-Inszenierung 1989 in Dresden nicht mehr erlebt hatte.

Szene aus Alban Bergs »Wozzeck« mit Jochen Schmeckenbecher in der Titelpartie und Herren des Chors

Musikalische Leitung:
Arthur Fagen
Inszenierung:
Christine Mielitz
Bühne und Kostüme:
Christiane Reikow

Premiere: 6.6.2004

Das war die Stacheldraht-Inszenierung zum 40. Jahrestag der DDR.

Genau, am 7. Oktober 1989. Ich wollte zeigen, dass die Bewacher mehr gefangen sind als die Gefangenen selbst – und dann wurde unsere Arbeit sozusagen von den historischen Ereignissen eingeholt. An der Stelle »Wir sind belauscht mit Ohr und Blick« haben die Zuschauer geweint, sie haben den Druck abgelassen, der sich jahrelang angestaut hatte. Ein einmaliger, unwiederholbarer Moment...

...der trotz seiner Unwiederholbarkeit deutlich zeigt, worauf es doch letztlich ankommt im Theater: die potenzielle Energie eines Stückes zu nutzen. Ich vergleiche das immer mit Feuerwerkskörpern: Was nützen mir die schönsten Leuchtraketen, wenn ich es nicht schaffe, die Dinger anzuzünden?

Ja klar, ohne Handwerk geht im Theater gar nichts. Was Sie als »Zündung« bezeichnen, ist für mich immer der Moment des »Absprungs«.

Diesen Moment muss ich als Regisseur sorgfältig vorbereiten und dazu gehört, dass ich ganz genau weiß, was der Text und was die Musik transportieren. Ich brauche zunächst eine Maßgabe, ein Korsett, eine Reibung, einen Widerstand und erst daraus entsteht der Absprung in die Freiheit. Oper ist für mich immer Grenzüberschreitung. Und sie kann immer wieder Freiräume des Denkens schaffen. Die ganz große Kraft der Oper besteht für meine Begriffe darin, die Kluft aufzuzeigen zwischen dem, was ist, und dem, was sein könnte; eine Sehnsucht zu wecken nach dem, was noch nicht ist, aber vielleicht werden kann. Deshalb ist es für mich immer ganz wichtig zu zeigen, welche Visionen und Träume Menschen haben; wie sie ihren Träumen nachjagen, wie diese sich entwickeln, wie sie sich selbst erneuern.

Wir alle haben Visionen und Träume, doch nur wenige haben die Kraft, sie zu verwirklichen. Und gutes Theater kann der Motor sein, von dem wir die nötige Kraft bekommen.

Szene aus »Wozzeck« mit Milana Butaeva, Jochen Schmeckenbecher und Raffael Naldoni

Im Räderwerk *Schauspieldirektor Michael Gruner im Gespräch mit Annegret Schach*

Herr Gruner, als Sie Schauspieldirektor in Dortmund wurden, haben Sie sich mit konzeptionellen Äußerungen zurückgehalten – und als erstes Calderóns »Das Leben ein Traum« inszeniert. War das programmatisch gemeint?

Ganz sicher zieht sich, was in diesem Stück verhandelt wird, durch alle Spielzeiten. Speziell meine erste Dortmunder Spielzeit stand intern im Zeichen der Philosophie. Und das Stück von Pedro Calderón de la Barca rührt philosophische Fragen zentral an. Die folgenden Spielzeiten waren dann von anderen Themen geprägt.

Was waren das für Themen?

Wir haben uns gefragt, was in Dortmund gebraucht wird. Wir hatten nicht den Eindruck, dass hier philosophische Fragestellungen im Brennpunkt des Interesses standen, sondern aus der Tradition heraus das Augenmerk gelenkt war auf politische Fragen – wenn man das denn trennen will.

Und es wurde getrennt. Auf der anderen Seite wollten wir einen farbigen Spielplan machen. Es ging darum, die verschiedensten weltanschaulichen, ästhetischen und politischen Positionen zu präsentieren, auch in ihrem Widerstreit. Diese Positionen sollten in aller Krassheit erscheinen.

Wo mussten Sie sich korrigieren? Gibt es etwas, das Sie überrascht hat?

Wir waren überrascht, wie beharrlich, wie groß das Bedürfnis nach reiner Unterhaltung ist. Und wir waren überrascht, wie sehr das Publikum dann unseren Schwenk mitgemacht hat. Wir mussten nur etwas langsamer agieren als gedacht. Die Zuschauer gucken sich inzwischen gern ziemlich verrückte, ungewohnte Dinge an.

Hatte Ihnen einer Ihrer Vorgänger Anhaltspunkte geliefert?

Soweit ich das überblicken konnte, hatte Jens Pesel mit einem eher politisch geprägten Theater intensiv Publikumsnähe gesucht. Bei Guido Huonder wussten wir, dass er ästhetisch viel gewagt hat, aber vielleicht nicht den gewünschten Publikumszuspruch hatte. Andreas Weißert kannte ich und ich habe einiges aus seiner Amtszeit gesehen. Da bewegte sich das Theater sehr nah am Realismus. Wir wollten die ästhetischen Versuche weitertreiben und gleichzeitig Publikumsnähe erzeugen.

Wie ging es nach diesem »philosophischen« Start weiter?

Unser zweites Thema war, mit Verlaub – als Schlagwort – Liebe. Das haben wir zwar nie draußen gesagt, aber unseren Regisseuren. Wie die sich dazu stellten, das war ihnen vorbehalten. Sie konnten ausdrücken, was ihnen wichtig erschien – aber es sollte deutlich sein. In der dritten Spielzeit haben wir dann politische Themen ins Zentrum des Spielplans gestellt.

»Macht klar, was ihr meint.« – Ist es das, was Sie von heutigen Schauspielregisseuren erwarten?

Wir achten von Anfang an darauf, vom Entwurf des Bühnenbilds bis zu den Endproben, dass das, was der Regisseur will, möglichst deutlich und extrem erscheint.

Schauspieldirektor
Michael Gruner

*Ihr Ensemble war am Anfang sehr jung.
Wie haben Sie es zusammengestellt?*

Wir versuchten einerseits Leute zu holen, die wir für die größten Begabungen hielten. Da hatte ich den Vorteil, dass ich gerade in der Salzburger Schauspielschule gearbeitet hatte und einige junge Schauspieler sehr gut kannte. Andererseits muss es auch menschlich die Möglichkeit geben zusammenzuarbeiten.

*Legen Sie größeren Wert auf
das Miteinander im Ensemble als andere
Schauspieldirektoren?*

Wir führen möglichst viele inhaltliche Gespräche mit dem Ensemble. Auch wie man miteinander spricht, ist wichtig. Es muss uns weiterbringen. Dazu gehört zum Beispiel, dass man zuhört – das ist auch für die Bühne nicht so schlecht. Theater ist in jeder Hinsicht ein Prozess, ein Entwicklungsprozess, kein abgeschlossener Zustand. Wir müssen weiterkommen, sowohl in der internen Auseinandersetzung als auch auf der Bühne. Besser werden. Als Grundlage dafür dient uns, immer wieder die Frage zu stellen, warum wir eigentlich Theater machen.

*Ihre vierte Spielzeit war mit dem »Fest
der Romantik« ein Kraftakt. Warum haben Sie
sich und dem Haus so etwas zugemutet?*

Wir hatten Erfahrungen mit drei Spielzeiten. Jetzt ging es darum, die Themen einmal miteinander zu verflechten. Ich hatte das Romantik-Projekt seit 20 Jahren mit mir rumgetragen. Ich habe die Dramaturgen gefragt: Sollen wir das riskieren? Sie haben sofort Ja gesagt. Ich war der, der am längsten gezögert hat, der den größten Bammel hatte. Wir hatten ein Jahr Zeit und das Jahr brauchten wir, um die Impulse dieser Epoche zu verstehen und herauszufinden, was das heute für uns bedeutet. Was heißt das, so etwas in Dortmund zu machen? Es war doch ein ganz abwegiges Thema. Was hat diese luftige Romantik mit der rauen und harten Wirklichkeit zu tun? Aber mussten wir es nicht gerade deswegen riskieren? Ein bisschen vertrauten wir auch darauf, dass die ersten drei Spielzeiten nicht fruchtlos gewesen waren.

Und es hat funktioniert…

Ja, da kamen zum Beispiel zwei ältere Damen spät nachts strahlend aus der Vorstellung in der Unterbühne und sagten: »Herr Gruner, wir können noch mehr.«

War das die Ermutigung, es noch einmal anzugehen?

Ja, mit den »Sternstunden des Expressionismus«, einem Thema, das nicht ganz so umfassend ist wie die Romantik, das sogar noch ein bisschen ferner scheint, obwohl der Expressionismus zeitlich näher liegt. Es ging darum, den Spielplan für »100 Jahre Theater Dortmund« zu finden. Wir haben die Spielpläne von 1904 gelesen. Die waren gespickt mit Schiller – neben den Naturalisten. Der Expressionismus hat hier nie stattgefunden. Die Romantik mit ihrem Optimismus und ihrem Selbstbewusstsein hatte die Idee, man könne Himmel und Erde, Innen und Außen, die Menschen und die Welt verbinden, hatte das Bewusstsein: Es gibt einen Weg – und sei es die Kunst selbst. Die Expressionisten sind zwar die Vettern der Romantiker – aber eben »arme

Calderón de la Barca »Das Leben ein Traum«: August Diehl (Sigismund, vorn) und Pit Jan Lößer (Clarin)

Inszenierung:
Michael Gruner
Bühne:
Peter Schulz
Kostüme:
Gabriele Sterz

Premiere: 27.8.1999

Calderón de la Barca »Das Leben ein Traum«: August Diehl (Sigismund) und Sebastian Jacobi (Clothald, rechts)

Vettern«. In einer Zeit, die keine Grundlage mehr hatte für so einen Impuls. Es war die Zeit der Kolonien, des Imperialismus, der anwachsenden Fabriken, der Monopole, der Vermassung der Arbeiterschaft, der Verstädterung, der Entwurzelung. Eine wüste Zeit, in der alles immer schneller wurde und die gedanklich sozusagen alles geklärt hatte: Die Welt bestand nur noch aus Materie, es wurde alles aus der Materie heraus erklärt.

»Alles ist gedacht, Gott ist fern«, ganz so wie heute?

Es war politisch die Zeit der ersten proletarischen Revolutionen und des Ersten Weltkriegs. Es gab eine ungeheure Unterhaltungssucht. Else Lasker-Schüler sagte über diese Zeit: »Die Menschen sind tanzwütig geworden.« Da traten die Expressionisten auf. Aber ihnen fehlte die große hoffnungsvolle Perspektive der Romantik.

Eine trostlose Welt – damals. Oder ist es heute noch schlimmer?

Heute ist der Zeitgeist ganz und gar auf Pluralität ausgerichtet. Vielfalt ist alles, alles ist gleich-gültig geworden. Verdächtig ist, wer Objektivität beansprucht.

Alles ist relativ geworden?

Ja. Man kann zu jeder Aussage das Gegenteil behaupten. Dieser Relativismus ist Schutz und Geißel zugleich. In diesem Zusammenhang ist das Expressionismus-Projekt eine ziemlich brisante Angelegenheit. Denen ging es um die Menschheit. Es war die letzte große Kunstrichtung – von den Faschisten verbrannt. Diese Unbedingtheit, wobei die Skala vom Aufschrei bis zum zartesten Gedicht reicht, platzieren wir jetzt in unserer Welt. Das kann eine sehr befremdliche, aber auch spannende Angelegenheit werden.

Die Düsternis des Expressionismus schreckt Sie nicht?

Der Expressionismus ist jedenfalls nicht grau, denken Sie an die Malerei. Natürlich haben die Künstler ihren Schmerz ausgedrückt über den Zustand der Welt. Aber sie fangen sich auf als diejenigen, die das erleben. Das »schlechte Selbstverständliche« findet bei ihnen jedenfalls nicht statt.

Warum soll sich das Publikum mit diesen Fragen beschweren?

Warum soll man ins Theater gehen? Wozu muss Theater eigentlich sein? Wenn man es nur als ein Unterhaltungsangebot neben anderen sieht, dann muss wirklich die nüchterne Frage erlaubt sein: Braucht man das Theater überhaupt? Vor 100 Jahren haben Dortmunder Bürger gesagt: Wir wollen ein Theater haben, wir bezahlen das aus der eigenen Tasche. Jetzt fragen Politiker, warum soll man die Theater erhalten. Braucht man Kunst? Ist sie notwendig im Leben und welche besondere Funktion hat die Theaterkunst?

Wenn Sie die Antworten nicht wüssten, würden Sie's doch nicht tun...

Aber ich möchte, dass uns andere sagen, es ist notwendig – euch zu haben, euch Künstler, die Häuser. Sonst hat es etwas von einer Arbeitsbeschaffungsmaßnahme. Das kann keinen da draußen interessieren, weil die Menschen dort auch ihre Arbeitsplätze verlieren. Wo soll da der große Unterschied gemacht werden? Arbeitsplätze können kein Argument für die Kunst sein.

Kennen Sie gute Gründe, das Theater zu erhalten?

Es geht um Verankerung. Kann die Sache, die wir tun, für ein Publikum eine gewisse Notwendigkeit haben? Und auf welchem Gebiet liegt diese überhaupt? Mein Credo lautet, dass Kunst sich zwar mit dem Strom der Zeit bewegt, sich aber immer quer legt zum Zeitgeist. Immer. Ich hätte gar keine Möglichkeit, von einem Werk zu sagen, es sei Kunst, wenn es den Zeitgeist nicht in Frage stellt.

Und Sie erwarten, dass das öffentlich finanziert wird?

Man kann sagen: Spinnt ihr? Wir sollen bezahlen für etwas, das sich quer legt zu dem, was wir denken, fühlen und wollen? Und noch dazu nicht in schöner theoretischer Form, sondern ihr wollt auch noch ein Erlebnis schaffen, das mich als Betrachter in Frage stellt? Und dafür bezahlen? Ich gebe mein Leben lang Geld dafür aus, dass ich bestätigt werde, damit ich durchs Leben komme, ohne in Frage gestellt zu werden.

Müssen Künstler so anstrengend sein?

Wir wollen, dass die Menschen gern ins Theater kommen, dass sie sich freuen, gespannt sind und mit leuchtenden Augen wieder gehen. Wir wollen ein faszinierendes Erlebnis erzeugen und dennoch ein Erlebnis, bei dem der Zuschauende sich selbst auffällt. Das ist doch eigenartig, dass Zuschauer gern ertragen, dass sie gemeint sind – auch in der Fragwürdigkeit ihres Lebens. Das ist natürlich eine Zumutung.

Aber die Menschen mögen Zumutungen. Anstrengende Theaternächte zum Beispiel.

Ja, es gibt eine Art von Bedürfnis nach diesem verrückten Vorgang.

Ist das Religion oder Psychotherapie?

Weder noch. Es geht darum, dass man sich auffällt. Was der Zuschauer mit dem anfängt, was er erlebt, wie er sich dazu stellt und verhält, das ist ganz allein seine Sache. Es gibt kein fertiges Gebilde im Hintergrund. Es ist nicht Religion oder Psychotherapie, es ist der künstlerische Vorgang. Es gibt eine Besonderheit der Theaterkunst: jetzt, im Moment, der Spieler. Du erlebst zeitgleich dessen Erleb-

Arthur Schnitzler
»Der grüne Kakadu«:
Barbara Blümel (Severine)

Inszenierung:
Michael Gruner
Bühne:
Peter Schulz
Kostüme:
Michael Sieberock-
Serafimowitsch

Premiere: 6.3.2004

nisse, dessen Spiele mit. Es ist einmalig, dass du dabei anwesend bist. Diese Unmittelbarkeit gibt es sonst nirgendwo. Es ist nicht wie ein gutes Fußballspiel, da bist du zwar auch dabei, es ist auch ein großartiges Erlebnis, aber es ist keins, was über sich hinausweist.

Aber was kann Theater sagen, was nicht schon gesagt ist?

Schauspielschülern sage ich manchmal: Das große Räderwerk, in dem sich alle Menschen vom Aufwachen bis zum Einschlafen bewegen, hat einen völlig selbstverständlichen Charakter. Es mahlt und mahlt. Beinnahe unbemerkt. Die Kunst ist das einzige Element, das in dieses Räderwerk Sand streuen kann. Nicht, damit das Räderwerk stehen bleibt, sondern damit es befragt wird. Bin ich für dieses Räderwerk auf der Welt? Ist die Menschheit für dieses Räderwerk da?

Dieses Sandstreuen in das Selbstverständliche der Prozesse, in die sich beinahe jeder fraglos einsortieren lässt, kann die Kunst leisten. Sie tut es – im Unterschied zur Theorie – als Erlebnis. Das ist das Einzigartige.

Gründe genug, auch nach 100 Jahren in Dortmund noch Theater zu machen?

Was war vor 100 Jahren der Gründungsimpuls für dieses Theater? Wenn Zuschauer gern mitmachen, wenn sie wollen, dass etwas zündet, dann ist das vielleicht noch keine Rechtfertigung, aber dann hätte man zumindest eine Perspektive: Wenn jetzt ein Theater geschlossen werden soll, dann könnte man wissen, was mit einer Schließung verhindert würde. Ich bedauere zutiefst, dass seit Jahren eine Kunst-Debatte in diesem Land nicht stattgefunden hat und nicht stattfindet.

Theaterzettel der Eröffnungspremiere des neuen Stadttheaters

Detlef Brandenburg

Stadttheater zwischen Provinz und Emanzipation *Zur Ideologiegeschichte einer deutschen Theaterform*

»Nimmer entbehre die strebende Stadt der veredelnden Künste. Opferfreudiger Sinn baute den Musen dies Heim.«

<small>Spruch an der Frontseite des 1904 von Martin Dülfer erbauten, 1944 von Bomben zerstörten Stadttheaters in Dortmund</small>

Stadttheater! Ein Wort mit gutem Klang und großer Tradition. Es bezeichnet eine Theaterform, die es in dieser Eigenart und Dichte nur in Deutschland gibt. Und es steht nicht nur für Theater allein, sondern zugleich für eine besondere Form bürgerschaftlichen Engagements: für die Übereinkunft, dass zu einem funktionierenden städtischen Gemeinwesen mehr gehört als Kneipe, Kirche und Krankenhaus. Es steht für ein Theater, das getragen wird von den Bürgern einer Stadt und das sich an die Bürger dieser Stadt wendet. Mit dem Theater hat die Stadt ihr kulturelles Zentrum, in dem die Bürgerschaft klassenlos zusammenkommt, um im Medium der Kunst über Ziele, Normen und Strategien ihres gemeinschaftlichen Handelns zu reflektieren; hat sie einen Spiegel, der dieses Handeln kritisch begleitet und in die Enge der Stadt die Weite des künstlerischen Gedankens trägt; und hat so eine Kunstform, die sich im innigen Austausch mit dieser Bürgerschaft definiert und damit individuell, unverwechselbar, einmalig ist.

Stadttheater? Dieses Wort hat auch ein »G'schmäckle«. Ein Intendant, dem die öffentliche Meinung bescheinigte, seine Arbeit habe »Stadttheaterformat«, könnte vermutlich seine Ambitionen auf höhere Weihen und Engagements im deutschen Theater-Ranking begraben. Und wenn ein weltläufiger Kritiker lobt, eine Inszenierung sei »schönstes Stadttheater«, wird der Regisseur vermutlich einige Zeit brauchen, bis der Ärger über dieses Lob verraucht ist. Stadttheater steht auch für Provinz, für Engstirnigkeit, steht für künstlerisches Einverständnis unter der Voraussetzung lokaler Beschränktheit.

Für beide so gegensätzliche Bedeutungen des Wortes Stadttheater gibt es Gründe: gute und weniger gute. Und es lohnt, zwischen den guten und den weniger guten gut zu unterscheiden. Denn am Ende steckt die Wahrheit über »das Stadttheater« vielleicht gerade in den Gegensätzen: eine Wahrheit, über die die Wertschätzung allzu hochherzig hinweggeht, und die die Geringschätzigkeit allzu gering achtet. Dabei sollen, dem Ort und Anlass dieses Beitrags entsprechend, Seitenblicke auch auf das Dortmunder Theater geworfen werden. Denn die allgemeinen Entwicklungen des Stadttheaters und die speziellen Ereignisse des Dortmunder Theaters beleuchten einander in erhellender Weise. Und da dieses Wechselspiel zwischen dem Allgemeinen und dem Besonderen selbst eine konstitutive Eigenart des deutschen Stadttheaters ist, hat es in diesem Beitrag seinen besonderen Stellenwert.

I. Die Geburt der Zukunft aus Widersprüchen – Dialektik als Überlebensgesetz des Theaters

Dass in Deutschland, anders als in Frankreich oder England, statt weniger großer und auf das ganze Land ausstrahlender Bühnen seit dem 17. Jahrhundert relativ viele kleinere Bühnen entstanden sind, hat seine Ursache zunächst in der Verwüstung und Zersplitterung des

Deutschen Reichs nach dem Dreißigjährigen Krieg. Daraus resultierte die viel beklagte »Verspätung« der deutschen Nation, ihr Zerfall in eine Vielzahl von Fürstentümern.

Während in Deutschland die Fürsten die Oberhand gegenüber der kaiserlichen Zentralgewalt behielten, entwickelte sich in Frankreich nach 1648 mit dem Absolutismus ein hochmodernes Staatswesen: Von Paris aus strahlten neue Regierungs-, Wirtschafts- und Kunstformen weithin aus auf die benachbarten Länder. Zu den Kunstformen zählten auch Schauspiel und Oper. Und die deutschen Duodezfürsten ahmten, als sich ihre Territorien nach 1648 von den Verwüstungen des Krieges und der Epidemien langsam erholten, im Kleinen jene Repräsentationsformen nach, die ihnen der Hof von Versailles vorlebte. Die Diskrepanz zwischen Vorbild und Nachahmung gab diesen Bemühungen durchaus etwas Epigonales. Doch aus dieser – wenn man so will: »provinziellen« – Nachahmung französischer Repräsentationsformen entstanden in Hannover und Braunschweig, Darmstadt und Kassel, Stuttgart, Bonn, Altenburg, Meiningen oder Weimar zahlreiche Theater, mit denen die heute so bewunderte Vielfalt der deutschen Theaterlandschaft begründet wurde.

Doch das repräsentative und affirmative Hoftheater offenbarte alsbald ein erstaunliches emanzipatorisches Potenzial. Im Zuge der Nationaltheater-Idee des 18. Jahrhunderts wurde die Bühne in Deutschland zum Medium einer vor allem von bürgerlichen Intellektuellen antizipierten nationalen kulturellen Identität, die im Politischen längst nicht in Sicht war. Während in Frankreich ein hochadeliges Herrscherhaus seine Nationaltheater-Idee an eine große nationale Bühne delegierte, an die Pariser Comédie Française, strahlte in Deutschland die bürgerlich-aufklärerische Idee, dass durch eine »ästhetische Erziehung« des Volks eine ideelle nationale Einheit der Menschen deutscher Sprache erreichbar sei, auf viele Bühnen aus. Die Bühnen als »moralische Anstalten« bildeten hier eine Art Kommunikationsnetz, auf dem sich die Ideen der Aufklärung über die Grenzen der verschiedenen Fürstentümer hinweg verbreiten konnten. An diesem Kommunikationsnetz wirkten sowohl Bühnen mit, die bereits in bürgerlicher Trägerschaft waren (die schon nach einem Jahr gescheiterte Hamburger Entreprise unter der Direktion von Johann Friedrich Löwen mit Gotthold Ephraim Lessing als Dramaturg und Autor), wie auch fürstliche Theatergründungen (Nationaltheater Mannheim durch Karl Theodor Kurfürst von der Pfalz, 1779).

Ausgerechnet das Theater, ursprünglich Ausdrucksform aristokratischer Kultur und Superiorität, das sich aufgrund des epigonalen Repräsentationsbedürfnisses deutscher Duodezfürsten über ganz Deutschland verbreitet hatte, geriet im Zuge der Aufklärung zunehmend unter den Einfluss bürgerlicher Emanzipationsideale.

Die an den Theatern propagierte Idee einer ideellen Nation, der sich alle Bürger kulturell zugehörig fühlen konnten, transportierte ein Moment von Emanzipation in die geistige Enge und faktische Unterdrückung, der sich die Untertanen in vielen Fürstentümern ausgesetzt sahen. Und in der bürgerlichen Idee einer allgemeingültigen Moral, vor der sich Bürger wie Aristokraten gleichermaßen zu verantworten hatten, lag eine Attacke auf die Standesprivilegien des Adels. Unter diesen Vorzeichen (später auch unter den Auspizien lohnender unternehmerischer Projekte) bemächtigten sich im 18. Jahrhundert auch bürgerliche Unternehmer des Theaters, meist in Form reisender Theatergesellschaften, die aber nicht selten von den Städten und Residenzen geeignete Räume zur Verfügung gestellt bekamen und sich gelegentlich auch langfristig an eine Stadt banden. So kooperierten und konkurrierten feudale Hoftheater und bürgerliche Theaterunternehmen.

Als dann diese Bühnen später nach und nach in städtische Trägerschaft übernommen wurden, spielte wiederum ein epigonales Moment eine Rolle: Die in der Gründerzeit und Industrialisierung des 19. Jahrhunderts erstarkenden Städte und deren bürgerliche Regie-

Spielzeit 1920/21

rungen kopierten, eingebunden in die Repräsentationsinteressen eines spät geborenen Kaiserreichs, für »ihre« Stadt die Form des Hoftheaters; eine Mimikry, die der zunehmend restaurativen und obrigkeitshörigen Haltung des deutschen Bürgertums, die Heinrich Mann in seinem Roman »Der Untertan« 1914 bekanntermaßen bissig parodiert hat, sehr gut entsprach.

Vielleicht hätte die deutsche Theaterlandschaft ohne die Barbarei des Nationalsozialismus und den folgenden Zusammenbruch des Deutschen Reichs andere Strukturen ausgebildet. Immerhin war im Wilhelminischen Kaiserreich mit Berlin eine Hauptstadt entstanden, deren kulturelle Ausstrahlung die meisten deutsche Städte überflügelte. Doch die Idee der Hauptstadt im Sinn einer das Land zentral repräsentierenden Metropole wurde durch den Zusammenbruch der Nazi-Diktatur, die Teilung Deutschlands und den von den alliierten Siegermächten stark geförderten Föderalismus auf Jahrzehnte blockiert. Noch heute leidet Berlin unter den dadurch aufgebauten Ressentiments – zu Unrecht, denn Berlin war zwar die Hauptstadt des preußisch dominierten Kaiserreichs, aber es war nie eine Hauptstadt der so genannten nationalsozialistischen »Bewegung«.

In diesem (hier sehr verkürzt zusammengefassten) Klassen und Länder übergreifenden Staffellauf der darstellenden Kunstform vom Adel zum Bürgertum waren also von Anfang an höchst ambivalente Motive eingewoben: Repräsentationsformen des französischen Absolutismus wurden von deutschen Duodezfürsten provinziell nachgeahmt – so kam das Theater in viele deutsche Städte; die Bürger bedienten sich dieser Kunstform, um ihre emanzipatorischen, an der Nation orientierten Ideen öffentlichkeitswirksam zur Geltung zu bringen. Diese Nationaltheater-Idee wurde nach der Restauration eskapistisch verkürzt, schließlich nach 1871 nationalistisch umgewendet und von den Nazis vollends pervertiert. Provinzielles Geltungsbedürfnis und universale Geltungsansprüche, repräsentativ verherrlichende Affirmation und emanzipatorisch reflektierende Überholung bestehender Verhältnisse – aus solchen Widersprüchen ist das deutsche Stadttheater entstanden; ihre Dialektik prägt seine Entwicklung bis heute.

So wie im 18. Jahrhundert das aristokratische Hoftheater infiltriert wurde von bürgerlich-aufklärerischen Impulsen, so wurde seit dem Ende des 19. Jahrhunderts das bürgerliche Theater zum Medium der kritischen Reflexion bürgerlicher Ideologie und ihrer Tabus; beispielhaft genannt seien Frank Wedekinds Aufarbeitung sexueller Komplexe des bürgerlichen Selbstbewusstseins, die Entdeckung der sozialen Frage im Naturalismus, die Auseinandersetzung mit dem »vierten Stand« und seinem Elend, neue Formen des politischen Theaters in der Weimarer Republik. Die oft beklagte »Politisierung« des Theaters scheint einem Medium von Anfang an eingeschrieben, das schon in der antiken Polis der kritischen Selbstreflexion des politischen Handelns diente. Theater war von jeher ein Medium kollektiver Verständigung über gemeinschaftliche Überzeugungen, Ziele und Normen, dessen reflexives Potenzial sich nicht an die Partikularinteressen derer fesseln ließ, die das Theater »bezahlten« und besaßen.

Auch aufgrund dieser kritischen »Überschuss-Funktion« verdient das Stadttheater die hohe Förderung als Gemeinschaftsaufgabe, die es heute genießt. Denn spätestens nach dem Sieg »des Westens« über die kommunistischen Staaten in Europa wird man sagen dürfen, dass die kapitalistisch wirtschaftenden bürgerlichen Gesellschaften ihre Überlebenskraft auch ihrer Fähigkeit zu pluralistischer Selbstorganisation verdanken, die sie in die Lage versetzt, systemkritische Tendenzen (z.B. religiöse Vorbehalte gegenüber einer allein an Gewinn und Güteranhäufung orientierten Lebensauffassung oder marxistisch geprägte Systemkritik an kapitalistischen Wirtschaftsformen) produktiv zu assimilieren. Das Theater hat zu dieser Assimilation viel beigetragen, indem es die Widersprüche zwischen repräsentativer Affirmation und kritischer Emanzipation ästhetisch austrug.

Spielzeit 1921/22

Spielzeit 1922/23

Zugleich geriet das Stadttheater als bürgerlicher Wirtschaftsbetrieb aber selbst zwischen die Mühlsteine jener großen Antinomie, die die Entwicklung bürgerlicher Gesellschaften prägt. Denn die Normen von Freiheit, Gleichheit und Brüderlichkeit standen von jeher in gespanntem Verhältnis zu einer kapitalistischen Wirtschaftsform, die Ausbeutung der Verlierer, Privilegierung der Gewinner und Egoismus der Wirtschaftssubjekte zur Voraussetzung und Folge hat. Auch das bürgerliche Theater steht in diesem Widerspruch zwischen idealistischen Ansprüchen als Legitimation seiner Notwendigkeit und ökonomischen Zwängen als Bedingung seiner materiellen Möglichkeit.

II. Hamlet, Bier und Zechenkoks – Theater in einer Industriestadt

Blicken wir vor diesem Hintergrund auf die Dortmunder Theatergeschichte, so scheint es zunächst, als habe sich hier die fortschrittlich-bürgerliche Tradition besonders früh entwickelt. 1232 wird Dortmund urkundlich erstmals als freie »Reichsstadt« erwähnt. Die Hansestadt war damals ein wichtiger Fernhandelsplatz, hier konnte sich also, ähnlich wie in Lübeck oder Hamburg, früh ein reichsfreies, durch Wirtschaft und Handel geprägtes Stadtpatriziat entwickeln, von dem seit 1497 erste Theateraktivitäten vermeldet werden. Über das 1498 abgehaltene »St.-Johannes-Spiel« heißt es in einer zeitgenössischen Quelle, es wurde »von den burgern darselvest seer eerlich und zjrlich mit groten unkosten gespilt«. Schon damals wurde Theater also nicht allein unter idealistisch-repräsentativem Gesichtspunkt reflektiert (»zjrlich« und »eerlich« in dem Sinne, dass das Spiel den Bürgern zur Zierde und Ehre gereichte), sondern auch unter dem kommerziellen Aspekt der aufgewendeten Kosten – ein Thema, das die Dortmunder Theatergeschichte bekanntlich bis heute begleitet.

Im 16. Jahrhundert kam es zu Theateraufführungen humanistischer Gelehrter am Dortmunder Gymnasium (gegründet 1543). Und während die Gelehrten Plautus, Sophokles oder die Dramen humanistischer Schriftsteller aufführten, verließen auch die Bühnenaktivitäten der Bürger den Rahmen der Fastnachtspiele: Für das Jahr 1582 ist eine Aufführung von Johann Rassers »Comoedia vom König, der seinem Sohn Hochzeit macht« mit über 100 Mitwirkenden bezeugt.

Doch diese Entwicklung brach mit dem Dreißigjährigen Krieg ab. Schon ab dem 15. Jahrhundert verzeichnete Dortmund eine rückläufige wirtschaftliche Entwicklung; der Krieg stieß die Stadt nach 1648 in tiefe Bedeutungslosigkeit. Kein Fürst verhalf ihr zu kultureller Blüte, auch wirtschaftlich tat sich bis ins 19. Jahrhundert hinein wenig. Und mit der Theaterbegeisterung war es nicht weit her, Dortmund verpasste die gesamte Entwicklung von den fürstlichen Hoftheatern über die aufgeklärten Reformbemühungen Johann Christoph Gottscheds, der Neuberin, Lessings bis hin zum bürgerlichen Aufbruch des Sturm und Drang und schließlich der Weimarer Klassik. Erst als Dortmund 1806 als Folge der Koalitionskriege unter französische Verwaltung kam, erhielt die Stadt im Verbund mit Essen ein »National-Theater des ersten Gouvernements« – ein Stadttheater von Napoleons Gnaden also, das als erste Vorstellung am 6. September im Gildenhaus die dreiaktige komische Oper »Die beiden Antons« von Schack gab. Doch als die Stadt 1815 an Preußen fiel, erlahmte die Theateraktivität erneut.

Ab 1830 regten sich in Dortmund dann bescheidene Anfänge einer bürgerlichen Theatertradition. Conradis Sommertheater brachte »im freundlichen Saal des Schützenzeltes« mit Opern von Boieldieu, Rossini, Weber, Mehul oder Dittersdorf, mit Schauspielen von Shakespeare, Schiller oder Kleist die ersten Klassikeraufführungen in die Stadt. Als dann der Gastwirt Karl Kühn, der in lokalgeschichtlichen Anekdoten als »Papa Kühn« firmiert, 1837 seinen Gartensaal zur Verfügung stellte, hatte das Theater in Dortmund sein erstes festes Haus – das es sich allerdings mit Sportturnieren, Landwirtschaftsausstellungen, Musterun-

Spielzeit 1924/25

gen zum Militärdienst und Schützenbällen teilen musste. Fortan führten verschiedene Theaterunternehmer dort einerseits Opern, Schauspiele und Lustspiele auf, andererseits Possen, Vaudevilles und Operetten.

An dieser Programmdramaturgie zeichnet sich die typische Ambivalenz eines bürgerlichen Theaters ab, das sich einerseits durch idealistische Ansprüche legitimiert, andererseits aber ohne kommerzielle Basis nicht zu überleben vermag: Die hohe Kunst bedient die hehren Ideale – und eine Art Lach- und Unterhaltungstheater sorgt für die nötigen Kasseneinnahmen. »Theater und wiederum Theater sind jetzt für uns die Welt, nachdem Merkur und Vulkan die Nachtmütze über die Ohren gezogen haben«, heißt es in einem Zeitungsartikel im »Dortmunder Wochenblatt«.

Um 1830 hatte Dortmund etwa 7000 Einwohner. 1864 erschien im »Dortmunder Anzeiger« eine Bittschrift, die »den Magistrat darum angeht, dass er in Zukunft einer Stadt von 25 000 Einwohnern, wie Dortmund, ein besseres Theater verschaffen möge!« Innerhalb von 30 Jahren hatte sich die Einwohnerzahl also fast vervierfacht – Dortmunds Aufstieg zur bedeutenden Industriestadt hatte begonnen. Und es begann zugleich das Streben der Bürger nach einem der Stadt angemessenen Theater – nachzulesen im Beitrag von Günther Högl auf den Seiten 69–75 dieses Buchs. Gustav Mewes wurde Theaterdirektor im »Kühn'schen Gartensaal«, zeitgenössische Quellen bezeugen den repräsentativen Aspekt des Theaters und eine besondere Vorliebe für große Oper. 1872 wurde das Theater im »Brüggmann'schen Zirkus« auf Initiative wohlhabender Dortmunder Bürger in eine Aktiengesellschaft umgewandelt und erhielt den Titel »Stadttheater«. Doch bereits 1875 kam es zum »Dortmunder Theaterkrach«, die Aktiengesellschaft ging in Konkurs. Die typisch bürgerliche Antinomie im Verhältnis zum Theater, das einerseits dem Wahren, Guten, Schönen sowie dem eigenen Repräsentationsbedürfnis zu dienen hat, sich aber andererseits auch rechnen muss, zeigte sich mit aller Schärfe.

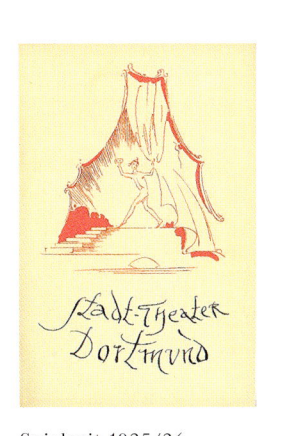

Spielzeit 1925/26

1904 hatte Dortmund bereits über 150 000 Einwohner, Kaiser Wilhelms »Es ist erreicht« bestimmte auch hier die Stimmung einer materiell saturierten, strukturell rückständigen Gesellschaft. Am 17. September wurde das von Martin Dülfer entworfene Theatergebäude am Hiltropwall mit Richard Wagners »Tannhäuser« und einem Hoch auf Kaiser und König eingeweiht. Die Bausumme betrug ca. 1 238 000 Mark. Das Haus war Ausdruck hohen bürgerschaftlichen Engagements, das sich allerdings nicht nur aus der Wertschätzung der veredelnden Kunst, sondern auch aus dem Repräsentationsbedürfnis der Führungsschicht einer wilhelminischen Industriestadt erklärte. Und doch war hier keine restaurative Historismus-Architektur entstanden wie in vielen anderen Städten des Kaiserreichs, sondern ein erstaunlich modernes Jugendstil-Gebäude.

Die erste Spielzeit verzeichnete 137 560 Besucher – und damit eine Platzauslastung von bescheidenen 50 Prozent. Auch das zeigt, dass es bei diesem ehrgeizigen Bauprojekt, das den Anfang der Geschichte eines institutionell autarken Dortmunder Stadttheaters bildet, nicht bloß um die »Veredelung« der »strebenden Stadt« durch hohe Kunst ging, sondern auch um städtische Repräsentation: Man war stolz, ein Theater zu haben – hingehen musste man darum noch lange nicht. Dafür spricht auch die Vorliebe der Dortmunder für große Oper – das Schauspiel war oft »brechend leer«, wie eine zeitgenössische Quelle vermerkt. Ein Vierzeiler im »Dortmunder General-Anzeiger« lautete:

*»Man kann von den besseren Bürgern hier
von Kunstsinn auch nicht viel merken.
Sie gehen statt zum Drama lieber zum Bier
Ihre Geistesfaulheit zu stärken.«*

Von 1904 bis 1907 leitete Hans Gelling als Miete zahlender Privatdirektor das Theater, das bis 1907 in Fusion mit Essen spielte: »Vereinigte Stadttheater Essen / Dortmund«. Alois Hofmann war der erste von der Stadt angestellte Direktor. Die Fusion mit Essen wurde aufgegeben, die Stadt trug nun das Theater.

Hofmann spielte »Ring«-Zyklen, Verdi, zyklische Aufführungen von Shakespeares Königsdramen, Hebbels »Nibelungen«, beide Faust-Teile, Strauss' »Salome«. Im Schauspiel brachte er neben der dominierenden Klassik auch die Naturalisten auf die Bühne. So gelang es ihm, das Dortmunder Theater erstmals auf die zeitgenössische Höhe der »veredelnden Künste« zu heben.

Der »opferfreudige Sinn« der Dortmunder hatte allerdings Grenzen – mit seinem aufwändigen Theaterbetrieb erwarb sich Hofmann in der Stadt den Ruf eines »unklugen Geldverbrauchers«. Die Programmblätter dokumentieren anschaulich den wirtschaftlich-sozialen Hintergrund, der das Theater trug: Neben Ankündigungen von »Carmen« oder »Hamlet« warben Anzeigen für Gildenbräu-Bier, für »prima Zechenkoks und Gaskoks« der Firma H. Sonnenschein & Comp. oder für »Oefen«, die »am besten und billigsten« die Firma Carl Reeck lieferte.

Den Einschnitt des Ersten Weltkriegs überstand das Dortmunder Theater unter dem Intendanten Hans Bollmann erstaunlich gut, auch wenn das unter Hofmann erreichte Niveau nicht gehalten werden konnte. 1919 trug Johannes Maurach als erster Dortmunder Theaterdirektor den Titel »Intendant«. Die Erschütterung bürgerlichen Selbstbewusstseins wilhelminischer Prägung durch den Krieg führte zu einer Hinterfragung des repräsentativen Theaterstils der Vorkriegszeit. Maurach verhalf dem expressionistischen Stil zum Durchbruch. Wagners gesamtes Opernwerk wurde gegeben, im Schauspiel Hebbels »Nibelungen«, Ibsens »Peer Gynt«, daneben Wedekind, Sternheim, Strindberg. Es dominierte jetzt die so genannte Stilbühne, die sich von dekorativen Ansprüchen emanzipiert und die Bühnenästhetik einem stilistisch-metaphorischen Gesamtkonzept unterworfen hatte.

Richard Gsell brachte dann ab 1927 den Opernbetrieb auf neue Höhen: Er orientierte den Spielplan noch stärker an zeitgenössischer Literatur, spielte »Dreyfus«, »Brülle China«, Brechts »Heilige Johanna« und den »Kreidekreis«, in der Oper Hindemith, Krenek, Weill, Wellesz, Dohnányi. Wilhelm Sieben wurde Dirigent der Oper. Gsell begründete in Dortmund die Tradition eines demokratischen, bürgerlichen Stadttheaters, das sich als gesellschaftskritische Reflexionsinstanz verstand.

Die 25-Jahr-Feier des Dülfer-Hauses 1929 brachte ein Konzert unterschiedlicher Stimmen (dokumentiert in der für eine Reichsmark käuflich zu erwerbenden Festschrift unter dem Titel »Das Theater«), das sehr anschaulich die Ambivalenz bürgerlich getragenen Stadttheaters widerspiegelt. Mit Dortmunds Oberbürgermeister Ernst Eichhoff meldete sich der Stadtvater zu Wort, der sich vom Theater die systemkonforme Erziehung seiner Bürger erhoffte. Bürgermeister Dr. Paul Hirsch vertrat die Position des besorgten Kulturdezernenten, dem angesichts der heraufziehenden Wirtschaftskrise um die Finanzierung des Theaters angst und bange ward. Und der Theaterkritiker Ernst August Schneider benannte nüchtern die Ambivalenz zwischen Kunstanspruch und Publikumserwartung: »Zudem kann das Zentrum des Rheinisch-Westfälischen Industriegebiets fast ausschließlich ein Publikum stellen, das, vom Getriebe wirtschaftlichen Hastens über Maß in Anspruch genommen, ablehnt, sich mit ungewohnten Neuerungen auf geistigem Gebiet verstandesgemäß auseinander zu setzen und an bequemer Tradition zäh festhält.«

In diesem für das bürgerliche Theater des 20. Jahrhunderts typischen Spannungsfeld formulierte Intendant Gsell eine Programmatik des Stadttheaters zwischen kommerzieller Not und künstlerischem Anspruch, die bis heute aktuell ist: »Was die Hebung der Einnahmen betrifft, so gilt hier das Hauptaugenmerk einer möglichst publikumssicheren Gestaltung des Spielplans. Publikumssicher – das bedeutet natürlich kein Eingehen auf die minderen Instinkte einzelner Zuschauerkreise. Das Publikum will sogar angestrengt sein, es will sich erregen an Themen, die es als Masse angehen. Und selbstverständlich hat alles, was von der Bühne herab in die die Gegenwart

Spielzeit 1926/27

Spielzeit 1926/27

erregenden Fragen eingreift, immer auch die Massen aufgerüttelt. Nur muss eben der Dramatiker auch wirklich von den die Zeit erregenden Mächten erfasst sein, er muss eben doch ein Dichter sein, durch den die Ströme der Zeit hindurchschießen (...) Dass bei dieser notwendigen Mischung des Spielplanes die vorwärtstreibenden Kräfte der Zeitdramatik das eigentliche Gesicht des Gesamtspielplans bestimmen müssen, ist für den verantwortungsbewussten Theaterleiter eine Selbstverständlichkeit. Denn er führt ja sein Theater der werdenden Generation entgegen, und er wird um die Jugend werben, die dem Theater die Zukunft sichert.«

Die Ereignisse der folgenden Jahre sind schnell und traurig erzählt: Das Theater litt unter der Weltwirtschaftskrise, 1931 wurde mit »Die Frau ohne Schatten« die vorerst letzte große Oper gespielt. Eine Theaterschließung wurde diskutiert, der Etat reduziert. 1933 trat Gsell mitten in der Saison unter dem Druck der Nazis zurück. Damit endete die Funktion des Dortmunder Theaters als »Stadttheater«: Mit der »Gleichschaltung« stand es unter dem zentralistischen Diktat der Nazipropaganda, mit Peter Hoenselaers wurde 1937 ein Inhaber hoher Parteiämter »Generalintendant« – erstmals führte ein Dortmunder Theaterleiter diesen Titel, der ja zu einem Intendanten in Parteiuniform passte.

Überall in Deutschland wurden die Theater »gesäubert«, kritische Künstler, Juden, Kommunisten verfolgt, ermordet. Bald beeinträchtigte der Krieg den Spielbetrieb. 1943 wurde das Dülfer-Haus von Bomben zweimal schwer getroffen und konnte ab Mai nicht mehr bespielt werden. 1944 schloss das Reichspropagandaministerium alle deutschen Theater, die Künstler wurden zur Wehrmacht oder zur Arbeit in den Fabriken dienstverpflichtet. Am 6. Oktober 1944 legte ein Bombenangriff das Haus in Schutt und Asche.

Als alles vorüber war, war den Menschen aufgegeben, zu begreifen, dass die »veredelnden Künste« sie in Deutschland wie in Dortmund keineswegs davor hatten bewahren können, der finstersten Barbarei zu verfallen und eine Katastrophe über ganz Europa heraufzubeschwören.

III. Von Weltflucht und kritischer Theorie – Theater der Bildungsbürger und Bilderstürmer

Mit dem Wiederaufbau Deutschlands wurden auch die Theater wiederaufgebaut – genauso »dezentral«, so föderalistisch und vielfältig, wie sie ab dem 17. Jahrhundert entstanden waren. Die Zentrierung der deutschen Theaterlandschaft (und der Politik) auf Berlin, die sich ab 1871 ausgebildet hatte, wurde rückgängig gemacht. In dieser Zeit bildete sich neu heraus, was gemeinhin unter »bildungsbürgerlichem« Theater verstanden wird: ein Theater, das sich auf kulturelle Bildungsgüter des Bürgertums bezieht, die aber, eben insofern sie »Bildungsgut« sind, nicht mehr in unmittelbar lebenspraktischem Zusammenhang stehen, sondern als Erbe des 18. und 19. Jahrhunderts auf die Bürger des 20. Jahrhunderts gekommen sind.

Dabei spielt der verheerende Traditionsbruch des Nationalsozialismus eine zentrale Rolle. Denn durch die völlige Desavouierung der nationalen und politischen Tradition in Deutschland blieb dem deutschen Bürgertum in der aktuellen Realität wenig, auf das es Selbstbewusstsein und Reflexion gründen konnte. Indem die Schriften und Kunstwerke der »Klassiker«, der deutschen »Dichter und Denker« des 18. und 19. Jahrhunderts, als Dokumente einer allgemeinmenschlichen Humanität interpretiert wurden, war es möglich, sich einer Tradition zu vergewissern, die nicht vom Nationalsozialismus korrumpiert schien – der Tradition eines »besseren Deutschlands«, an dem die Nazis sich »versündigt« hatten. Wer sich zu dieser Tradition bekannte, konnte sich sozusagen *ex post* auf die Seite der Opfer stellen – auf die Seite derer, deren innerste Ideale durch die Nazis geschändet worden waren.

Dieser Rückzug auf eine durch Kunst vermittelte überhistorische und unpolitische

Humanität war gegenüber der totalen Politisierung der NS-Gesellschaft durchaus ein Befreiungsschlag – eine Emanzipation von totalitärer Vereinnahmung der Kunst durch diktatorische Politik. Allerdings ließ sich die Fiktion einer nicht durch die politische Praxis korrumpierten deutschen Kultur auch nur unter weitestgehender Ausblendung dieser Praxis in Kaiser- und Nazireich (und vor allem der breiten bürgerlichen Mitwirkung daran) aufrechterhalten. Zudem waren die Ideale der »Dichter und Denker« keineswegs bruchlos mit der gesellschaftlichen Praxis des erstarkenden Kapitalismus im Nachkriegsdeutschland zu vereinbaren. Damit diese Diskrepanz unsichtbar blieb, musste die Kunst gegen die gesellschaftliche Praxis immunisiert werden, konkreter: diese durfte in jener nicht zur Reflexion kommen.

Insofern war die politik- und zeitenthobene Kunstauffassung des Nachkriegsbürgertums der 1950er Jahre zugleich Emanzipation von einer verheerenden Tradition und Affirmation des in Westdeutschland neu entstehenden Systems einer marktwirtschaftlich organisierten Demokratie. Nicht um die Niederungen des Alltags oder gar der Politik sollte die Bühnenkunst sich kümmern, sondern um das Ewigmenschliche, das weit über diesen Niederungen stand. Der Universalismus des Menschlichen, der einst ein gegen eine aristokratische Standesgesellschaft gerichtetes emanzipatorisches Ideal gewesen war, wurde in der Form des »Ewigmenschlichen« zu einer systemstabilisierenden Ideologie.

Gerade der Wiederaufbau der deutschen Stadttheater bezog aus diesem Ideal eine enorme Schubkraft – das Theater wurde zum Forum einer neuen gesellschaftlichen Gemeinschaftserfahrung, bevor überhaupt die ersten demokratischen Institutionen geschaffen waren. Das ideale Wertesystem desavouiert, die politisch-militärische Führungsschicht in Nürnberg auf der Anklagebank, der Staat ausradiert, die Wirtschaft zerschlagen, die Länder in Besatzungszonen geteilt – in dieser Situation bot sich den Menschen im Stadttheater (vielerorts eine der wenigen Institutionen, die von den Alliierten überhaupt toleriert wurden) ein Ort, an dem sie sich als Gemeinschaft erfahren und definieren konnten.

All die Geschichten, die so viele Städte zu erzählen wissen: dass kurz nach dem Krieg in den Ruinen der Häuser schon wieder gespielt wurde; dass die Leute statt Eintrittsgeld Kohlen und Lebensmittel für die Künstler mitbrachten; dass Städte und Bürger trotz großer Not Mittel für den Aufbau ihres Theaters aufbrachten – all das lässt sich nur verstehen, wenn man die Rolle des Stadttheaters bei der ideologischen Orientierung der Gemeinwesen in Deutschland berücksichtigt.

Man erhoffte sich viel von den »veredelnden Künsten« und sorgte mit in der Tat »opferfreudigem« – manchmal gewinnt der Leser einschlägiger Dokumente auch den Eindruck: mit bußfertigem – Sinn dafür, dass die Stadt ihrer nicht länger entbehren musste. So auch in Dortmund, das Anfang April 1945 von den Amerikanern besetzt worden war. Gleich nach dem Krieg gründeten ehemalige Ensemblemitglieder die »Spielgemeinschaft der Städtischen Bühnen«, die schon am 6. Oktober Hugo von Hofmannsthals »Der Tor und der Tod« im St.-Michaels-Bau in Aplerbeck aufführte (die Innenstadt war vollkommen zerstört). Am 10. November wurde der Opernbetrieb aufgenommen, das Theater spielte an wechselnden Behelfsspielstätten, bald auch regelmäßig in einem Gasthaussaal in Dortmund-Marten. Die Vorstellungen waren ausverkauft – trotz schwierigster Verkehrsbedingungen, trotz unbequemster Verhältnisse (es gab keine Garderobe, man saß auf 450 wackeligen, unbequemen Gartenstühlen).

Noch die Festschrift zum 50-jährigen Bestehen der Städtischen Bühnen (»Theater einer Industriestadt«) reflektierte 1954 dieses Ethos des Neu-Anfangs: Die Zuschauer seien »erschüttert vom Wort überzeitlicher Dichtung, befreit von Alltagssorgen durch amüsante Lustspiele und Schwänke, in eine freundlichere Welt versetzt vom Zauber der Musik. Die große, oftmals unterbrochene und für den

Spielzeit 1926/27

Spielzeit 1927/28

Charakter der Städtischen Bühnen in den kommenden Jahren so maßgebende Tradition echten Volkstheaters hat sich erneut bestätigt und beweist unter dem lähmenden Druck der Zeit in eindrucksvoller und alle Erwartungen übertreffende Weise ihre Gültigkeit. – Gewiss, manches ist reines Amüsierbedürfnis, hektische Betriebsamkeit und Vergessenwollen einer niederschmetternden Gegenwart. Aber ist es nicht trotzdem erstaunlich, mit welcher Beharrlichkeit die Menschen, die ja ihr Geld auf dem schwarzen Markt in weit realere und nutzbringendere Produkte umsetzen könnten, wieder in das Theater strömen, das gerade jetzt allen verlockenden Glanz eingebüßt hat und wie nie zuvor auf die Substanz des Werkes und des gestaltenden Menschen angewiesen ist! Lange bevor das so überlaut und selbstzufrieden gerühmte ›Wirtschaftswunder‹ auch nur seine bescheidensten Anfänge zu registrieren hat, ist hier ein deutsches Theaterwunder Wirklichkeit geworden, das man gar nicht hoch genug einschätzen (...) kann.«

Der ehemalige Schauspieldirektor Willem Hoenselaars leitete bei diesem Wiederbeginn das Theater. Zunächst war der Bramann'sche Saal Hauptspielort, später die Aula der Pädagogischen Akademie in der Lindemannstraße mit 650 Plätzen. Trotz größter Probleme kam das Theater in der Saison 1946/47 auf 140 Veranstaltungen an über 20 verschiedenen Spielorten. 1947 wurde Herbert Junkers Intendant und spielte auch Gegenwartstheater: Carl Zuckmayers »Des Teufels General« oder Bert Brechts »Glanz und Elend des Dritten Reichs«. Nach der Währungsreform 1948 legte das Theater ein Abo auf und bekam 1600 Abonnenten, 1949 waren es bereits 2200. Die Kammerspiele am Hiltropwall wurden als provisorisches Haus für die Oper hergerichtet.

Von 1950 bis 1962 war Paul Walter Jacob Generalintendant. Er wirkte zugleich als Regisseur und Dirigent und konsolidierte das Haus im Sinn eines modernen Stadttheaters. Zu dieser Konsolidierung trug wesentlich die Gründung einer Volksbühne bei – Volksbühnen und Theatergemeinden wurden in diesen Jahren überall in der Bundesrepublik Deutschland zu wichtigen Bindegliedern zwischen Stadt und Theater. Die Oper bezog die neue Bühne am Hiltropwall (Kleines Haus) nahe dem völlig zerstörten Dülferbau, das Schauspiel blieb in der Aula der Pädagogischen Akademie. Jacob spielte in der Oper viele von den Nazis verbotene oder verfolgte und auch viele bis dahin unbekannte Komponisten: Zemlinsky, Busoni, Gurlitt, Braunfels, daneben Egk, Berg, Orff, von Einem. Im Schauspiel brachte das »Forum des Zeittheaters« aktuelle Stücke. Das von Jacob propagierte »Theater der Menschlichkeit« zeigte sehr genau, wie das Theater den Eskapismus der ersten Jahre langsam überwand und sich vorsichtig an die jüngste deutsche Vergangenheit und Gegenwart herantastete.

1954, dem Jahr der 50-Jahr-Feier des Theaters, die man u. a. mit einer »Woche des zeitgenössischen Theaters« feierte, war in Dortmund das Stadttheater wieder fest im kommunalen Gemeinwesen verankert. Die Städtischen Bühnen verzeichneten 23 272 Abonnenten, das Kindertheater hatte 6 210 Abonnenten. Die Festschrift »Theater einer Industriestadt« vermerkte mit sympathischer Sachlichkeit: »Dortmund, die Stadt der Kohle, des Stahles und des Bieres (...), ist kein prunkvoll aufgezäumtes Paradepferd in der Arena der deutschen Theatergeschichte. Ohne die Protektion eines schöngeistigen Fürstenhofes, ohne das Mäzenatentum vermögender Patrizier (...) war das Theater von allem Anfang an auf die breiteste und natürlichste Grundlage angewiesen: auf das Volk selbst, die große Gemeinschaft aller arbeitenden Menschen in der Stadt...« Bemerkenswert hellsichtig stellt der Verfasser dieser Festschrift, Paul-Herbert Appel, dar, wie eng verwoben das Theater mit der verspäteten Nation Deutschland war.

Auch in Dortmund war damit jener Typ von Stadttheater entstanden, der Deutschlands Theaterlandschaft weithin prägt: Theater als Ausdruck der kulturellen Identität einer Stadt und ihrer Bürger, die – als Entscheidungsträger in den städtischen Gremien der »Selbst-

Spielzeit 1927/28

verwaltung«, als mit ihrem privaten Vermögen engagierte Sponsoren und Mäzene, als sich öffentlich äußernde und sich oft eigens organisierende Besucher – an Trägerschaft und Gestaltung »ihres« Theaters mitwirken. Einerseits schreibt dieses Stadttheater die repräsentativen Funktionen des aristokratischen Hoftheaters unter neuen Vorzeichen fort: Auch das bürgerlich geprägte, demokratisch regierte Gemeinwesen erwartet vom Theater, dass es das gemeinsam Erreichte glanzvoll zum Ausdruck bringe und somit den Ruhm der Stadt mehre – die Kritik an den löblichen Stadt-, Landes- und Staatsvätern war in diesem Auftrag nicht unbedingt inbegriffen. Andererseits hat das deutsche Stadttheater diesen primär repräsentativen Auftrag immer wieder autonom erweitert im Sinne einer aufklärerisch-kritischen Reflexion von gemeinsamer Vergangenheit und Gegenwart.

Die Dialektik des Stadttheaters schreibt sich unter neuen Vorzeichen fort – und wenn hier von Dialektik die Rede ist, dann durchaus im Hegel'schen Sinn. Es wäre falsch, allein in der emanzipatorischen Orientierung an universalen ästhetischen oder inhaltlichen Maßstäben das »Positive« zu sehen und im provinziellen, affirmativen Interesse an lokaler Repräsentation das »Negative«; und es wäre naiv zu verkennen, dass repräsentativer Ehrgeiz entscheidend zur Weiterentwicklung des Theaters beigetragen hat. Selbst unter dem Deckmantel der Affirmation steckte oft der Impuls einer Emanzipation – die Verherrlichung des »guten Herrschers« in der Oper des 17. Jahrhunderts beispielsweise, die sukzessive dazu tendiert, »Güte« nicht mehr im Sinn einer aristokratischen Standesethik zu definieren, sondern im Sinn einer universalen Moral, vor der alle Menschen gleich sind. Gerade solche Ambivalenzen machen die klassen- und epochenübergreifende Überlebenskraft des Stadttheaters und letztlich auch seine Resistenz gegenüber Gefährdungen aus.

Das Selbstbewusstsein der aus Trümmern auferstandenen Industriestadt Dortmund mit inzwischen wieder 650 000 Einwohnern fand Anfang der 1960er Jahre seinen Ausdruck in Plänen für einen Theaterneubau am Neutor, den schon Paul Walter Jacob mit Nachdruck eingefordert hatte. Mit Wilhelm Schüchter übernahm dann ein Mann – zunächst als Generalmusikdirektor, ab 1965 als Intendant – die Leitung der Oper, der die auf ein repräsentatives Stadttheater gerichteten Impulse geschickt aufzunehmen wusste. Wobei sich dieses Repräsentationsbedürfnis in Dortmund wiederum vor allem auf die Oper richtete. Vor diesem Hintergrund kam es in Dortmund zu einem regelrechten Streit der Sparten: Generalintendant Hermann Schaffner erklärte nach schweren Querelen mit Schüchter 1965 seinen Rücktritt, der den A-Status für sein Orchester durchsetzte und die Pläne für ein neues Opernhaus nachdrücklich beförderte.

Am 3. März 1966 wurde das neue Große Haus mit dem »Rosenkavalier« eröffnet. Am 24. September inszenierte Hans Hotter dort zur Eröffnung der Spielzeit den »Fliegenden Holländer«. Die Bewertung dieser Aufführung im neuen Haus in lokalen und regionalen Tageszeitungen ist charakteristisch für die Maßstäbe, die jetzt an das Musiktheater angelegt wurden. Das technisch-logistische Potenzial des neuen Hauses, das gegenüber den Provisorien der Nachkriegsjahre geradezu einen Epochensprung markierte, und das damit nun mögliche künstlerische Niveau wurde auch als städtisches Renommee bewertet, »um sich hier und außerhalb der Stadt sehen zu lassen«, wie es in einem der Berichte heißt.

Das Schauspiel spielte jetzt im alten Opernhaus am Ostwall, Gert Omar Leutner wurde zum Schauspieldirektor gewählt. Und mit Schüchter und Leutner personifizierte sich die Ambivalenz des deutschen Stadttheaters zwischen Repräsentation und Emanzipation, einem auf die Stadt und ihr Publikum gerichteten Pragmatismus und einem an universalen ästhetischen Maßstäben orientierten Sendungsbewusstsein.

Schüchter erklärte nüchtern: »Ein experimentierfreudiger Spielplan geht auf Kosten des Besuches. Ich verzichte gern auf die zwei-

Spielzeit 1928/29

felhafte Ehre eines überregionalen Uraufführungsruhms. Sollten die Verantwortlichen der Stadt von mir solche Wettläufe um den Ruhm verlangen, würde ich im gleichen Augenblick meine Position als künstlerischer Leiter der Oper zur Verfügung stellen.« Dagegen bezog Leutner in einer Proklamation zu seiner ersten Spielzeit 1967/68 eine deutlich andere Position: »Theater und Zeitkritik, ohne Mut zur Auseinandersetzung, ja selbst zum Unpopulären ist ebenso undenkbar wie Theater ohne Rätsel und Poesie. Wir wollen nicht das Experiment um des Experiments willen, wir wollen nicht das tagespolitische Forum oder das Katheder schulmeisterlicher Belehrung auf der Bühne. Aber das Wagnis dürfen und wollen wir nicht scheuen. (...) Wir wollen Ihnen – unserem verehrten Publikum – dienlich sein. Aber wir werden nicht vor dem verschwommenen und unwahren Begriff ›Publikumsgeschmack‹ dienen.« Sichtbar warf der Geist von »'68« bereits seine Schatten voraus.

Am 13. September 1968 wurde das umgebaute provisorische Opernhaus am Hiltropwall als Schauspielbühne eingeweiht. Das Theater hatte 213 000 Besucher, ein experimentelles Studiotheater entstand, das Kindertheater wurde intensiv gepflegt. Leutner nahm die gesellschaftskritischen Impulse dieser 68er-Generation intensiv auf.

Der Wiederaufbau der Theater nach dem Ende der Nazizeit war ein eindrucksvolles Zeugnis bürgerschaftlichen städtischen Engagements gewesen: Ausdruck einer ersten kulturellen Selbstbesinnung der Bürger vor dem Hintergrund eines umfassenden Zusammenbruchs und Medium der Repräsentation jenes wirtschaftlichen Aufstiegs, aus dem Bürger und Städte neues Selbstbewusstsein zogen. Es war weder im Interesse dieser Selbstbesinnung noch gar im Interesse des aus dem deutschen »Wirtschaftswunder« erwachsenen neuen Selbstbewusstseins, die künstlerische Aufmerksamkeit allzu offen und kritisch auf die jüngste deutsche Vergangenheit zu richten. Erst Ende der 1960er Jahre wurde das Stadttheater erneut zur Bühne für einen Aufklärungsschub, der sich von den Verdrängungen und Beschränkungen des Wirtschaftswunder-Bürgertums hin zu einer universalen Kritik an der kapitalistischen Ideologie der in diesem Land herrschenden Schicht emanzipierte.

Von Anfang an gingen dabei die kritische Aufarbeitung der nationalsozialistischen Vergangenheit und der kapitalistischen Gegenwart Hand in Hand. Nationalsozialismus und westlicher Kapitalismus wurden zum Bezugspunkt einer Selbstreflexion, die nicht in bildungsbürgerlichem Idealismus die Flucht vor der geschichtlichen Realität antrat und deren sozialer Impuls weit über die Stadtgemeinschaft hinausdrängte. Intellektuelle wie Thomas Mann, Ernst Bloch, Theodor W. Adorno oder Herbert Marcuse hatten diesen neuen Aufbruch vorbereitet; die, die ihnen folgten, konnten oder wollten dem existenziellen Schock nicht mehr ausweichen, der darin bestand, erkennen zu müssen, dass die bürgerliche Kultur sich in Deutschland nur zu anfällig gezeigt hatte für die inhumane Ideologie und die barbarische Rhetorik der Nazi-Schergen. Für diese Generation erschien der Nationalsozialismus nicht mehr als schicksalhafter Rückfall in die Barbarei, dem die »geistigen Werte« der deutschen Kultur machtlos, aber unversehrt gegenübergestanden hatten – im Gegenteil: Sie suchte die Voraussetzungen der Nazibarbarei auch und gerade in diesen bürgerlichen Werten.

Dieser ideologiekritische Blick zurück im Zorn ließ die Gegenwart in neuem Licht erscheinen: Zum einen stellte sich immer drängender die Frage, inwieweit denn die westdeutsche Demokratie wirklich reinen Tisch gemacht hatte mit den Führungseliten des »Tausendjährigen Reichs«: Hatte der obrigkeitsstaatliche Ungeist nicht unter neuen Uniformen und alten Talaren sehr komfortabel überlebt? Schälte sich nicht, angetrieben durch den Ost-West-Gegensatz, in der Unterdrückung kommunistisch-sozialistischer Systemkritik eine durchaus unselige Allianz zwischen den Siegern und den Besiegten heraus? War der Nationalsozialismus nicht auch er-

Spielzeit 1928/29

möglich worden durch ein noch immer fortbestehendes kapitalistisches System, das alle humanen Schutzgebote dem Interesse der Gewinnmaximierung unterordnete? Plötzlich erschien der Stolz der Wirtschaftswunder-Väter in einem ganz neuen Licht: War nicht die schöne neue Bundesrepublik Deutschland schon wieder auf dem Weg, ein repressiver Staat zu werden – nur diesmal nicht unter dem Vorzeichen des Nationalsozialismus, sondern unter dem Diktat des Kapitalismus und unter tätiger Mithilfe der westlichen Alliierten, vor allem der USA? Der Staat, die Wirtschaft, auch die Stadt mit ihren etablierten Institutionen und Repräsentanten standen unter dem Generalverdacht, reaktionär zu sein – und ebenso das gutbürgerliche Stadttheater.

Diese Systemkritik, angeführt von der so genannten Frankfurter Schule, hat bekanntlich zu heftigen Protestbewegungen vor allem unter Studenten und jungen Menschen geführt. Mit der Systemkritik wurde aber der Versuch unternommen, soziale Gemeinschaft im Sinn einer kritischen Öffentlichkeit neu zu definieren. Und in dieser neuen Form von Öffentlichkeit spielten Theater wieder eine wichtige Rolle. Bedeutende Traditionen der Weimarer Republik (Erwin Piscator, Max Reinhardt, Bertolt Brecht) wurden neu belebt, das Theater erwies sich als ideales Medium, um die Kritik am System mitten hinein in die Reihen derer zu tragen, die dieses System repräsentierten und sich regelmäßig zu den Premieren »ihres« Stadttheaters versammelten.

An die Stelle der politikfernen Kunst des »Allgemeinmenschlichen«, wie sie noch bis weit in die 1970er Jahre hinein vielerorts gepflegt wurde, trat eine bohrende ideologiekritische Befragung gerade auch der klassischen Werke bildungsbürgerlicher Kultur. Das begann mit Inszenierungen wie Peter Steins berühmtem »Torquato Tasso« 1969 in Bremen, wo Stein unmissverständlich eine brillante Gesellschaftskomödie inszenierte, die den unangepassten Künstler und die etablierte Gesellschaft in einen unversöhnlichen Gegensatz zueinander brachte. Und das reichte bis 1981, als Claus Peymann zur Verstörung des Bochumer Publikums seinen Zuschauern ebenso unmissverständlich klar machte, dass am Ende von Lessings Humanitäts- und Toleranzdrama ausgerechnet Nathan, der Jude, von der Familie adliger deutscher Abstammung ausgeschlossen bleibt, die so glücklich wiedervereint wird.

IV. Hinaus aus der engen Stadt! – Theater unter neuen Vorzeichen

Im Zuge dieser – aus bildungsbürgerlicher Sicht gesehen – »Politisierung« des Theaters geriet auch die »repräsentative« und in Dortmund besonders geschätzte Kunstform der Oper unter Ideologieverdacht. Vor diesem Hintergrund war es charakteristisch, mit welchen Worten ein Zeitungsartikel in der »Welt« vom 22. Juni 1970 gegen Schüchters Dortmunder Programmdramaturgie polemisierte:

»Schließlich geht es um Dortmunds Musiktheater, das nicht nur zehn Millionen Mark pro Jahr an Zuschüssen verschlingt, sondern das auch im baulich aufwendigsten, ausladendsten und umstrittensten Nachkriegsneubau in Westdeutschland residiert...« Vom Bürgerstolz auf das Große Haus war da vier Jahre nach der Einweihung nicht viel zu spüren. Der Artikel kritisiert Schüchters Programm als zu sehr fixiert auf den bürgerlichen Geschmack, als zu wenig experimentell und zeitgenössisch. Ganz offenbar wurden hier Kriterien der Legitimation an das Stadttheater angelegt, die den Gründervätern des deutschen Wirtschaftswunders fern lagen. Auch die Studenten der Pädagogischen Hochschule Dortmund protestierten mit einem offenen Brief in der »WAZ« unter den Schlagworten »anmaßend und undemokratisch« gegen Schüchters Führungsstil: »Sie beschlagnahmen die Autorität berühmter Musik der Vergangenheit für ihr eigenes Autoritätsbedürfnis (...) Nur den Musikschatz der vergangenen Jahrhunderte zu hegen, das reicht nicht. Dadurch wird das Musikleben statisch, abgesichert und zur Gewohnheit, damit verstümmelt und verarmt es. Nehmen Sie wahr, verehrter Herr Schüchter, daß es in

Spielzeit 1929/30

Spielzeit 1930/31

Spielzeit 1931/32

Deutschland Menschen gibt, die die Werte Dynamik, Elastizität, Wagnis und Neuheitserlebnis schätzen und in das von Ihnen gesteuerte Musikgeschehen einbezogen wissen möchten. Ihr jetziges Agieren wird als anmaßend empfunden.«

Im Kontext solcher Konflikte betrieb der Dortmunder Kulturdezernent Alfons Spielhoff die Auflösung der Oper und schlug 1972 die Einrichtung einer »Ruhroper« vor – eine Initiative, die Dortmunder Theaterkreise als kulturfeindliche Attacke auf eine in 140 Jahren gewachsene Musikkultur verbuchten. Aber Spielhoff war nicht etwa ein »Feind« der Kultur. In seinen Exposés zum Theater drückte sich ein neues, über die Grenzen der Stadt hinausdrängendes Kulturverständnis aus, das die Fixierung der Kultur auf städtische Repräsentation erstens als provinziell, zweitens als in der sozialen Resonanz zu eng und drittens als einem Ballungsraum wie dem Ruhrgebiet unangemessen ansah. Der SPD-Politiker Spielhoff propagierte unter der Maxime »Kultur ist Gesellschaftspolitik« ein sich als fortschrittlich verstehendes Konzept, das die als bildungsbürgerlich beschränkt verstandene Kulturpraxis der Städte zugunsten regionaler Verbundlösungen zu überwinden suchte. Auf diese Weise sollte die Vielfalt des lokalen Mittelmaßes durch regional gebündelte Spitzenleistung ersetzt werden; zugleich sollten Mittel freigesetzt werden, um mit soziokulturellen Projekten neue Gesellschaftsschichten zu erreichen. Theater hatte nicht mehr nur ein Prestigeprojekt der wohlhabenden Stadtbürger zu sein, sondern ein pädagogisches Instrument zur Bildung und Emanzipation unterprivilegierter Klassen.

Der neue Entwicklungsschub des kritischen Aufbruchs von 1968 hatte den Bühnen in Deutschland zu neuer Vitalität und gesellschaftlicher Sprengkraft verholfen. Das Theater eroberte sich seinen Platz im Zentrum der öffentlichen Aufmerksamkeit zurück, den es gegen Ende der 1950er Jahre zunehmend verloren hatte. Trotzdem ist rückblickend festzuhalten, dass Politiker wie Spielhoff unter dem Eindruck ihrer globalgesellschaftlichen Visionen die soziale Identifikationskraft der Stadt unterschätzt und die Theater vielerorts zu deren mittelfristigem Schaden in Kooperations- und Fusionskonzepte getrieben haben. Sie befanden sich damit in bester Gesellschaft: »Die Stadt«, sofern sie nicht Metropole war, und ihre politischen Strukturen galten vielen kritischen 68er-Intellektuellen als Ort bürgerlichen Konservativismus, als Provinz – auch in Spielhagens Konzept einer überkommunalen Regionalisierung der Kultur klang das an. Als Aufgabe der Theaterpolitik galt es nun, in diese provinziell-konservative Sphäre eine an emanzipatorischen Vernunftmaßstäben orientierte gesellschaftskritische Kunstbotschaft hineinzutragen – notfalls im Konflikt mit der eigentlichen Klientel und Trägerschicht des bildungsbürgerlichen Theaters.

Dieses Bemühen führte tendenziell zu einem Verkennen der Individualität von Stadttheater und zu einer Hierarchisierung der Theaterlandschaft nach überall gleichen, stark politisch motivierten Maßstäben. Ein natürliches Gefälle gehört zwar zu jeder einigermaßen reichhaltigen Theaterlandschaft, aber das repräsentative »Honoratiorentheater« der Nachkriegsjahre hatte doch eine lokale Verwurzelung: Mochten andere Bühnen, mochten (in der Diktion der Festschrift von 1954) die »prunkvoll aufgezäumten Paradepferde in der Arena der deutschen Theatergeschichte« glanzvoller oder fortschrittlicher sein – Dortmund war stolz darauf, sich mit einer eigenen Bühne schmücken zu können. Das Theater fand seine lokale Funktion darin, diesem Stolz durch Akzeptanz bei seiner Trägerschicht zu entsprechen. Doch wenn – zumindest, soweit es nach der Kritischen Theorie ging – die Theater nicht mehr primär für ihre Stadt, sondern alle gemeinsam am Projekt der gesellschafts- und kapitalismuskritischen Aufklärung arbeiteten, dann hatten sich auch alle Theater nach diesen globalen Maßstäben zu legitimieren. Das trug erheblich zur wirkungsästhetischen Desorientierung bei – nämlich zur einseitigen Orientierung an den in Großstädten und Feuilletons ausgetragenen linksavantgardistischen Diskursen, an die das Publikum in der jeweiligen Stadt oft noch keinen Anschluss gefunden hatte. Aus Sorge, den Anschluss an die großen gesellschaftlich-ästhetischen Debatten zu verpassen, verpasste man mancherorts den Anschluss ans eigene Publikum. Als Secondhand-Avantgardist des ideologiekritischen Theaters am Publikum zu scheitern konnte als sehr ehrenvoll erscheinen; wer aber mit dem Publikum in seiner Stadt eigene ästhetische Wege ging, der war schnell als Verräter an der Avantgarde verschrien.

Auch Dortmund blieben solche Erfahrungen nicht erspart. Zunächst gelang es zwar, die Selbstständigkeit des Theaters zu erhalten – auch dank heftiger Proteste jener Bürger, die gemeinsam mit den Theaterleuten durch die Stadt zogen. Dass Schüchter inmitten dieser Querelen 1974 einem Schlaganfall erlag, gab dem Streit um das richtige Theaterkonzept eine persönliche Tragik. Zu dem Zeitpunkt arbeiteten Dortmund und Gelsenkirchen bereits an einem Kooperationsvertrag für Oper und Schauspiel. Der Gelsenkirchener Kulturdezernent Heinrich Meya forderte, dass »das Hauptaugenmerk auf einer Steigerung der Qualität« liegen müsse. Entsprechend projektierte die Landesregierung, basierend auf einem Strukturpapier der SPD-Kulturpolitiker Alfred Gärtner und Hans Günther Toetemeyer, in Dortmund/Gelsenkirchen, Düsseldorf/Duisburg und Köln/Wuppertal Opernzentren »mit weltstädtischem Niveau«. Am 23. Januar 1975 erfolgte die Unterzeichnung des Kooperationsvertrags; Paul Hager wurde Generalintendant, Marek Janowski GMD. Doch das Experiment scheiterte. »Die Identifikation mit dem jeweils anderen Ensemble fand angesichts unterschiedlicher Stile und Programme beider Häuser nicht statt«, bilanzierte die »Westfälische Rundschau« am 5. Oktober 1981.

Die Ziele von »'68« lassen sich also in Dortmund an strukturpolitischen wie programmatisch-dramaturgischen Bestrebungen festmachen: an dem Versuch, das Theater durch Regionalisierung aus provinzieller Enge zu befreien; es nach soziokulturellen Zielsetzungen (»Kultur für alle«) zu organisieren; an der intensiven pädagogischen Arbeit; und an der Verpflichtung des Theaters auf zeitgenössische Kunst, die allerdings oft in latentem Konflikt mit der angestrebten Breitenwirksamkeit stand. Doch das Scheitern der Kooperation mit Gelsenkirchen zeugte auch in Dortmund bereits von einer Gegenbewegung gegen die Konzepte der 68er-Bewegung, gerade auch gegen jene Tendenzen, die mit dem Theater emanzipatorische Ziele ohne Rücksicht auf sein gewachsenes städtisches Umfeld verfolgen wollten. Anfang der 1980er Jahre zeichnete sich außerdem eine gewisse Resignation unter den linken Intellektuellen ab: Die »Institutionen« hatten diejenigen, die aufgebrochen waren, um durch sie hindurch zur Macht zu marschieren, in erstaunlicher Weise assimiliert; die Theoriegebäude der eigenen Vordenker wurden immer komplizierter und gaben den Marschierern immer weniger Orientierung; und die Linke in Westdeutschland polarisierte sich zunehmend zwischen gewaltbereiten radikalen Splittergruppen und einer bürgerlich orientierten Mehrheit, die den linken Aufbruch in die Bahnen einer demokratisch und sozial abgefederten Marktwirtschaft zurücklenken wollte.

Mit Willy Brandt war die außerparlamentarische Protestbewegung in der Regierung angekommen, die klaren Freund-Feind-Schemata versagten. Die Komplizierung gesellschaftskritischer Theorie erwies sich vor diesem Hintergrund nicht etwa als Caprice selbstverliebter Denker (was politische Aktivisten der Studentenbewegung schon Adorno vorgeworfen hatten), sondern als Reaktion auf eine Realität, die mit Klassentheorien und Agitationsparolen nicht mehr adäquat beschreibbar war. Hinzu kam der gegen Ende der 1980er Jahre sich abzeichnende Zusammenbruch der kommunistischen Staaten. Zwar waren die wenigsten unter den linken Theoretikern im Westen so naiv, die DDR für ein repressionsfreies Land zu halten. Aber es wurde nun noch schwerer, linke Kritik an der kapitalistischen

Spielzeit 1932/33

Marktwirtschaft glaubwürdig zu formulieren. Und diese Wirtschaft hatte sich ohnehin als sehr immun gegen Kritik gezeigt, weil sie einer Zwei-Drittel-Mehrheit ein komfortables Leben gewährleistete. Zu dieser saturierten Mehrheit gehörten viele der einstigen Protestierer – wen interessierte da das letzte Drittel, das hinten »runterfiel«?

V. Neue Übersichtlichkeit – Die Wiederentdeckung der Stadt fürs Theater

In ehemals linken, antibürgerlichen Milieus entstand zugleich eine Gegenbewegung, die das Divergieren der Verständigungssysteme sozusagen ummünzte in eine Art Biotopisierung des Selbstverständnisses. Jene, die an der Opposition gegen kapitalistische Wirtschaftsformen und Verkrustungen der Parteiendemokratie festhielten, definierten sich nun weniger über große Ideologien und philosophische Systeme, sondern über kleine Kollektive und partikulare Begründungszusammenhänge. Diese Stimmung war entscheidend für das Aufkommen der Grünen, die »Umweltpolitik« ganz anders verstanden als ihre linksintellektuellen Vorgänger. Die hatten den Raubbau an Natur und Rohstoffen sozusagen von der Wurzel her aufgerollt und aus den Usancen einer kapitalistischen Wirtschaftsweise abgeleitet. Grüne Politik dagegen bezog ihre breitenwirksamen Impulse nicht so sehr aus dem Entlarven solcher Hintergründe, sondern aus dem Beheben oder Vermeiden der Folgen vor der Haustür. Die Zeit der überschaubaren Verhältnisse war angebrochen, auf lebenspraktischem wie auf intellektuellem Gebiet. Die komplexen Zusammenhänge einer globalen Naturausbeutung konnte man nicht auflösen – aber man kaufte sich einen Resthof im Bergischen Land und bewirtschaftete dort ein paar Hektar biodynamisch.

Das Theater reagierte auf diese Erfahrungen heterogen – und allein dieses Auseinanderfallen zeigt charakteristisch das neue Klima der 1980er Jahre. Während draußen der Sozialdemokratie ihre Visionen immer mehr abhanden kamen, inszenierten drinnen im Theater die einen lieber ihre eigene Schallplattensammlung, statt sich um »die Gesellschaft« zu kümmern (Jürgen Kruse hat auf diese Weise einige wunderschöne Arbeiten zuwege gebracht).

Zur selben Zeit, am selben Ort (nämlich in der Nachbarstadt Bochum) schoss Leander Haußmann die Lachsalven seines Spaßtheaters gegen die deprimierten Alt-68er und die strukturalistisch vergrübelten Dramaturgen ab. Und eine junge Theatergeneration entdeckte die Bühne als Laufstall für popästhetische Adoleszenz-Erfahrungen. Ästhetik und Problemstellung von Inszenierungen vereinzelten und privatisierten sich immer mehr. Und als man schließlich dieser selbstreferentiellen Depressionen müde und auf der Suche nach neuen Orientierungen war, besann sich das Theater zunächst einmal auf das, was es vor der Nase hatte: die Stadt mit ihren Problemen und ihrem Publikum. Die ästhetischen Voraussetzungen hierfür wurden vor allem durch die Postmoderne geschaffen, die das Theater aufgrund ihres offen-verspielten Verhältnisses zu Traditionen von der Verpflichtung auf eine avantgardistische Ästhetik (wie sie in der Polemik gegen Schüchters Dortmunder Programmdramaturgie so kämpferisch zum Ausdruck gekommen war) entband. Die künstlerische Tradition wurde als ein Reservoir zur Bereicherung der Gegenwart entdeckt und das Theater gewann neue ästhetische Mittel, um auf das Publikum zuzugehen, indem es sich einer Sprache bediente, die diesem vertraut war.

Durch diese neue Orientierung auf die Stadt gewann das Theater eine wichtige Legitimationsgrundlage für seine Selbstreflexion zurück. Die spezifische Vielfalt der Theater in Deutschland wäre nämlich allein durch gesamtgesellschaftliche Ziele und Aufgaben kaum zu rechtfertigen. Die könnten auch durch wenige Theater sozusagen beispielhaft abgehandelt werden – oder durch überregional agierende Medien wie Fernsehen, Kino oder Internet. Wenn sich aber das Theater individuell auf die Physiognomie seines Umfeldes einzustellen vermag, dann ist in der Tat das

Spielzeit 1933/34

Theater in Dortmund für Dortmund auch unersetzlich. Hier zeigen sich die wertvollen Implikationen der oft geschmähten »Provinzialität«: Denn wenn man Provinz nicht nur negativ versteht als Mangel an großstädtischen Trends und großstädtischer Konzentration an Kompetenz, Kapital und Innovation, sondern auch positiv begreift als individuelle Ausprägung von Milieus, Lebensverhältnissen und Eigenarten, ist die Forderung nach einem Theater legitim, das diese individuelle Ausprägung angemessen reflektiert.

Damit wurden dem Regionalisierungselan der Theaterreformer empfindliche Grenzen gesetzt: Ähnlich wie die Fusion zwischen Dortmund und Gelsenkirchen scheiterten Theaterfusionen immer wieder daran, dass das neu geschaffene Theaterkonstrukt von der Bevölkerung der beteiligten Städte als Fremdkörper empfunden wurde. Dieses Problem verschärfte sich in den 1980er Jahren dadurch, dass Fusionen und andere Reforminitiativen nun unter neuen Vorzeichen standen: Unter dem Druck der Finanznot der öffentlichen Hände macht der Begriff »Theaterreform« einen durchaus demagogischen Bedeutungswandel durch. Wenn heute Theater »regionalisiert« werden, dann ist die treibende Kraft längst nicht mehr der gesellschaftspolitische Ehrgeiz eines Alfons Spielhoff, sondern die Politik des knappen Geldes. Und wenn ein Theater »reformiert« wird, stehen alle Konzepte unter dem Diktat der Kostenersparnis.

Die Stadt und ihr Theater fanden im Lauf der 1980er Jahre zu neuer gegenseitiger Wertschätzung – doch die lokal fokussierte Legitimation des Theaters unter den Aspekten von »Umwegrentabilität« und »Standortqualität« war auch bereits Strategie eines Verteidigungskampfes der Kulturpolitiker gegen die immer verzweifelter nach Einsparpotenzialen Ausschau haltenden Kämmerer. Er wurde auch in Dortmund gekämpft – Ende 1981 sah sich die Stadt mit Kürzungsplänen der Landesregierung konfrontiert: 700000 DM, 30 Prozent des Landeszuschusses, sollten eingespart werden. Damit setzte in der von wirtschaftlichen Krisen und Strukturwandel gebeutelten Stadt bereits jene Litanei ein, die inzwischen jeder Kulturbeobachter aufwärts und abwärts beten kann: dass kurzfristige Sparmaßnahmen vor allem den künstlerischen Bereich treffen, weil nur hier Arbeitsverträge kurzfristig kündbar sind; dass selbst ein »eingefrorener« Etat de facto schrumpft, weil Tarif- und Sachkostensteigerungen die Mittel auffressen; der sehnsüchtige Ruf nach Sponsoren und Mäzenen als Helfer in der Not; und die Suche nach dem Heil in Fusionen und Kooperationen. »Die Kunst der Theater heißt jetzt sparen«, titelten am 27. Januar 1982 die »Ruhr Nachrichten«. Und prompt wurden in Dortmund wieder Kooperationspläne aus der Schublade gezogen: Diesmal die eines Zusammengehens mit Bochum, das letztlich darauf hinauslaufen sollte, dass Dortmund sein Schauspiel verlor.

Auch dieser Plan stieß auf vehemente Gegenwehr der Dortmunder Bürger, die den Verein »Dortmunder für ihr Schauspiel« gründeten. 1983 waren die Pläne vom Tisch. Der Preis, den Generalintendant Paul Hager zahlen musste, war ein reduzierter Spielplan, außerdem wurde die Schließung des Kinder- und Jugendtheaters diskutiert. Die Durchführung der Spielzeit 1983/84 musste dann bereits – wie schon nach Schüchters Tod – der langjährige Chefdisponent des Theaters, Dieter Geske, übernehmen, als kommissarischer Intendant für den 1983 völlig überraschend verstorbenen Hager. Ab Sommer 1985 leitete dann Horst Fechner als Generalintendant das Dortmunder Theater. Im Rahmen einer Podiumsdiskussion des Vereins »Dortmunder für ihr Schauspiel« brachte Johannes Wohlgemuth, Redakteur der »Westfälischen Rundschau«, einen für die Rückbesinnung der Theaterreflexion auf die Stadt typischen Begriff in die Diskussion ein: den einer Dortmunder Stadtkulturlandschaft, in der alle Institutionen in intensiver Kooperation das kulturelle Profil der Stadt prägen. Dass das Dortmunder Theater, obwohl angefochten durch Kürzungen, durch Strukturreformen und auch durch kommunalpolitische Querelen aus dem Geist pro-

2.12.1933

vinzieller Kurzsichtigkeit oder Eitelkeit, seine Stellung in der Dortmunder Stadtkulturlandschaft bis heute behaupten konnte, verdankt es letztlich solchem Eintreten der Bürger für »ihr« Theater.

An solchen Erfahrungen zeigte sich, dass die Identifikationskraft der Stadt ein ideales, nahezu unverzichtbares Bindemittel zwischen dem Theater und einem Publikum ist. Damit sah sich die Selbstreflexion der Theatermacher vor neue Aufgaben gestellt. Denn wenn, wie die gescheiterte Kooperation zwischen Gelsenkirchen und Dortmund gezeigt hatte, einerseits verschiedene Städte unterschiedlich auf Theater regieren und andererseits Theater eben kein Serienprodukt ist wie Film oder Fernsehen, dann liegt in der lokalen Unterschiedlichkeit des Theaters nicht bloß ein Problem für Fusionen, sondern auch eine kommunikative Chance, die lange Zeit nicht ausreichend reflektiert wurde: Theater kann seine »spezifische Differenz« nutzen, um sich auf seine Stadt einzustellen.

Vom Stadttheater wird man erwarten, dass es das Klima in »seiner« Stadt erspürt, erforscht und darauf reagiert – genau das also, was unter dem Eindruck der Emanzipationsbewegung von 1968 vorschnell als kompromisslerische Anpassung an »das System« verdächtigt worden war. Der Erfolg von Theatermachern wie Amélie Niermeyer in Freiburg oder Matthias Hartmann in Bochum hat viel damit zu tun, dass diese Theatermacher äußerst geschickt moderne Instrumentarien von Kommunikation und Marketing zur Erforschung lokalspezifischer Bedürfnislagen eingesetzt und auf dieser Basis ein auf das individuelle Umfeld abgestimmtes Theaterkonzept entwickelt haben.

Aber mit jeder neuen Chance erwachsen auch neue Risiken. Um diese zu illustrieren, sei ein Typus des Theatermachers ins Blickfeld gerückt, den das deutsche Stadttheater immer wieder hervorgebracht hat – wenn auch nicht in dieser idealtypischen Stilisierung, die in der Wirklichkeit so nie und nirgends vorkommt – schon gar nicht in Dortmund: der Typus des Tennis spielenden Rotarier-Intendanten mit optimierter Lokal-Assimilation. Dieser Intendant ist in seiner Stadt bestens anerkannt und nimmt lebhaft teil am gesellschaftlichen Leben, er ist ein gern genommener Tennispartner im örtlichen Tennisclub und geachteter Gastredner der Rotary- und Lions-Clubs. Er ist nach außen ein gewandter Botschafter seiner theatralischen Sendung und nach innen ein allgegenwärtiger Vollbluttheatermacher, dessen Führungsstil als patriarchalisch beschrieben werden könnte. Ehrgeizige junge Leute bleiben an seinem Theater allerdings meist nicht lange. Denn dieser Intendant weiß viel zu genau, was die Stadt von ihm erwartet, da lässt er sich von keinem Dramaturgen reinreden. Und die erfreulichen Auslastungszahlen, die er Jahr für Jahr erreicht, seitdem er von einigen allzu waghalsigen Experimenten seiner ersten Spielzeiten Abstand genommen hat, geben ihm vollkommen Recht.

Wer allerdings danach fragt, was der Stadt denn fehlte, wenn sie diesen Theatermacher und sein allseits gern gesehenes Theater nicht hätte, käme möglicherweise auf nicht viel mehr als eine Reihe kultivierter Abende für die besseren Kreise der Bürgerschaft. Und das wäre vor dem Hintergrund einer öffentlichen Finanzierung von 70 bis 80 Prozent des Theateretats zu wenig.

Genau hier, in der öffentlichen Förderung von Theater und der Frage nach der Legitimität dieser Förderung, liegt der Ansatz für eine normative Definition von Stadttheater, die in dem beschriebenen Einvernehmen zwischen der Stadt und ihrem Intendanten noch keineswegs aufgeht. Weil öffentlich gefördertes Theater nicht nur von den Bürgern gefördert wird, die ins Theater gehen, sondern von der gesamten städtischen Gemeinschaft, braucht solches Theater eine Legitimation, die über den Maßstab der »Kundenzufriedenheit« entscheidend hinausgeht. Genau das unterscheidet »Stadttheater« in seinen Maßstäben und seiner Legitimation von einem kommerziellen Dienstleistungsunternehmen.

Immer wieder hat das Theater in den hier beschriebenen Zusammenhängen mitgewirkt am Aufzeigen neuer Perspektiven, von denen nicht allein sein Publikum, sondern eine Gesellschaft als ganze profitieren sollte. Seine Geschichte hat gezeigt, dass sein Potenzial über ein repräsentativ-affirmatives Verhältnis zu seiner Trägerschicht sogar dann weit hinausgeht, wenn es eigens um dieser Funktion willen eingerichtet und gefördert wird. Deswegen muss dieses Potenzial aber auch immer wieder neu definiert und abgerufen werden. Denn Theater tritt allein schon aufgrund der Struktur eines kommunalen Verwaltungshaushalts zwangsläufig in Konkurrenz zu Leistungen, deren soziale Notwendigkeit unmittelbar evident ist: Schulen, städtische Krankenhäuser, Kindergärten. Das Argument fürs Theater darf in diesem Zusammenhang nicht lauten, dass das Recht auf einen Kindergartenplatz auf einer Stufe rangiere mit dem Recht der lokalen Oberschicht auf unterhaltsame Selbstbespiegelung im Theater.

Theater hat mehr zu bieten. Nur ist dieses »Mehr« nicht allein im Kontext einer lokalen sozialen Bedürfnisstruktur zu begründen. Vor diesem Hintergrund kommt man nicht umhin, festzustellen, dass das Verkümmern eines gesamtgesellschaftlichen Dialogs über grundsätzliche Aufgaben und Ziele von Theater zu einer existenziellen Gefährdung auch des Stadttheaters geführt hat.

Mit dem Zerfall des emanzipatorisch-kritischen Programms von '68 ist in Deutschland jedoch die Fähigkeit, bestehende Verhältnisse kritisch zu hinterfragen, erschreckend weit abhanden gekommen – und dem Theater damit eine wichtige kommunikative Funktion. Stattdessen werden die aus dem derzeitigen Wirtschaftssystem sich ergebenden »Sachzwänge« immer unreflektierter akzeptiert – auch in der Diskussion um Sinn und Zweck von Theater. Die Theatervisionen der 68er Generation waren über die Orientierung an systemkonformen Faktoren wie »Standortfaktor«, »Umwegrentabilität«, »Kundenfreundlichkeit« oder »Eigenfinanzierungsanteil« weit hinaus. Und sie sind zumindest in ihrer Grundtendenz womöglich noch immer aktuell. Denn Theater ist seinem Potenzial nach eine experimentelle Forschungsanstalt und historische Erinnerungsstätte im Dienst der gesellschaftlichen Humanität. Und nur wenn es dieses Potenzial ausschöpft, kann es wirklich seinen substanziellen Beitrag zur gesellschaftlichen Verständigung und Zivilisation erbringen – und seine »Subvention« rechtfertigen.

Was bedeutet das für das Theater und die Stadt? Es bedeutet, dass Theater sich als Spannungspol in die Stadt einzubringen hat und nicht als Spiegel einer distanzlosen Selbstbestätigung. Spannung aber baut sich nicht zwischen unspezifischen Unterschieden auf, sondern nur zwischen Gegensätzen, die sich absichtsvoll aufeinander beziehen. Insofern kann es heute nicht darum gehen, einfach zur Nichtachtung oder Nichtbeachtung des lokalen Umfelds zurückzukehren. Theater wird nicht fürs Feuilleton gemacht und auch nicht für eine urbane Intellektuellenschicht, die – vielleicht sogar zu Recht – beansprucht, die Ziele des Theaters allgemeinverbindlich zu definieren.

Aber Theater kann sich dennoch nicht einfach vor dem gesamtgesellschaftlichen Diskurs drücken und gut bayerisch sagen: »Mir san mir!« Theater für eine Stadt hat in gewisser Weise eine Übersetzungsfunktion: Es hat die Aufgabe, die Verständigung über Themenkomplexe, Normen, Überzeugungen und offene Fragen, die den gesellschaftlichen Fortschritt ausmacht, so zu transformieren, dass sie im Kontext der jeweiligen Stadt wirksam widerhallt.

Die Menschen müssen sich durch »ihr Theater« nicht bestätigt, sehr wohl aber angesprochen, »gemeint« fühlen. Insofern bildet sich Stadttheater idealiter immer in einer doppelten Gegenbewegung aus: Stadttheater braucht als Gegenpol zu einer kritiklosen Assimilation durch die Stadt immer auch die Orientierung an globalgesellschaftlichen Kommunikationszusammenhängen; aber ebenso braucht es als Gegenpol zu einer möglichen Entfremdung

Spielzeit 1934/35

Spielzeit 1936/37

von seinem Umfeld ein liebevolles, neugieriges Verhältnis zur »Provinz« und deren Bedürfnissen und Nöten. – Wir sehen hier das bislang letzte Stadium jener Dialektik aus regionalen und universalen, affirmativen und emanzipatorischen, repräsentativen und provokativen Tendenzen, die alle Entwicklungen des bürgerlichen Theaters zukunftsbringend begleitet hat.

VI. »Opferfreudiger Sinn« versus Turbokapitalismus – Theater in der Effizienzfalle

Diese Dialektik wird in den letzten Jahren allerdings zunehmend überlagert von jener Antinomie, die nicht allein das Theater, sondern bürgerliche Kunst generell betrifft. Die idealistischen Funktionen, mit denen Theater gerechtfertigt wird (affirmative Selbstbespiegelung, emanzipatorische Kritik), verlieren immer stärker an Geltung gegenüber der Bewertung des Theaters nach ökonomischen Maßstäben.

Bei der Verleihung des Kulturellen Ehrenpreises der Stadt München am 22. Januar 2004 an Sir Peter Jonas, den Intendanten der Bayerischen Staatsoper, hielt seine Kollegin Elisabeth Schweeger vom Schauspiel Frankfurt die Laudatio, der wir folgende Sätze entnehmen: »Die meist politische Forderung nach Ökonomisierung aller Bereiche gesellschaftlichen Wirkens hat fatale Folgen. Einerseits führt sie zu populistischen Maßnahmen, die Qualitätskriterien völlig außer Acht lassen und rein an deren medialer Präsenz interessiert sind, andererseits wird die Fähigkeit untergraben, Unbequemes und Neues durchzustehen und auf seine Gültigkeit hin zu prüfen. Der Mensch läuft Gefahr, zur ideenlosen, fantasielosen, denkunfähigen Hülle zu werden – ein willkommenes Objekt zur leichten Manipulation.« (zitiert nach »Süddeutsche Zeitung« vom 23. Januar 2004)

Der Theaterdiskurs der letzten Jahre krankt an einer lähmenden Begrifflosigkeit – und wenn Begriffe sich einstellen, kommen sie aus dem Repertoire des betriebswirtschaftlichen Effizienzdenkens: Theater wird zunehmend systemimmanent nach ökonomischen Maßstäben definiert, statt dass Theater umgekehrt dieses System der herrschenden Ökonomie in Frage stellt. Und genauso lange, wie die gleichsam apriorische Verabsolutierung ökonomischer Normen anhält, wird das Verhältnis der Kunst zu diesem System ein aporetisches bleiben. Natürlich ist es richtig: Stadttheater ist teuer. Aber es ist sein Geld auch wert – was aber nur dann darstellbar ist, wenn dieser Wert nicht wiederum in Geld bemessen, sondern außerhalb marktwirtschaftlicher Verwertungszusammenhänge definiert wird.

Diese Ökonomisierung hat unmittelbar mit der Verbürgerlichung des Theaters zu tun, weil der Aufstieg des Bürgertums unmittelbar mit dem Siegeszug des Kapitalismus einherging. Dass dieser bürgerliche Kapitalismus sich trotz Erfahrungen großer Inhumanität, die mit seinem Aufstieg verbunden waren, dennoch so erfolgreich behaupten konnte, ist allerdings auch darin begründet, dass die bürgerliche Ideologie von der Aufklärung des 18. Jahrhunderts bis hin zu modernen Konzepten einer sozial und demokratisch moderierten Marktwirtschaft im 20. Jahrhundert wirksame Gegengewichte zu diesen inhumanen Tendenzen hervorgebracht und in einem komplizierten institutionellen Geflecht im Staatswesen verankert hat. Angesichts der Verabsolutierung kommerzieller Wertorientierungen nach dem Zusammenbruch der kommunistischen Staaten allerdings lässt sich durchaus fragen, ob dieses Gegengewicht nicht zunehmend an Bedeutung verliert. Zumindest bedroht die Ökonomisierung inzwischen substanziell die kulturellen Institutionen der bürgerlichen Gesellschaft.

Die von Elisabeth Schweeger beklagte Durchsetzung aller Wert- und Orientierungssysteme mit kommerziellen Normen, die inzwischen auch vor der gesundheitlichen Versorgung alter Menschen und dem humanitären Schutz der Verlierer im ökonomischen Wettbewerb nicht mehr Halt macht, hat auch das Theater längst ergriffen. Was früher not-

Spielzeit 1938/39

wendige Voraussetzung war – ohne finanzielle Grundlage ist Theater nicht möglich –, wird heute zur hinreichenden Bedingung: Kommerzielle Effizienz legitimiert Kunst. Was im Umkehrschluss bedeutet: Kommerziell ineffiziente Kunst – und damit auch das hoch subventionierte Stadttheater – hat keine Legitimation mehr.

Als »Standortfaktor« konnte das Theater in dieser Stadt und für diese Stadt zwar noch einmal neu im Gemeinwesen verankert werden, doch diese Verankerung wurde erkauft mit einer Entfremdung des Theaterdiskurses von künstlerischen Gesichtspunkten, die tiefgreifender kaum sein könnte. Immer deutlicher zeichnet sich dabei ab, dass unter solchen Vorzeichen die Kosten-Nutzen-Rechnung zum Nachteil des Stadttheaters ausgeht. Am Ende ist ein glanzvolles Festival, ein geschickt arrangiertes Programm von Gastspiel-Events oder die Organisation von ein paar Entertainment-Großprojekten als »Standortfaktor« attraktiver, als Touristenmagnet wirksamer und vor allem billiger als das Stadttheater. Die kommunikativen Defizite dagegen, die mit solch einer Eventkultur in Kauf genommen werden, lassen sich unter ökonomischem Aspekt kaum darstellen.

Es ist deshalb eine Existenzfrage des Stadttheaters, sich aus dieser Ökonomisierung des Kunstdiskurses herauszuwinden und künstlerische Gegenpositionen zur »Turbokapitalisierung« aller Lebensverhältnisse aufzubauen. Woher neue Impulse kommen sollen, ist derzeit schwer abzusehen. Mit einiger Plausibilität kann aber gesagt werden, dass das Theater der Postmoderne nicht nur zur Befreiung, sondern auch zur Beliebigkeit beigetragen hat. Andererseits lassen sich aber vielleicht gerade in jenen Traditionssplittern, die von der Postmoderne über die Bühnen ausgestreut wurden, Reflexe eines Neuen erkennen. Zum Beispiel im Aufbrechen des dramatischen Kontinuums in heterogene szenische Collagen, das das postdramatische Theater hervorgebracht hat: Spiegeln nicht die überdrehten Pop- und Trash-Orgien von René Pollesch oder Armin Petras – zumindest in ihren besten Inszenierungen – bestürzend schmerzhaft die inhumane Diskontinuität und Beschleunigung wider, die unsere kurzatmige und aktualitätsverfallene Waren- und Medienwelt ihren Be-wohnern antut? Und könnte nicht auch die Rückbesinnung auf ein von selbstbestimmten und -verantwortlichen Individuen erzählendes »Theater der Menschlichkeit« – um das Schlagwort des Dortmunder Generalintendanten Paul Walter Jacob aufzugreifen – einen Gegenpol bilden gegen die turbokapitalisierte Welt?

Darüber zu reden und nachzudenken wäre wichtiger, als immer neue Finanz- und Strukturdiskussionen zu führen. »Opferfreudiger Sinn« lässt sich rein ökonomisch nicht begründen; die »Veredelung«, die Kunst für ein städtisches Gemeinwesen ebenso wie für einen ganzen Staat erwirken kann, wird in betriebswirtschaftlichen Termini kaum zu beschreiben sein. Die Überzeugung, dass die Stadt ohne die »veredelnden Künste« etwas entbehrt, das den »opferfreudigen Sinn« lohnt, muss heute neu begründet werden.

Dazu hätten sicher auch jene Theatermacher, die Ende der 1980er Jahre im damals »anderen« Deutschland ihren Teil zu einer friedlichen Revolution beitrugen, Erfahrungen einzubringen. In diesem Beitrag, in dem es um ein Theater im Westen der Republik geht, konnte deren Geschichte nicht erzählt werden. Aber wo es um den Versuch einer zeitgemäßen Neubegründung des Stadttheaters gegen den Trend zur Kommerzialisierung unserer sozialen Lebenswelt geht, sollten ihre Erfahrungen willkommen sein.

Sollte eine solche Neudefinition nicht gelingen, sind angesichts der obwaltenden finanziellen Umstände kaum prophetische Gaben nötig, um dem Stadttheater eine gewaltige Legitimationskrise zu prophezeien. Die wäre freilich auch ein Alarmsignal für eine Gesellschaft, die sich immer unkontrollierter ökonomischen Systemzwängen ausliefert. Der Verlust des Theaters, so ist zu befürchten, dürfte dann nicht die einzige Einbuße an humaner Lebensqualität bleiben.

Udo Bermbach

Oper in der Erlebnisgesellschaft *Zum sozialen und politischen Ort der Oper*

I. Eine Gesellschaft im Umbruch

Am Beginn des neuen Jahrhunderts ist das alte noch immer präsent. Wer geglaubt hatte, die Jahrtausendwende böte die Chance eines allgemeinen Neuanfangs, sieht sich getäuscht. Nur wenig hat sich während der letzten Jahre zum Positiven hin verändert und für die Kultur nahezu nichts. Im Gegenteil: Die zentralen Probleme der 1990er Jahre sind geblieben und in manchen Bereichen haben die sich schärfer ausprägenden gesellschaftlichen Verwerfungen auch den kulturellen Sektor der Gesellschaft massiv betroffen.

Was damals galt, gilt heute noch immer: Die Globalisierung der Märkte schreitet mit beträchtlichem Tempo voran und blutet einst blühende Wirtschaftszweige der nationalen Ökonomien aus – mit der Folge einer hohen und auf absehbare Zeit wohl auch stabilen Arbeitslosigkeit, die nicht nur das Selbstbewusstsein der Betroffenen schwer in Mitleidenschaft zieht, sondern auch potenzielle Konsumkraft für die nationalen Märkte vernichtet. Die immer stärkere Europäisierung beschneidet die finanzielle Souveränität der nationalen Regierungen und verlagert die Disposition über die eigenen Steuereinkünfte – und damit auch Ausgaben – zunehmend spürbarer nach Brüssel. Finanz- und Steuerpolitik sind folglich immer weniger als Steuerungsinstrumente einer an nationalen Interessen ausgerichteten Politik verfügbar, gehorchen vielmehr übernationalen Gesichtspunkten, an deren Festlegung nationale Regierungen zwar mitwirken, die sie aber nicht allein bestimmen können. Die Veränderungen der sozialen Systeme und des Arbeitsmarktes, die in den letzten Jahren begonnen worden sind und voraussichtlich noch über einige Jahre mit sich verschärfenden Konsequenzen andauern werden, haben das Sicherheitsbewusstsein der Bevölkerung massiv getroffen und eine Haltung abwartenden Misstrauens sowie des Rückzugs in die Privatsphäre begünstigt. Hinzu kommt, dass die nach den Attentaten vom 11. September 2001 veränderte Sicherheitslage der westlichen Welt gravierende Umdispositionen im Hinblick auf die innere wie äußere Sicherheit erforderlich gemacht hat – Veränderungen, die ebenfalls kostenintensiv waren und sind und die Mentalität einer Bevölkerung, die sich über Jahrzehnte ausschließlich mit ihren eigenen Selbstbefindlichkeiten beschäftigt hat, auf völlig neue Probleme ausgerichtet haben.

Die Liste der Probleme und Unsicherheiten, der Engpässe und des Zweifels, auch der Angst vor der Zukunft ließe sich noch um einiges verlängern, aber was immer auch hinzuzufügen wäre – es rückt die Gesamtlage der Nation entschieden weg von den vermeintlich so festgezurrten Sicherheiten früherer Jahrzehnte.

Gesellschaftliche Verwerfungen also, wohin wir blicken. Und mittendrin eine Kulturszene, die sich einerseits immer wieder ihrer Traditionen versichern will und muss, die andererseits auf Neues aus ist – und doch nicht recht weiß, worin dieses Neue bestehen soll; die sich zum Teil ins Gewohnte und Bekannte flüchtet, zugleich aber auch expansiv experimentiert, um herauszufinden, wo die neuen Ufer der Zukunft liegen. Die werden mit Sicherheit auch durch die neuen Hör- und Sehweisen einer Mediengesellschaft mitbestimmt, in wel-

Spielzeit 1940/41

cher die obsessive Visualisierung der Welt mit der zunehmenden Vereinzelung im häuslichen Technologiepark einhergeht, in der also der wachsende Kommunikationsbedarf der Gesellschaft die Isolation der kommunizierenden Subjekte herbeizwingt.

Es bedarf weder einer großen Fantasie noch umfassender Sozialerhebungen, um zu wissen, dass vor allem die junge, nachwachsende Generation durch eine solche fast imperiale Herrschaft elektronischer Medien tief beeinflusst wird, dass die Vielfalt dieser Medien sowohl Sozialisation wie aktive Erziehung entscheidend mitbestimmen: einerseits positiv mit Blick auf die Fähigkeiten, diese neuen Techniken problemlos bedienen zu können, andererseits negativ, was der Verlust überkommener Kulturtechniken, die täglich zu beobachtende Wohlstandsverwahrlosung und daraus folgende Kleinkriminalität, die Zerrüttung von traditionellen Familien- und Sozialstrukturen, die Auflösung von dauerhaft berechenbaren Verhaltensweisen bis hin zu damit verbundenen Gesundheitsproblemen belegen.

Das alles – und einiges mehr – charakterisiert eine Gesellschaft im Umbruch, formal gesprochen: eine Pluralisierung der Verhaltens- und Lebensstile, in der es verbindliche normative Maßstäbe nicht mehr gibt, weder für die beruflichen Erwartungen noch für die persönliche Lebensführung und erst recht nicht für die ästhetische Orientierung. Wobei hier und auch im Folgenden das durch Immigration von Menschen aus außereuropäischen Kulturen im Wandel begriffene politische wie kulturelle Profil der Gesellschaft unbeachtet bleiben soll – auch weil es für die Oper, zumindest vorerst, kein sozial relevantes Problem darstellt.

II. Vielfältige Erlebniswelten

Mit diesen hier kurz skizzierten gesellschaftlichen und politischen Veränderungen ist die Oper heute konfrontiert. Sowohl junge Komponisten, die sich dieser Gattung widmen wollen, als auch die Produktionsstätten, in denen Opern Abend für Abend gespielt werden, sehen sich angesichts der Heterogenität der heutigen Gesellschaft, ihrer »neuen Unübersichtlichkeit« (Jürgen Habermas) einem Publikum gegenüber, das nicht mehr eindeutig, vor allem aber nicht mehr einheitlich zu definieren ist – weder in seiner sozialen Zusammensetzung noch von seinen Bildungsvoraussetzungen her, auch nicht in seiner kulturellen Ausrichtung. Denn das seit Jahrzehnten zu beobachtende Faktum, dass moderne Gesellschaften sich nicht mehr als einheitliche beschreiben lassen, dass sie nicht mehr eine alle Klassen und Schichten übergreifende Identität auszubilden vermögen, sondern sich in einer Fülle von Wertorientierungen, Verhaltensmustern und Lebensentwürfen ausdifferenzieren, bestimmt auch das Opernpublikum. Wenn die Gesellschaft in eine Vielzahl von Gruppen und Individuen zerfällt, die in ihren Lebensgestaltungen völlig unterschiedlichen, häufig sehr widerstreitenden Vorstellungen folgen, so reflektieren sich solche pluralisierten, miteinander konkurrierenden Modelle der Lebensführung naturgemäß auch in der Klientel, die sich die Oper zurechnen kann.

Die heutige Gesellschaft hat eine Fülle von mehr oder weniger eigenständigen »Milieus« hervorgebracht, die in aller Regel konfliktfrei nebeneinander bestehen und den Rahmen für spezifische und voneinander unterscheidbare Lebenswelten abgeben. Der Soziologe Gerhard Schulze hat schon vor Jahren mit Blick auf dieses Phänomen von der »Erlebnisgesellschaft« gesprochen und damit gemeint, dass wir es mit einer Gesellschaft zu tun haben, in der die unterschiedlichsten Formen sozialer und kultureller Selbstbestimmung gleichzeitig miteinander und nebeneinander existieren, ohne dass die damit verbundenen Formen milieuspezifischer Kommunikation auf sozial eindeutig bestimmbare Trägergruppen festzulegen wären – was heißt, dass bestimmte kulturelle Interessen und Vorlieben nicht mehr ausschließlich klar bestimmbaren sozialen Gruppen zugeschrieben werden können.

So trifft die früher durchaus zu Recht bestehende Vorstellung, wonach einer bestimmten

Spielzeit 1940/41

sozialen Schicht auch ein bestimmtes kulturelles Selbstverständnis zugeordnet werden kann – wie dem Bürgertum die Oper –, in solcher Eindeutigkeit nicht mehr zu. Empirische Erhebungen zeigen vielmehr, dass das heutige Publikum der Oper im Wesentlichen dem Sozialprofil der Mehrheit der Bevölkerung entspricht, und dies gilt sogar für so exponierte Veranstaltungen wie die Bayreuther Festspiele, deren Besucher sich ebenfalls im Lauf der Jahre dem sozialen Querschnitt der Bevölkerung angenähert haben: Einer neueren Untersuchung zufolge verfügen rund 33% der Besucher über ein Nettoeinkommen von monatlich nur 767 bis 2300 Euro und lediglich 32% liegen über 3800 Euro – Zahlen, die das Vorurteil widerlegen, es handele sich um eine elitäre Auslese einer finanzstarken Minderheit.

Die Erklärung für diesen Sachverhalt liegt auf der Hand: Die an den unterschiedlichsten Formen der Kultur – vom Stadtteilfest bis zu den Veranstaltungen der sog. Hochkultur – orientierten »Erlebnismilieus« sind zwar sozial nicht völlig beliebig zusammengesetzt, aber doch in einem weiten Sinne sozial offen und damit durchlässig. Das heißt: Wer heute den Auftritt eines Rocksängers oder einer Popgruppe in einer Großarena miterlebt, geht morgen vielleicht in einen Jazzkeller und besucht einige Tage später ein Symphoniekonzert oder eine Opernaufführung. Solche unterschiedlichen kulturellen Vorlieben können in derselben Person problemlos nebeneinander bestehen und wer sie pflegt und sich entsprechend verhält, begibt sich in jeweils unterschiedliche Milieus, ohne sich diesen zugleich in einem bekennenden Sinne zugehörig zu fühlen. Er lebt vielmehr auf Zeit in unterschiedlichen Zusammenhängen, nimmt – zeitlich begrenzt – unterschiedliche Rollen wahr, taucht für einige Stunden in jeweils unterschiedliche »Szenen« ein, ohne damit sein kulturelles Selbstverständnis ein für allemal in einem umfassenden Sinn zu definieren. So erklärt sich, weshalb die soziale Struktur ebenso wie das Bildungsniveau auch der Opernbesucher nicht mehr homogen ist, sondern in ihrer Substanz der allgemeinen gesellschaftlichen Stratifikation weitgehend folgt und – *mutatis mutandis* – Spiegel der Gesellschaft insgesamt ist.

III. Konkurrenz aller um alle

Ein solcher Befund hat Folgen, auch für die Oper. Zunächst einmal: Gesellschaften, die sich als Netzwerke soziokultureller Erlebniswelten verstehen, haben Schwierigkeiten, einzelne »Sonderkulturen« (wie die Oper eine ist) besonders zu privilegieren. Die Allgemeinheit verlangt vielmehr, dass alles möglich sein soll und alles gleichviel zählt – der Popstar steht neben dem klassischen Liedsänger, die Rockgruppe neben dem Kammermusikensemble, die Jazzband neben dem Symphonieorchester, das Musical neben der Oper und zusätzlich gibt es noch Film und Fernsehen, gibt es Museen und Stadtteilfeste sowie eine Fülle weiterer »Events«, die alle ihre gesellschaftliche Anerkennung einfordern und sie auch erhalten. Dies gilt nicht zuletzt auch deshalb, weil es eine gesellschaftlich verbindliche Ästhetik nicht mehr gibt und keine dieser Spielarten der Kultur deshalb im gesellschaftlichen und politischen Diskurs ästhetisch ausgezeichnet werden kann.

Dass die Repräsentanten der (Hoch-)Kultur dies anders sehen, dass sie jeweils Prioritäten für sich reklamieren, ist verständlich, aber gesellschaftlich wie politisch kaum mehr begründbar. Denn in pluralistisch ausdifferenzierten Gesellschaften ist der einzige Maßstab, der noch gilt, der der Konkurrenz. Und zwar einer Konkurrenz aller um alle. Dies trifft auch die Oper: Auch sie kann angesichts der skizzierten Bedingungen auf keine ein für allemal feste Klientel setzen, sondern konkurriert mit allen anderen Kulturmilieus, aus denen sie auch Teile ihres Publikums gewinnen muss. Sicherlich gibt es einen Besucherstamm, auf den die Oper bauen und mit dem sie rechnen kann. Aber der ist nicht groß genug, um die Häuser Abend für Abend ausreichend zu füllen. So entsteht der Zwang zum Ausgreifen in bislang fremde soziokulturelle Milieus, der

Spielzeit 1940/41

Spielzeit 1941/42

Zwang, erfolgreich um neue, vor allem jüngere Zuschauer zu werben und sie auf Dauer zu gewinnen, diejenigen zu interessieren, die vor »Hochkultur« zurückscheuen und Schwellenangst haben. Die Möglichkeit, dass jeder Einzelne seine kulturellen Bedürfnisse auf einem vielfältigen und qualitativ gewiss höchst unterschiedlichen Markt befriedigen kann, zwingt die Oper in einen Konkurrenzkampf, den sie in dieser Form früher, in ihren Hochzeiten in Deutschland, nicht kannte und dessen Ausgang mit darüber entscheidet, ob es für diese kulturelle Institution überhaupt noch eine Zukunft geben wird.

Dass Kunst dabei auch zur Ware wird, ohne in ihrer ästhetischen Qualität hiervon zwangsläufig berührt werden zu müssen, ist offensichtlich und alle Klagen darüber, die seit Jahrzehnten immer wieder formuliert worden sind und den Untergang der Kunst selbst beschwört haben, vermögen diesen Trend nicht zu brechen, schon gar nicht zu stoppen oder gar umzukehren.

In einer Welt, in der alle Lebensbereiche immer stärker durchkapitalisiert werden und in der die Globalisierung nur die letzte Konsequenz einer bereits von Karl Marx und Friedrich Engels im »Kommunistischen Manifest« 1848 vorhergesagten unausweichlichen Herrschaft des Kapitals ist, entgeht auch die Kunst nicht den Gesetzen eines »freien Markts«, genauer: den Gesetzen des Finanzkapitals. Dass dies einem auf die Autonomie der Kunst ausgelegten Kunstbegriff (wie er insbesondere in der von den Ästhetiken des 18. und 19. Jahrhunderts geprägten deutschen Tradition formuliert worden ist) zutiefst zuwider sein muss, ist verständlich, hilft aber unter den heutigen Bedingungen kaum weiter.

Vorerst jedenfalls ist die Tendenz, auch für Kunst hauptsächlich den Markt als Medium gesellschaftlicher Vermittlung und gesellschaftlichen Austauschs zu akzeptieren, deutlich und so lautet die Frage eher, ob sich daraus für den Fortbestand und die weitere Entwicklung der Oper nicht auch Chancen ergeben können.

IV. Ästhetischer Pluralismus

Eine Gesellschaft, in der niemand mehr autoritativ über Kunst oder über die künstlerische Qualität verbindlich entscheiden kann, vermag auch über die Existenz der Oper und der Opernhäuser unter dem Gesichtspunkt der Qualität von Produktionen nicht definitiv zu entscheiden. Wie immer die Gattung sich als Musiktheater weiterentwickelt, wie immer die Produktionen des Repertoires auch ausfallen – es gibt in einer pluralen Gesellschaft keine autoritative Instanz, die ein ästhetisch verbindliches Urteil dazu abgeben könnte. Das gilt auch für professionelle Kritiker, die lediglich ihre subjektiven Eindrücke formulieren, wenn auch auf Erfahrung gestützt und – im besten Fall – theoretisch abgesichert, aber in ihrem Urteil doch unverbindlich für ein Publikum, das seine eigenen, sehr divergierenden ästhetischen Erfahrungen gemacht hat. Kritiken mögen gelegentlich politisch und gesellschaftlich relevant werden, wenn ein Haus entweder »heruntergeschrieben« oder auch hochgelobt wird und Politiker auf solche Berichte reagieren; ästhetisch bleiben sie allerdings unverbindlich, sind sie bestenfalls Wegweiser für eigene Erkundungen.

Aber genau dieser ästhetische Pluralismus, der nicht mit ästhetischer Unverbindlichkeit verwechselt werden darf, verschafft der Oper zunächst einmal eine relative Sicherheit für ihre weitere Existenz. Denn in einem derart aufgefächerten Spektrum ästhetischer Erfahrungen und Urteile – und nur unter solchen Bedingungen – hat sie die Chance, vom traditionellen Repertoirestück bis hin zum avantgardistischen Experiment alles zu wagen und zur Debatte zu stellen. Und sie tut dies in der Realität auch längst, entfaltet hier eine geradezu atemberaubende Bandbreite: Bühnenbilder, die illusionären Realismus ebenso zeigen wie abstrahierende Stilisierung, die audiovisuelle Medien einsetzen und längst zu virtueller Raumgestaltung übergegangen sind; Inszenierungen, die neben bloßer Erzählung politischen Realismus, psychologische Deutungen und stilisierte Non-Kommunikation bieten und

Spielzeit 1946/47

neuerdings auch jenen Dekonstruktivismus, der dem Zuschauer im Zerfallen der Werke die Einzelsplitter situativer Erfahrungsmomente vorführt. Nahezu alles scheint möglich, in der Gesellschaft wie in der Oper, und so bietet die Opernpraxis eine solche Breite postmoderner Vielfalt, dass der auch heute noch beschworene Begriff der »Werktreue« mittlerweile zum antiquierten Vehikel randständiger Interpretationsversuche verkommen ist.

In solcher Vielfalt der Aufführungsstile spiegelt sich die Vielfalt der Gesellschaft und ihrer potenziellen Bedürfnisse wider. Das ist ein nicht zu unterschätzendes Kapital der Oper auch für die Zukunft, das allerdings auch Verpflichtungen mit sich bringt – für den Spielplan wie für die Auswahl der Regisseure. Denn die oben skizzierten gesellschaftlichen Veränderungen und Befunde zwingen jedes Opernhaus dazu, der Pluralität des Publikums auch in der Programmgestaltung Rechnung zu tragen. Sie erfordern die Pluralität eines Spielplans, in dem das bloße Genießen eines »schönen« Opernabends ebenso seinen Platz hat wie die Herausforderung durch ungewohntes, anstrengendes zeitgenössisches Musiktheater oder auch die schockierende Neu-Inszenierung scheinbar vertrauter Stücke.

Auch wenn immer noch gilt, dass Musiktheater aufzuklären hat, dass es auf ungewohnt und verstörende Art die Probleme der Zeit auf die Bühne bringen und nachdenklich machen sollte über die eigenen wie über fremde Befindlichkeiten, über unterschiedliche Sichtweisen wie divergierende Rezeptionsmöglichkeiten, kurz: über alle Varianten einer sinnlich erfahrbaren Realität und ihrer Interpretation, so gilt doch auch, dass es ein Recht auf Unterhaltung gibt, dass die rein kulinarische Lust an schöner Musik und schönen Stimmen befriedigt werden muss, der Stress des Alltags einfach abgestreift werden darf.

So wichtig die Einsicht ist, dass es beim Hergebrachten des konventionellen Repertoirs allein nicht bleiben kann, weil nur das Neue, das Unerhörte für Gegenwart wie Zukunft sensibilisiert, so richtig ist sicherlich auch, dass es in der Oper Abende geben muss, in denen die pure Entspannung, die Freude über musikalische und szenische Perfektion ebenso legitim sind wie der Verzicht auf alles hintergründige Problematisieren. Gewiss ist Oper auch Avantgarde und das muss sich in Auftragswerken niederschlagen, die musikalisch neue Mittel erproben, neue Themen zur Diskussion stellen, neue ästhetische Formen des Ausdrucks und der Vermittlungen suchen und scheinbar gültige Regeln des Status quo in Frage stellen.

Aber Oper ist auch Aufbewahrung von Tradition, ist der Ort, an dem diese Tradition immer wieder verlebendigt wird, mit immer neuen Mitteln der Vergewisserung und Aneignung für die Zeitgenossen. Nur wenn der Oper hier eine vertretbare Balance gelingt, wenn sie das eine nicht auf Kosten des anderen favorisiert, wenn sie die intellektuellen Bedürfnisse einer kleinen engagierten Minderheit ebenso entschieden bedient wie die kulinarischen des eher größeren Teils ihrer Besucher, wird sie die unterschiedlichen Kulturerwartungen einer pluralisierten Erlebnisgesellschaft erfüllen und damit zugleich auch vor der Öffentlichkeit die Legitimität ihrer Existenz beweisen können. Dann allerdings steht die Politik auch in der Pflicht, den Bestand der Oper zu garantieren, ihr die benötigten finanziellen Mittel zur Verfügung zu stellen, ohne sie ständig mit Kürzungen zu erpressen oder ihre Existenz zu bedrohen.

V. Die Legitimation der Oper

Gleichwohl muss die Legitimität von Institutionen, auch solcher kultureller Art wie die der Oper, in demokratischen Gesellschaften stets aus Neue hergestellt werden und sie ist anders als mit dem Verweis, den Bedürfnissen einer Vielzahl von Menschen mit unterschiedlichen Erwartungen gerecht zu werden, prinzipiell kaum zu sichern. Das mag aus der Perspektive »reiner Kunst«, die um ihrer selbst willen betrieben wird, bedauernswert sein und auch mit dem Hinweis, dass es zwischen Politik und Kunst schon immer und wohl auch für alle

Spielzeit 1948/49

Zukunft ein Spannungsverhältnis gegeben habe und geben werde, welches nicht einfach zugunsten der Politik aufgelöst werden dürfe, relativiert werden. Und doch: Wo die Finanzierung so teurer und für viele immer noch exklusiver Institute, wie Opernhäuser dies nun einmal sind, öffentlich gerechtfertigt werden muss, wo abzuwägen ist zwischen vielen öffentlichen Aufgaben – von Bildung und Wissenschaft bis hin zu den Sozialsystemen –, gibt es keine Alternative. Auch deshalb nicht, weil Politiker unter dem Druck stehen, nur solche Entscheidungen zu treffen, die für eine Mehrheit der Bevölkerung von Vorteil sind.

Hinzu kommt, dass wir es heute zumeist mit einer politischen Klasse zu tun haben, deren kulturelle Kompetenz aufgrund ihrer mangelhaften Bildungsbreite immer geringer wird, deren gesamtpolitischer Überblick durch Spezialisierungen schwindet – ebenso wie ihre Entscheidungsfähigkeit und Entscheidungsmöglichkeit. Letzteres hängt mit den bereits angesprochenen supranationalen Verflechtungen der Politik und der daraus resultierenden Eingrenzung nationaler Handlungs- und Entscheidungsmöglichkeiten zusammen, die generell nachlassende Qualität des politischen Personals indessen wesentlich mit falschen Rekrutierungsmechanismen. Denn Politiker werden heute fast ausschließlich über und durch die Parteien selektiert, sie verfügen zumeist über keinerlei berufliche Erfahrungen mehr, leben von der Politik und nicht für die Politik (Max Weber) und kommunizieren überwiegend mit sich selbst, d. h. innerhalb der politischen Klasse. Aus all dem entstehen existenzielle Abhängigkeiten von Parteien und Bürokratien, auch von Wählern, entsteht eine alternativlose Lebensführung innerhalb der politischen Institutionen – und dies führt in aller Regel zu einem populistisch verengten Selbstverständnis, das immer nur auf kurzfristige Sicherung der eigenen Position ausgeht.

Diesem Politiker-Typus die kulturelle und allgemeine gesellschaftliche Bedeutung der Institution Oper klar machen zu wollen ist nicht nur äußerst mühsam und schwierig; es gelingt wohl auch nur dann, wenn dabei deutlich wird, dass die Oper elementare kulturelle Bedürfnisse von Menschen aus unterschiedlichen »Erlebnismilieus« befriedigen kann – also auch die der eigenen Wählerklientel. Vielleicht aber auch dann, wenn die in der Politik vorhandenen Repräsentationswünsche nach glanzvoller öffentlicher Selbstinszenierung an Gala- und Premierenabenden abgedeckt werden können. Oper heißt in einem solchen Fall auch: die soziale und emotionale Integrationskraft, die von gelungenen Aufführungen ausgeht, politisch einzusetzen und aus dem nachhallenden Klang eines solchen Abends als eines gesellschaftlichen Ereignisses langfristiges Überlebenskapital zu ziehen.

Daneben steht mit Sicherheit das aufwändige und zähe Bemühen, Einsicht zu wecken in die Bedeutung, die speziell das Musiktheater für die ästhetische Bildung von Menschen hat, wobei es darauf ankommt, den substanziellen Zusammenhang von ästhetischer Bildung und politischem Verhalten deutlich zu machen.

VI. Kampf um die Zuschauer

Das alles ist im Alltag schwierig zu realisieren, erfordert gegebenenfalls auch neue Stellen und neue betriebliche Strukturen, neue Tätigkeitsfelder, die der klassische Opernbetrieb vor Jahrzehnten noch nicht gekannt hat.

Man kann die Fantasie dabei spielen lassen, sich auch anregen lassen von vereinzelt bereits geübter Praxis und etwa fragen, ob Schüler, die in opernfernen kulturellen Milieus aufgewachsen und sozialisiert worden sind, die lediglich die übliche Popmusik kennen, nicht frühzeitig für das Musiktheater interessiert werden könnten, vielleicht durch einen »Opernpädagogen«? Man kann fragen, ob nicht Opernorchester in die Schulen gehen und dort aus entstehenden Produktionen vorspielen sollten, Schülern erklären, was ein Orchester ist, wie es spielt und funktioniert, worauf es im Zusammenspiel ankommt? Und: Ließe sich nicht denken, dass Bühnenbildner ihre Arbeiten vor Schülern zeigen und kommentieren,

Regisseure ihre Inszenierungen vortragen und erläutern und dabei vermitteln, weshalb Regie nötig ist, was sie leisten und was sie bewirken will? Könnten nicht Schüler eingeladen werden, bevor sie Opernaufführungen besuchen, den Betrieb der Oper selbst – von der Bühne bis zur Maske – von innen kennen zu lernen? Kurz: Könnten nicht diejenigen, die das potenzielle Publikum von morgen sind, durch die Chance des unmittelbaren Einblicks und Eindrucks in den Opernbetrieb an der Oper generell interessiert werden?

Gewiss, die Argumente, die gegen all dies sprechen – und die sich aus den Schwierigkeiten speisen, die dem laufenden Betrieb damit aufgebürdet würden –, liegen auf der Hand. Aber allen an der Oper Beteiligten, vom Intendanten über die Sänger bis zum Bühnenarbeiter, sollte klar sein, dass ihre eigene Existenz davon abhängt, auch in Zukunft das Haus Abend für Abend füllen zu können. Und dies geht auf Dauer nur, wenn das Opernpublikum sich permanent erneuert, wenn die Oper ständig versucht, ihr unausgeschöpftes Zuschauerpotenzial zu aktivieren und auf ihr bisher fern stehende, grundsätzlich aber zu interessierende Menschen mit neuen Angeboten und Ideen zuzugehen.

Darüber hinaus kommt es darauf an, dass die Opernhäuser ihre bereits gewonnenen Zuschauer und ihr Zuschauerpotenzial an sich zu binden suchen, dass sie dafür Mittel einsetzen, wie dies auch sonst im weiten Feld des Sponsoring üblich ist – vom eigenen Opern-Logo und dem Opern-Shop über den Opern-Fanclub bis hin zu speziellen Begegnungen mit Sängern, Werkeinführungen, Teilnahme an Proben und begleitenden Veranstaltungen für neue Inszenierungen und vieles mehr. Auch vermeintliche Nebensächlichkeiten spielen dabei keine geringe Rolle: Angesichts sinkender Wissensvoraussetzungen des heutigen Opernpublikums kann z. B. nicht mehr erwartet werden, dass die gespielten Stücke auch nur inhaltlich verstanden, geschweige denn angemessen rezipiert werden. Auch hier muss die Oper mehr tun, um über die üblichen Podiumsgespräche von Inszenierungsteams vor Premieren hinaus den inhaltlichen Zugang des Publikums zu erleichtern: zum einen etwa durch mitlaufende Übertitelung auch deutschsprachiger Opern, deren Text aus vielerlei Gründen (z. B. weil er unbekannt oder kompliziert ist, weil fremdsprachige Sänger kein verständliches Deutsch beherrschen, weil Sängerinnen vom Orchester zugedeckt werden oder Ähnliches mehr) oft ebenso wenig zu verstehen ist wie der fremdsprachiger Stücke; zum anderen durch eine Vielzahl flankierender Veranstaltungen, um die Werke in ihrer historischen wie aktuellen Bedeutung dem Publikum nahe zu bringen.

VII. Öffnung in die Gesellschaft

Nun hängen Existenz und Überlebensfähigkeit der Oper in einer Mediengesellschaft auch davon ab, wie sich ein Opernhaus selbst medial in der Öffentlichkeit präsentiert. Es reicht unter heutigen und voraussichtlich auch zukünftigen Bedingungen nicht mehr aus, sich auf klassische Argumente für die eigene Fortexistenz zu beschränken – etwa mit dem Hinweis, die Oper habe, wie das Theater insgesamt, einen Kulturauftrag zu erfüllen. Das ist so richtig wie folgenlos, weil damit nicht geklärt ist, welcher Stellenwert Kultur insgesamt in einer Erlebnisgesellschaft zukommt – und welche Art von Kultur nachgefragt, erwünscht und im Zweifel öffentlich gefördert werden soll. Und ähnlich wirkungslos bleibt die immer wieder vorgebrachte These, wonach Kunst eine seismographische Funktion in Gesellschaften erfülle, wonach sie eine Art Vor- und Frühwarnmedium für gesellschaftlichen Wandel und soziale Friktionen sei, weil diese Funktion der Kunst angesichts perfektionierter Umfragetechniken obsolet geworden ist.

Auch das Beharren darauf, dass Musiktheater sich nur seinen eigenen ästhetischen Maßstäben verpflichten kann, authentisch entwickelt allein durch die produzierenden Künstler selbst, mag werkgerecht und aus der Perspektive der Aufführenden richtig sein – wird aber weder das Publikum noch die ein

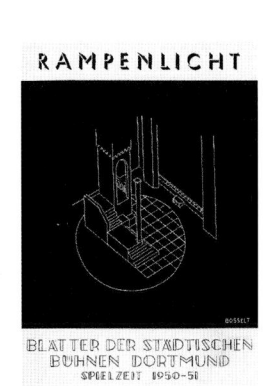

Opernhaus subventionierenden Politiker restlos überzeugen. Angesichts der Durchökonomisierung auch der »Kulturbetriebe« sind für die heutigen Politiker einzig die Auslastungsquoten der verkauften Vorstellungen entscheidend – und auf eine solche Haltung hat die Oper zu reagieren, nicht, indem sie ihr nachgibt, sondern indem sie sich produktiv damit auseinander setzt.

Es gibt eine Reihe von werkästhetischen Argumenten, die ebenso richtig wie wirkungslos sind, weil Politiker in pluralistisch-demokratischen Gesellschaften unter dem Druck der knappen Kassen und dem Zwang zur Reduktion sozialer Leistungen des Staates mit dem Gedanken der »Autonomie der Kunst« nichts mehr anfangen können und, wenn sie ihm folgten, sogar ihre eigene Existenz – in Form der Nicht-Wiederwahl – aufs Spiel setzen.

Oper ist, das muss in aller Brutalität verdeutlicht werden, in einer Gesellschaft mit schwindendem kulturellem Bewusstsein, mit beängstigendem Traditionsverlust und zunehmendem Mangel an »Bildung« für die Mehrheit der Bevölkerung ein Luxusprodukt, das sich die Voraussetzungen für einen adäquaten Zugang zu seinen Aufführungen immer wieder neu und zunehmend verstärkt selbst schaffen muss. Das bedeutet einerseits eine Öffnung in die Gesellschaft hinein, mit massenwirksamen, öffentlichen Auftritten sowie andererseits eine Professionalisierung der Selbstdarstellung gegenüber der Politik wie der Öffentlichkeit. Und es kann bedeuten, dass sich daraus Kooperationen mit anderen regionalen Kulturinstitutionen zwingend ergeben. In solchen Kooperationen ginge es darum zu verdeutlichen, dass die unterschiedlichen Bereiche der Kultur sich insgesamt netzwerkartig ergänzen, dass sie in einem solchen Verweisungszusammenhang auch inhaltlich aufeinander Bezug nehmen können.

Um ein willkürlich gegriffenes Beispiel zu nennen: Wenn ein Opernhaus Richard Wagners »Ring des Nibelungen« bringt, könnte dann nicht das Theater Friedrich Hebbels »Nibelungen« zum Vergleich anbieten? Das örtliche Literaturhaus an mehreren Abenden die literarischen Bearbeitungen des Nibelungenstoffs präsentieren? Das Museum eine Ausstellung zur Nibelungenthematik organisieren? Könnten also nicht die Kulturinstitutionen einer Stadt oder einer Region thematisch miteinander kooperieren und vom entstehenden Sogeffekt gemeinsam profitieren?

Dass solche »Themenverbünde« vermutlich auch positive wirtschaftliche Effekte verbuchen könnten, ist anzunehmen und nicht der unwichtigste Aspekt. Denn die politische Führungsschicht sieht Opernhäuser primär unter betriebswirtschaftlichen Gesichtspunkten, und wenn neue Formen lokalen und regionalen Zusammenarbeitens zwischen den Kulturinstitutionen zur Stärkung der Infrastruktur, auch der touristischen, beitragen könnten, wäre dies gewiss ein wirkungsvolles Argument, um eine unverzichtbare und ausreichende öffentliche Grundfinanzierung der Oper einzufordern. Dies politisch wirksam zu verdeutlichen liegt im ureigensten Interesse der Oper: Denn nur wenn die ökonomischen Rahmenbedingungen stimmen, können auch die ästhetischen Vorstellungen, die ein Haus entwickelt, realisiert werden.

VIII. Das »Klingende Museum«

Ein weiterer Gesichtspunkt soll nicht unerwähnt bleiben, den diejenigen, die Oper produzieren, zumeist allerdings weit von sich weisen – ohne zu bedenken, welches Existenzpotenzial darin liegen könnte. Es ist der Gedanke, dass die Oper auch ein »klingendes Museum« ist. Ein Gedanke, der viel von seinem ersten Schrecken verliert, wenn wir uns klar darüber werden, dass wir in einer Gesellschaft leben, die unentwegt alles musealisiert, was sich nur musealisieren lässt: nicht nur Gegenstände der klassischen Künste, sondern auch Alltagsgeräte, vom Haushalt bis zum ehemaligen Industriebetrieb, von Brachflächen in der Natur bis zu ganzen Stadtteilen. Es gibt nichts, was nicht zum Museum taugte.

Dieser Trend, der sich schon seit Jahren beobachten lässt und noch immer ungebro-

1951

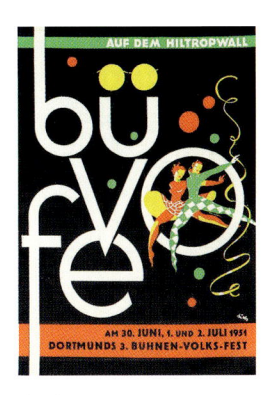

chen fortwirkt, hat seine Ursache offenbar darin, dass moderne Gesellschaften sich in einer Geschwindigkeit erneuern und verändern, wie dies in der Geschichte zuvor noch nie da gewesen ist. Dieser atemlosen Veränderung von Arbeits- und Lebenswelt, der viele nur mit größter Mühe zu folgen vermögen, steht das Bedürfnis entgegen, sich seiner Herkunft und seiner eigenen Geschichte zu versichern. Deshalb erscheint nahezu alles bewahrenswert, was Aufschluss über die eigene Geschichte geben könnte – und in diesen Trend fügt sich naturgemäß auch die Oper ein. Denn in ihr lebt das Selbstverständnis von Jahrhunderten, in ihr spiegeln sich die Sehnsüchte und Hoffnungen der Vergangenheit, die doch noch immer die der Gegenwart sind.

Die Oper ist der Ort, an dem historische Geschichten erzählt und die Gefühle vergangener Generationen Abend für Abend in einer kaum anders erlebbaren Expressivität auf die Bühne gebracht werden, an dem sich Vergangenheiten mit der Gegenwart vermischen und Aufschluss darüber geben, wie das eine im anderen weiterwirkt. Dies deutlich zu machen und in diesem Sinne das Archetypische der Vergangenheit gegen den Veränderungswahn von sich selbst unsicheren Gesellschaften vorzuführen – das gäbe eine orientierende Sicherheit, die andere Kulturinstitutionen so kaum mehr leisten können.

IX. Diskurs über Grundwerte

Inzwischen hat die weltweite terroristische Bedrohung allerdings nicht nur für Gesellschaften, sondern auch für deren zentrale Institutionen eine neue Lage geschaffen. Für das Musiktheater heißt dies unter anderem: Der gewohnte politische wie gesellschaftliche Erfahrungshintergrund, der sowohl in den Opern des überkommenen Repertoires vorherrscht als auch das durch die Erlebnisgesellschaft sozialisierte Publikum bestimmt, könnte grundsätzlich infrage gestellt werden. Und mit ihm eine Gesellschaft, deren Mitglieder vornehmlich auf immer neue Einzelreize, auf große Namen und Events reagieren. Dies alles könnte schneller seinem Ende entgegengehen, als manche heute vermuten. Denn der Terrorismus und seine potenziell ubiquitäre Bedrohung kann zu einer tief greifenden Verunsicherung sowohl der politischen Führungseliten wie der Mehrzahl der Menschen führen, zum Ende vieler vermeintlicher Gewiss- und Sicherheiten und so dafür sorgen, dass wieder ein starres, in Freund-Feind-Kategorien (Carl Schmitt) verhaftetes politisches Denken um sich greift, das auch die Fundamente einer liberalen Gesellschaft infrage stellen kann.

Es darf vermutet werden, dass es hierzulande spätestens nach den ersten Anschlägen, die Menschenleben kosten, Schluss sein wird mit jenen Teilen der Kulturszene, die jetzt noch einzig auf Spaß und Unterhaltung ausgerichtet sind, dass es vielmehr zu einer neuen Ernsthaftigkeit auch auf den Theaterbühnen kommen wird. Zwar können terroristische Anschläge die komplexen Strukturen unserer Gesellschaften nicht wirklich essenziell und dauerhaft treffen, aber sie können sie doch so empfindlich stören, dass sie der bedrohten Gesellschaft ein neues Nachdenken aufzwingen, in der ein *anything goes* an sein Ende gekommen sein könnte, und daraus ein Diskurs entsteht. So lässt sich durchaus vorstellen, dass sich die vom Terrorismus betroffenen Gesellschaften auf ihre ethisch-moralischen Grundlagen besinnen, dass sie versuchen, sich Klarheit über jene Grundwerte zu verschaffen, auf denen sie beruhen und die für ihre Existenz, ihr Funktionieren und ihre Solidarität unverzichtbar sind. Die sich aus solchem Diskurs ergebenden Fragen richten sich dann aber auch an die Kultur, an die kulturellen Institutionen und Betriebe – und damit auch an das Musiktheater, das darauf Antworten zu geben hat.

Sollte die Oper in einen solchen Diskurs gezwungen werden und an ihm teilhaben, so wird das allerdings mehr Fragen aufwerfen, als Antworten zur Hand sind. Wie etwa muss das Musiktheater auf Menschen reagieren, die – durch die Erlebnisgesellschaft mit immer neuen Stimulanzen geprägt – ihre emotionale

Befriedigung bis dahin eher in Sensationen und Events suchten, die Einsamkeit, Stille, Zurückgezogenheit und Kontemplation kaum mehr kennen und die deshalb auch nur schlecht gerüstet sind, sich mit schwierigen Stoffen und Inszenierungen folgenreich auseinander zu setzen? Wie verhält sich das Musiktheater zu einer Gesellschaft, deren Selbstbewusstsein durch ihre bisher vergleichsweise hohe Stabilität geprägt ist, die in relativer ökonomischer Sicherheit lebte und fundamentale Existenzkrisen nur noch als Erzählungen aus der Vergangenheit kennt, nun aber tief verunsichert sein könnte?

Wie reagiert die Oper auf eine Politik, die sich nicht mehr primär durch die Gesichtspunkte der Verteilungsgerechtigkeit bestimmen lässt, sondern ihr Handeln und ihre Entscheidungen an Kategorien wie Freund und Feind, Tod und Leben orientiert, die mit Ausgrenzungen von bedrohlich empfundenen Minderheiten operiert und den Überwachungsapparat weiter ausbaut? Wie mit dem dann absehbaren Faktum, dass Grundrechte eingeschränkt oder suspendiert werden, das Verlangen nach Sicherheit aber alle Bedenken darüber hinwegfegen könnte?

Man kann solche Fragen noch endlos weiterführen: Sie machen deutlich, dass die Grundlagen der liberalen bürgerlichen Gesellschaft von Erosion bedroht sind – und davon ist naturgemäß auch eine Institution wie die Oper betroffen.

X. Neue Ernsthaftigkeit

Es wäre falsch, den Anschein zu erwecken, als gäbe es auf diese sich abzeichnende neue Lage rasch einfache und einleuchtende Antworten. Was hinsichtlich der nächsten Zukunft der Oper gesagt worden ist, gilt zunächst einmal uneingeschränkt – und es gilt so lange, wie die heute existierenden gesellschaftlichen Strukturen im Kern bestehen bleiben. Zugleich ist aber für eine weitere Perspektive nicht auszuschließen, dass der Terrorismus die Gesellschaft und damit auch das soziokulturelle Umfeld der Oper verändern könnte. So wird es möglicherweise für manches, was heute als Experiment auf den Bühnen noch selbstverständlich ist oder toleriert wird, nur noch schwer einen Platz geben, weil der Ernst der gesellschaftlichen Lage eine Konzentration der ästhetischen Bemühungen auf das Wesentliche erzwingen könnte.

Wenn sich die intellektuelle Auseinandersetzung des Publikums mit den gespielten Stücken eher auf Interpretationen richtet, die an den Grundfragen der menschlichen wie gesellschaftlichen Existenz interessiert sind, bleibt nur noch wenig Spielraum für das Sich-Ausprobieren von Regisseuren. Vielleicht kommt es dann darauf an, die großen Zusammenhänge wieder sichtbar werden zu lassen, historische wie aktuelle Erfahrungen zusammenzubinden und auf modische Gags und folgenlose Events zu verzichten. Denn es ginge in einer solchen Situation weniger um krampfhaft gesuchte Originalität von Inszenierungen, sondern eher darum, in den Opern, den tradierten wie den zeitgenössischen, die gesellschaftlichen und politischen Beziehungen von Menschen ins Bild zu bringen, weil die daraus sich ergebenden Fragen nach Macht und Herrschaft, nach Repression und Widerstand, aber auch nach Freiheit und dem »aufrechten Gang«, nach der utopischen Hoffnung auf eine bessere Welt auch weiterhin unser Schicksal bestimmen.

Das Theater wird auch in Zukunft jener Ort bleiben, an dem solche Fragen formuliert und die Antworten als ästhetische Erfahrungen dem Publikum mitgegeben werden müssen. Das allerdings heißt, sich von bloß psychologischen Deutungen intersubjektiver Kommunikation zu verabschieden und sich auf der Bühne des Musiktheaters wieder jenen Fragen zuzuwenden, die für politische Gemeinschaften konstitutiv sind. In der Thematisierung von politischen und gesellschaftlichen Grundfragen zugleich Unterhaltung und Aufklärung zusammenzubringen lautet dann die Aufgabe. Wie eine solche Aufgabe auf der Bühne allerdings umgesetzt werden kann, vermag nur die Praxis des Musiktheaters selbst zu zeigen.

Spielzeit 1950/51

Spielzeit 1952/53

Stefan Keim

Impulse und Reflexe *Der Wandel der Theaterästhetik eines deutschen Stadttheaters am Beispiel Dortmund*

I. Das Thema

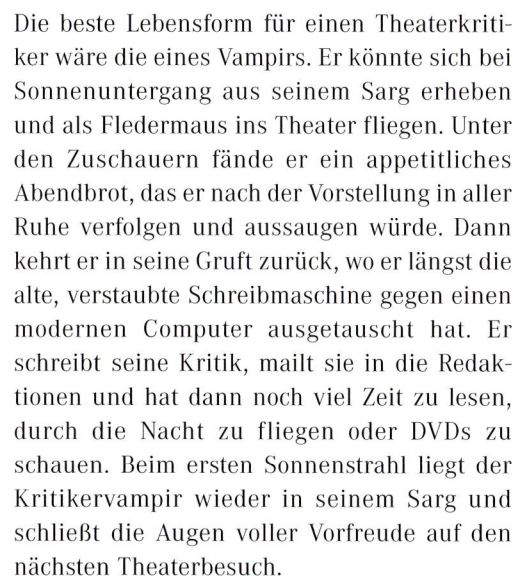

Die beste Lebensform für einen Theaterkritiker wäre die eines Vampirs. Er könnte sich bei Sonnenuntergang aus seinem Sarg erheben und als Fledermaus ins Theater fliegen. Unter den Zuschauern fände er ein appetitliches Abendbrot, das er nach der Vorstellung in aller Ruhe verfolgen und aussaugen würde. Dann kehrt er in seine Gruft zurück, wo er längst die alte, verstaubte Schreibmaschine gegen einen modernen Computer ausgetauscht hat. Er schreibt seine Kritik, mailt sie in die Redaktionen und hat dann noch viel Zeit zu lesen, durch die Nacht zu fliegen oder DVDs zu schauen. Beim ersten Sonnenstrahl liegt der Kritikervampir wieder in seinem Sarg und schließt die Augen voller Vorfreude auf den nächsten Theaterbesuch.

Ein solches dem Tode trotzendes Wesen könnte Theaterhistorien schreiben wie niemand sonst. Es hätte Sarah Bernhardt und die Duse, Goethe und Schiller, Shakespeare und Racine selbst erlebt, könnte die Aufführungen aus eigenem Augenschein beschreiben und bräuchte sich nicht auf die Arbeiten sterblicher Kritikerkollegen oder historische Quellen zu verlassen. Nur mit den antiken Tragödien gäbe es ein Problem, die wurden tagsüber gespielt. Doch der Schreiber dieser Zeilen ist kein Vampir, seine eigenen Dortmunder Theatererinnerungen reichen nur bis in die Generalintendanz Horst Fechners zurück. Prägende Persönlichkeiten wie Paul Walter Jacob, Wilhelm Schüchter und Willem Hoenselaars sind ihm nur aus den Quellen bekannt, aus Rezensionen, Fotografien, Programmheften und Aufsätzen wie Paul-Herbert Appels hoch interessantem Text »Dortmunds Theater im Wandel der Zeit«, der zum 50-jährigen Bestehen der Städtischen Bühnen 1954 in dem Buch »Theater einer Industriestadt« erschien. Appel hat die Jahre bis 1945 ausgezeichnet aufbereitet, weswegen diese Phase hier nur kursorisch betrachtet wird.

Dieser Beitrag konzentriert sich auf die Zeit nach dem Zweiten Weltkrieg und stellt den Dortmunder Spielplan und die Ästhetik der Aufführungen in den Kontext der deutschen Theatergeschichte, die natürlich immer allgemeine historische Entwicklungen reflektiert. Wann gingen von Dortmund Impulse aus, die überregional bemerkt wurden? Kam es zu Phasen, in denen die Städtischen Bühnen bloß Moden hinterherliefen oder sich im Provinziellen wohl fühlten? Und welches Erbe erwächst aus der Dortmunder Theatergeschichte für die Macher von heute? Das sind die Fragen, um die es auf den folgenden Seiten gehen soll.

II. Die Klassiker

»Tannhäuser« und »Wilhelm Tell« – das waren die beiden Eröffnungspremieren des neu gebauten Stadttheaters am Hiltropwall im September 1904. Zwei Identifikationsstücke des wilhelminischen Bürgertums, zwei große Klassiker, die allein schon durch ihre Titel den Anspruch verkündeten, dass hier kein bescheidenes Kleinstadttheater eröffnet wurde, sondern eine Bühne, die mit den großen Schwestern konkurrieren konnte. Robert Schirmer, der Sänger des »Tannhäuser«, ist auf einem Foto mit Leier in der Hand in Prachtwams und Strumpfhosen, den Blick in visionäre Ferne gerichtet, ganz im Stil der Zeit abge-

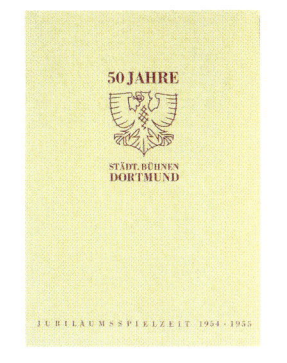

Spielzeit 1954/55

Spielzeit 1958/59

lichtet. Wucht und Pathos, musikalisch wie deklamatorisch, waren angesagt, in den nächsten Jahren gab es in Dortmund eine fast komplette Werkschau Richard Wagners und Friedrich Schillers. Bewährte Stücke dominierten den Spielplan.

Intendant Hans Gelling arbeitete in den ersten Jahren noch auf eigene Rechnung, Gewinne wanderten in sein Portemonnaie. Und er machte mit den Klassikern Profit, Stücke, die wenig Erfolg versprachen, wurden in Matineen am Sonntag vorgestellt. Alois Hofmann, Gellings Nachfolger, war bereits »städtischer Theaterdirektor«. Er gab ab 1907 dem Dortmunder Spielplan eine intellektuellere Note. Neben Wagner trat gleichberechtigt Mozart, Goethe und Shakespeare beherrschten das Schauspiel. Sämtliche Königsdramen von Shakespeare wurden als Zyklus gespielt, beide Teile des »Faust« erregten auch überregional Aufsehen.

Nach dem Ersten Weltkrieg stürzten sich die meisten Großstadtbühnen auf die empordrängende zeitgenössische Dramatik. Dortmund gab sich zunächst weiter klassisch, wobei Friedrich Hebbels »Nibelungen« als Auftaktpremiere der Intendanz Johannes Maurachs ein Stück mit direkten Bezügen zur Zeit darstellte. Die deutsche Heldensage von moralisch aufrichtigen Recken, die im Bewusstsein der Todesgefahr den Marsch ins Verderben antreten, hatte im Kaiserreich eine Rezeptionsgeschichte als nationales Erbauungsstück hinter sich. Nun, im Angesicht der Niederlage, war es zum Spiegel des eigenen Untergangs geworden. Die Zuschauer blickte auf ein schräges Podest mit einem leeren Himmel darüber. Pathetische Beschwörungen germanischer Größe fanden sich in dieser Inszenierung nicht, dafür die Einsamkeit und Verlorenheit des Menschen. Expressionistische Einflüsse waren deutlich spürbar, der Bühnenbildner Hans Wildermann prägte mit seinen entkitschten, konzentrierten Räumen die nächsten Jahre des Dortmunder Theaters. Viele Klassiker bekamen so eine moderne Optik, wobei der Spielplan im Schauspiel nicht nur die bekannten Stücke, sondern auch die »zerrisseneren« Autoren wie Georg Büchner und Christian Dietrich Grabbe umfasste. Im Lauf der 1920er Jahre wandte sich auch die Dortmunder Bühne immer mehr den Zeitstücken zu, erst 1932 gab es wieder einen klaren Akzent auf Goethes Werk anlässlich seines 100. Todestags. Die Oper blieb in den 1920er Jahren eine weitgehend eskapistische Kunstform, eine Beschwörung musikalischen Zaubers in bewegt-erregter Zeit.

Die nationalsozialistische Kulturpolitik verlangte nach Erbauungstheater alten Stils. Es ist zwar ein Vorurteil, dass es im »Dritten Reich« keine ästhetischen Entwicklungen gegeben habe. Die Inszenierung von Massen auf Reichsparteitagen, die Stilisierung und Idealisierung perfekter Körper in den Filmen von Leni Riefenstahl, auch der Rückgriff auf das germanische Thingspiel – all das sind interessante, natürlich nicht von der Ideologie zu abstrahierende, aber bis in unsere Gegenwart wirkende Formen. Auf das Dortmunder Theater scheinen sich diese Aspekte wenig ausgewirkt zu haben. Der neue Intendant Georg Hartmann versenkte sich in das klassisch-romantische Repertoire und inszenierte feinfühlige, stimmungsvolle Aufführungen von »Figaro« und »Freischütz«, »Fidelio« und »Carmen«. Wer mochte, konnte zwischen den Zeilen von Goethes »Egmont« im Schauspiel versteckte Zeitkritik heraus lesen. Doch sonst traten die Inhalte hinter die Ausstattung zurück, pompöse, teure Bühnenbilder und aufwändige Kostüme boten dem Auge, was dem Hirn vorenthalten blieb.

Nach dem Zweiten Weltkrieg war an solche opulenten Klassikeraufführungen nicht zu denken; in den Behelfsspielstätten fehlte es am Nötigsten, die Theaterabende waren in jeder Hinsicht ästhetische Kompromisse. Aber es wurde wieder gespielt, der künstlerische Geist hatte überlebt, es gab Ahnungen von Schönheit in einem Lebensumfeld von Ruinen, Schwarzmarkt und Angst um verschollene Angehörige. Die Oper zeigte in den ersten Spielzeiten einige Querschnitte und bemühte sich

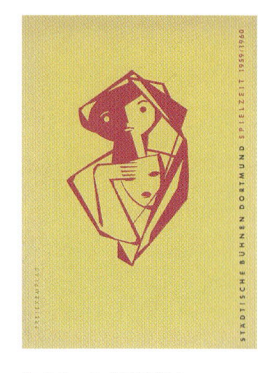

Spielzeit 1959/60

1960

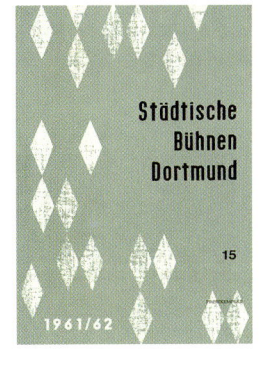

Spielzeit 1961/62

mit Rossinis »Barbier von Sevilla« und Nicolais »Die lustigen Weiber von Windsor« um ein paar heitere Stunden. Ähnlich das Schauspiel, in dem Shakespeares »Was ihr wollt« der erste Klassiker war, dann allerdings bereits gefolgt von Lessings bürgerlichem Trauerspiel »Emilia Galotti«.

Willem Hoenselaars, der bestimmende Regisseur und Schauspieler der Nachkriegsjahre, inszenierte die Klassiker – ohne besonders hervortretende Handschrift – den Texten folgend, was mit dem etwas irreführenden Begriff »redliche Werktreue« beschrieben wird. Immerhin gab es in den kargen Jahren bis 1949 einen Luxus, den sich heute kaum noch ein Haus leistet: Klassiker mit den kompletten dazu komponierten Bühnenmusiken, live gespielt vom Sinfonieorchester. Shakespeares »Sommernachtstraum« war mit der Komposition von Felix Mendelssohn Bartholdy, Goethes »Egmont« mit Beethovens Bühnenmusik zu hören. Die Möglichkeiten eines Mehrspartenhauses wurden genutzt, was heute oft schon an Dispositionsschwierigkeiten der einzelnen Ensembles scheitert.

Als 1950 endlich Lessings »Nathan der Weise« gespielt wurde, betonte Hoenselaars die heiteren, märchenhaften Seiten des Stücks, Daja, der Derwisch, sogar der zum Pogrom aufrufende Patriarch blieben Chargen. Die nahe liegende Möglichkeit, im Klassiker gegenwärtige Probleme zu finden, wie es nach dem Ersten Weltkrieg mit Hebbels »Nibelungen« geschehen war, vergab Hoenselaars. Klassikeraufführungen von Rang waren nur als Gastspiele zu sehen, so gastierten u. a. Gustaf Gründgens und Horst Caspar in Dortmund.

Auch in der Oper zog man sich auf das szenisch Unverbindliche zurück. Beethovens Freiheitsdrama »Fidelio« bot ebenso große Chancen wie der »Nathan«, jüngste Vergangenheit und Gegenwart zu reflektieren, aber es blieb bei einer statuarischen Regie des neuen Intendanten Paul Walter Jacob – ein Kritiker schrieb von einer »oratorischen Darstellung«. *Prima la musica* lautete einige Jahre lang die Parole in Dortmund.

Die erste Diskussionen auslösende Opernregie gab es zum 50. Geburtstag. Traditionsbewusst stand wieder Wagners »Tannhäuser« auf dem Spielplan. Am Regisseur Karl-Heinz Krahl war die Diskussion über schauspielerische Glaubwürdigkeit auch auf der Musiktheaterbühne nicht vorbeigegangen. Er ließ die Venus hinter dem Vorhang singen und eine attraktive Tänzerin auf der Bühne agieren. Außerdem vermied er obligatorische Peinlichkeiten wie Tannhäusers vorgetäuschtes Harfenspiel, arbeitete mit dem Raum und mit Lichteffekten, verlangte also vom Publikum einiges an Abstraktionsfähigkeit. Zu weit wollte er es allerdings nicht treiben: Der Sängerkrieg auf der Wartburg war wieder üppig ausgestattet. Trotzdem fanden sich in dieser Inszenierung erste Reflexe eines Umdenkens, das auch Bayreuth in den 1950er Jahren erfasste. Auch die Oper wollte mehr sein als ein szenisches Museum mit schönen Stimmen, eine Weltfluchtburg für Ohrenmenschen.

Trotzdem standen in den nächsten Jahren weiterhin die Sänger und Dirigenten im Fokus der Aufmerksamkeit; immerhin gab es einige prominente Gäste in Dortmund, auch immer wieder Stimmen aus Bayreuth. Zur Szene wurde meist bloß angemerkt, anspruchsvollere Ideen würden die Möglichkeiten der kleinen Bühne sprengen. Langsam reifte die Idee, ein großes Opernhaus zu bauen. In einer »Aida«-Aufführung 1962 verzichtete Dirigent Karl Maria Zwißler auf den berühmt-berüchtigten Triumphmarsch. Er fand (aus heutiger Sicht zu Recht), dass es bei diesem Stück viel mehr auf die feine psychologische Komposition Verdis ankomme und dirigierte mit kammermusikalischer Delikatesse. Auch Gastregisseur Joachim Klaiber, damals Intendant in Bielefeld, passte sein Konzept der kleinen Bühne an, räsonierte über die »Lächerlichkeit der stets neu vermummten Statisterie« und verzichtete auf ägyptisches Kolorit, Blick auf den Nil und die Gruft im Schlussbild. Die Einheitsspielfläche des lange in Dortmund tätigen Bühnenbildners Adolf Mahnke zeigte einen von Tempelbalken begrenzten Raum, mehr nicht.

Das Schauspiel blieb in den Klassikeraufführungen meist blass. Oft kritisierten Rezensenten fehlende sprachliche Nuancierungsfähigkeit des Ensembles, und den Inszenierungen fehlte der Zeitbezug. 1965 stand wieder einmal ein »Nathan« auf dem Spielplan, aufgeführt in wallendweißen Gewändern. Die »Westfälische Rundschau« schrieb: »Die scheinbar nicht-experimentelle Aufführung verlegt den Nathan in die Luftleere schöner Bühnenkunst. Und dort gehört er nicht hin.« Etwas interessanter scheint zwei Jahre später eine Aufführung von Shakespeares »Romeo und Julia« gewesen zu sein, die in der Textfassung von Erich Fried gespielt wurde, was schon auf die Zielrichtung »weg von Plüsch und Romantik« hindeutete. Hier gestanden die Kritiker zu, dass es sich um »moderne Menschen in Renaissancekleidern« handelte, Veronika Bayer, heute eine Stütze des Bochumer Schauspiels, spielte die Julia.

Ende der 1960er Jahre kam Bewegung in die Aufführungsästhetik der Klassiker. In der Dortmunder Oper gab es einen »Lohengrin ohne Schwan«, wie einige Zeitungen titelten. Hans Hotter verwendete Lichteffekte statt einer Tierfigur, inszenierte mit großen, stilisierten Gesten, archaisch-statuarisch, einen sachlichen Wagner ganz im Stil des neuen Bayreuth.

Es war die Zeit, in der das Regietheater entstand. Neue Regisseure wie Peter Stein, Claus Peymann und Peter Zadek setzten sich damals bundesweit durch und verstörten mit radikal politischen Sichtweisen. Klassiker wurden nun an vielen Häusern »gegen den Strich« inszeniert, ideologiekritisch hinterfragt und mit aktuellen Anspielungen versehen. Der Dortmunder Schauspieldirektor Gert Omar Leutner ließ Schillers »Räuber« in einem Bühnenbild aus Stahl, Eisen und engmaschigem Fliegendraht spielen. Manche Nebenhandlungen hatte er gekürzt, das Programmheft zitierte den Studentenführer Rudi Dutschke. Aber auf der Bühne gab es keinerlei Aktualisierungen – Leutner wollte die Klassiker allein »von innen modernisieren«.

Einige Jahre später traute sich die Dortmunder Bühne mehr. Leutner zeigte Schillers selten gespielte »Verschwörung des Fiesco zu Genua« extrem rationalisiert, fast ganz ohne Gefühl. Die Schauspieler bewegten sich wie Figuren auf einem Schachbrett, waren Objekte, nicht mehr handelnde Subjekte. Und in der Oper gab es einen der größten Theaterskandale, die Dortmund je erlebt hat: Giancarlo del Monaco – damals noch ein 28-jähriger Stürmer und Dränger, nicht der repräsentationsselige Bonner Opernintendant der jüngeren Vergangenheit – verlegte Puccinis »Madame Butterfly« in den Vietnamkrieg: Pinkerton trug zur Hochzeit mit Cio-Cio-San GI-Uniform, die amerikanischen Gäste soffen Whiskey aus dem Discountmarkt. Im zweiten Akt hantierte das Kind der verlassenen Butterfly mit einem Maschinengewehr, im dritten zeigte del Monaco Schreckensbilder aus Vietnam. Es gab heftige Diskussionen über Antiamerikanismus, mehrheitlich lehnten Kritiker und Publikum diesen Umgang mit Puccini ab.

Die Aufführung bewies, dass nun eine größere Freiheit im Umgang mit Klassikern auch in der Oper möglich war. Bis zur nächsten großen Aufregung verging aber mehr als ein Jahrzehnt. Das Musiktheater tat sich mit musikwissenschaftlichen Besonderheiten hervor wie einer Aufführung des fünfaktigen »Don Carlo« von Giuseppe Verdi, wie sie heute neben der knackigeren vieraktigen italienischen Version gleichberechtigt auf den Spielplänen zu finden ist. Die Dortmunder entwickelten eine eigene Fassung.

Dann kam John Dew, noch nicht als Generalintendant, sondern zunächst nur als Gastregisseur: Seine »Salome« krachte in eine Theatersituation, deren brave Ästhetik darin deutlich wurde, dass eine beleibte Carmen zu einem Zigeunertanz auf den Tisch gestemmt wurde und die Erotik einer Schrebergartenoma versprühte. Der Schleiertanz von Dews Salome wurde zum Striptease, mit dem abgeschlagenen Kopf des Propheten Jochanaan schmuste sie blutig-realistisch, die ganze Geschichte spielte – keineswegs unpassend

Spielzeit 1965/66

Spielzeit 1968/69

Spielzeit 1971/72

zur überspannt-expressiven Musik von Richard Strauss – in einem Irrenhaus.

Dews Ziel war es, »den Skandal der Dresdener Uraufführung von 1905 zurückzuholen«. Diese Aussage zeugt von einem interessanten Verständnis der viel zitierten »Werktreue«: Dew verstand – im Jahr 1986 – den Begriff so, dass es darum geht, eine ähnliche emotionale Wirkung wie zur Zeit der Uraufführung hervorzurufen. Wenn er also in den 1980er Jahren grelle und brutale Mittel einsetzte, um das Publikum zu schocken, tat er es, weil die Zeit voran geschritten war und sich kaum ein Zuschauer von der Ästhetik der Jahrhundertwende erregen lassen hätte.

Den Theaterbesuchern wurde einiges zugemutet, auch und anders im Schauspiel, wo es einen viereinhalbstündigen »Hamlet« mit Ines Burkhardt zu sehen gab. Das war ebenfalls kein willkürlicher Regieeinfall, sondern ein Rückgriff in die Rezeptionsgeschichte, die viele weibliche Hamlets kennt. Zum Schauspielschocker dieser Zeit wurde der Regisseur Pavel Mikulastik, der spätere Leiter des Choreographischen Theaters Bonn. Er begann Shakespeares »Macbeth« mit einer Pantomime, die zeigte, wie aus Sport Mord wird. Leichen lagen auf der torfbedeckten Bühne – ein Bild, das Mikulastik in mehreren Inszenierungen variiert verwendet hat. Kämpfe inszenierte er in Zeitlupe wie fernöstliche Kampfrituale.

Neben diesen Aufsehen erregenden Produktionen gab es immer noch die zeitlos inszenierten Klassiker. Guido Huonder, der neue Schauspieldirektor, zeigte, dass er neben explosiven, wuchtigen Abenden auch ganz zart inszenieren konnte, zum Beispiel mit »Masada« nach Flavius Josephus: Die Trennung von Bühne und Zuschauerraum wurde weitgehend aufgehoben, der Raum als Tempel der Reflexion über die Judenverfolgung gestaltet.

Obwohl fast in jeder Spielzeit zwei Klassiker auf dem Programm standen, prägten sie in den 1980er und 90er Jahren nicht das Gesicht des Dortmunder Schauspiels. Das Schwergewicht lag eindeutig auf dem zeitgenössischen Theater. Anders war es in der Oper, wo Heinz Lukas-Kindermann über viele Jahre hinweg mit langem Atem einen »Ring des Nibelungen« erarbeitete, der schließlich – in der Spielzeit 1994/95 – zum Abschied von Generalintendant Horst Fechner zyklisch aufgeführt wurde.

Der Schnitt zu John Dew war hart. Zwar gab es auch zuvor Zeitgenössisches und Rares im Spielplan der Dortmunder Oper, doch im üblichen Rahmen eines mittleren Opernhauses. Dew hatte in Bielefeld eine Dramaturgie des Ungewöhnlichen entwickelt, er zeigte vor allem vergessene Stücke und Uraufführungen. Der provokante Regisseur von einst war er nicht mehr, sein Stil war ruhiger, schöner, konventioneller geworden. Er wusste, dass er unbekannte Stücke nicht noch weiter verrätseln durfte, um das Publikum nicht zu vergraulen. »Die Jüdin« – sein Eröffnungsabend, eine Oper des französischen Romantikers Jacques Fromental Halévy – spielte auf fast leerer Bühne, am Ende wies ein brennendes Haus auf gegenwärtige rechtsradikale Terrorakte hin.

»Die Jüdin« blieb Dews radikalste Inszenierung. Was er auch ausgrub – meist waren es Stücke aus dem Frankreich des 19. Jahrhunderts –, brachte er ruhig, geschmackvoll und manchmal etwas behäbig auf die Bühne. In Dortmund wurde der »Roi Arthus« von Ernest Chausson wieder entdeckt, die Oper machte ihren Weg über die europäischen Bühnen. Auch die »Trojaner« von Hector Berlioz und die erste gemeinsame Aufführung von Gustave Charpentiers Fortsetzungsoper »Louise« und »Julien oder das Leben des Poeten« überhaupt wurden nationale Opernhöhepunkte. Selten berichtete die Fachpresse so intensiv über Dortmund wie zur Zeit John Dews – selten war das Opernhaus aber auch so leer. Das Dortmunder Publikum nahm die exotischen Gourmetmenüs ihres Musiktheaters nicht an. Dabei spielte die Oper auch viele bekannte Klassiker, allerdings oft mit ungewohnten Elementen: Webers »Freischütz« erklang in der durchkomponierten Fassung mit Rezitativen, »Tristan und Isolde« wurde mit dem jungen Dirigenten Michael Hofstetter ein Beweis dafür, dass man mit den Mitteln der historischen Aufführungspraxis auch bei Wagner interessante Dinge herausfinden und einen verfeinerten Klang erzielen kann.

Das Schauspiel blieb nach dem Abschied von Huonder nicht nur in der Klassikerpflege weitgehend uninteressant. Das Studio rettete mit engagierten Produktionen die Ehre dieser Sparte. Und auch der Amtsantritt von Michael Gruner, der zuvor mit einem viel gelobten »Faust« in Dortmund gastiert hatte, brachte zunächst keine Besserung, sondern nur ein Remake seiner alten Erfolgsinszenierung von Calderón de la Barcas »Das Leben ein Traum«. Vor allem mit Gegenwartsstücken spielte sich das Sprechtheater dann doch wieder nach oben, bis das »Fest der Romantik« 2003 eine ganz neue Art der Klassikerpflege in Dortmund einleitete: Zwar hatte es bereits früher Reihen gegeben, die sich zum Beispiel Goethe widmeten, aber dass das eigene Ensemble mit zehn Inszenierungen sieben Stunden lang das gesamte Haus bespielte, war absolut beispiellos. Ein unglaublicher Kraftakt, der sich sowohl in den beiden großen Produktionen – Kleists »Käthchen von Heilbronn« in Gruners Regie und »Hoffmanns Erzählungen« in einer Fassung für Schauspieler von Hermann Schmidt-Rahmer – als auch in den vielen kleineren Aufführungen einlöste. So entstand ein vielschichtiges, faszinierendes Mosaik der Romantik, jeder Zuschauer hatte – weil niemand alle Stücke an einem Abend sehen konnte (sondern höchstens vier) – ein anderes Theatererlebnis. Mit dem Romantik-Projekt wurde Dortmund ganz groß, so etwas gab und gibt es in keinem anderen Schauspiel der Region.

Klassikerpflege hat sich auch die neue Operndirektorin Christine Mielitz auf die Fahnen geschrieben, nicht zuletzt, um ein breiteres Publikum zurück ins Opernhaus zu holen. Ihre Inszenierungsästhetik ist selbst eine Art Komposition, präzise auf die Musik einstudierte Bewegungen, die Szene immer in Bewegung, ständig gibt es etwas zu sehen – schauspielerische Glaubwürdigkeit erlangen die Sänger dabei nicht immer. Besonders gut gelang die von der Handlung her sehr dichte, fast als Schauspielmusik auf die Sprache komponierte »Jenufa« von Leoš Janáček, aktionistisch wirkte dagegen manche Passage in Wagners »Meistersingern«. Doch die Zuschauerzahlen steigen, das Klassikerkonzept geht auf.

Die Dortmunder Theatertradition beinhaltet aber auch das Opernwagnis, die Ur- und Erstaufführung, die Ausgrabung. Dafür stehen neben John Dew die Namen der Intendanten Horst Fechner und Paul Walter Jacob.

III. Die Gegenwartsstücke

In den ersten Jahren des Dortmunder Theaters kam fast nur Bewährtes auf die Bühne. Das Theater war streng nach ökonomischen Gesichtspunkten ausgerichtet und sollte Gewinn einspielen. Gerade mal Henrik Ibsens »Nora« und »Hedda Gabler« schienen »sichere Bänke« zu sein. Mit dem Wechsel in der Intendanz wurde das Theater ein städtisches Unternehmen und der neue Chef Alois Hofmann traute sich mehr. Mit den Stücken von Gerhart Hauptmann eroberte der Naturalismus – und damit die bittere Anklage sozialer Missstände – die Bühne. Die Gegenwartsdramatik erregte die Gemüter, das Dortmunder Theater befriedigte nicht mehr ausschließlich die Repräsentationsgelüste der Oberschicht. Doch obwohl allgemein die Meinung herrschte, Dortmund müsse sich nicht hinter Düsseldorf und Köln verstecken, gab es leere Plätze. Die Stadt, die mit ihrem Theater eigentlich Gewinn machen wollte, entließ Alois Hofmann wegen ökonomischer Erfolglosigkeit. Während des Ersten Weltkriegs spielte das Theater Unterhaltendes und Erbauliches, besonderes Profil erreichte es dabei nicht.

In den 1920er Jahren erlebte das Dortmunder Schauspiel mehrere scharfe Kurswechsel. Erst setzte Intendant Johannes Maurach nach dem verlorenen Krieg selbstbewusst auf die Moderne und spielte die bissigen Satiren von Frank Wedekind und Carl Sternheim, die finsteren Seelenabgrundserkundungen eines August Strindberg und natürlich den immer populärer werdenden Gerhart Hauptmann. Die Inszenierungen entsprachen dem kreati-

Spielzeit 1974/75

Spielzeit 1978/79

ven Geist der Zeit, setzten auf expressionistische Überdeutlichkeit und die Groteske. Dann warf Karl Schäffer das Ruder herum und vertraute in der Wirtschaftskrise fünf Jahre lang auf die Klassiker; Dortmund wurde zu einem konservativen Haus. Die Oper hatte jetzt mehr Kontakt zur Gegenwart als das Schauspiel, wenn auch verbunden mit einem Namen, Richard Strauss, dessen Operngesamtwerk zum damaligen Zeitpunkt in Dortmund gespielt wurde, die musikalische Komödie »Intermezzo« sogar als rheinisch-westfälische Erstaufführung im Rahmen einer Strauss-Woche.

1927 wurde mit Richard Gsell wieder ein Vertreter des Zeitstücks Theaterleiter. Dortmund zeigte die Stücke, über die auch in Berlin und München diskutiert wurde, beteiligte sich an der intellektuellen Diskussion der Zeit. Paul Hindemith, Ernst Krenek und Kurt Weill wurden in der Oper gespielt, Ferdinand Brukkner, Klabund und einige heute unbekannte Autoren im Schauspiel. Die Themen waren politische Gewalt, das Versagen der Justiz, Heimkehrertragödien und das Grauen des Krieges. Diese Stücke verschwanden mit Intendant Gsell nach 1933 von der Bühne.

Während der Diktatur der Nationalsozialisten wurden weiterhin Gegenwartsstücke aufgeführt, aber die Zensur ermöglichte keine kritischen Äußerungen. Ein Beispiel für die Gegenwartsdramatik dieser Zeit ist das 1938 in Dortmund aufgeführte Schauspiel »Der Sturz des Ministers« von Wolfgang Eberhard Moeller, dem Träger des Nationalen Buchpreises und »Referent für Dramaturgie und Spielplangestaltung« im Ministerium für Volksaufklärung und Propaganda. Moeller erzählt die Geschichte eines deutschen Landarztes, der als Vertrauter des Königs um eine Umgestaltung der Gesellschaft kämpft, durch eine Intrige gestürzt und hingerichtet wird. Willem Hoenselaars spielte einen Helden mit »deutschen Tugenden«, der gegen den dekadenten Absolutismus streitet. Gesinnungsdramatik dieses Stils verschwand nach dem »Dritten Reich« sofort wieder vom Spielplan.

Doch gab es direkt nach Kriegsende keinen radikalen Bruch in der Spielplangestaltung. Hoenselaars wurde Intendant und setzte zunächst auf Stücke, die auch unter den Nationalsozialisten gespielt worden waren, wie die Revolutionskomödie »Aimée« von Heinz Courbier oder Werke Hugo von Hofmannsthals. Die verschiedenen Ausweichspielstätten hätten wunderbare Schauplätze für Stücke von Bertolt Brecht oder Wolfgang Borcherts »Draußen vor der Tür« abgegeben – heute zieht das Theater oft extra in Industrieruinen und ähnliche Orte, um außerhalb der Bühne eine starke Atmosphäre zu finden. Doch auf solche Gedanken kamen die Dortmunder Theatermacher nach dem Krieg nicht – was allerdings auch kaum verwundert, wenn man bedenkt, dass sie um jeden Nagel und jedes Brett, das die Welt bedeutete, kämpfen mussten.

Hoenselaars verstand schnell, dass die Zuschauer neue Stücke sehen wollten. Er holte die Uraufführung von Hans Stiebers »Santa Vittoria« 1947 nach Dortmund und schlug den Mitbewerber Dresden aus dem Rennen. Doch mit dem Ergebnis waren die Kritiker nicht einverstanden: Das Renaissancedrama um dogmatisch-kirchlichen und individuell-persönlichen Glauben hielten sie für kitschig und historisch haltlos. Dass die katholische Kirche zu Beginn der Inquisition Ähnlichkeiten mit der Gestapo gehabt haben soll, fanden sie an den Haaren herbeigezogen. Hoenselaars scheint sehr naturalistisch inszeniert zu haben: Be-mängelt wurden die ins Gebrüll abgleitenden Ausbrüche der Schauspieler.

Aber das Dortmunder Theater kämpfte sich mühsam nach oben. Die Oper spielte zwar mit Ausnahme von Hermann Reutters »Ballade der Landstraße« ausschließlich Klassiker, Operetten und bunte Abende mit vielen, den Umständen geschuldeten Abstrichen, aber das Schauspiel zeigte als dritte Bühne überhaupt – nach Hamburg und Frankfurt/Main – Carl Zuckmayers »Des Teufels General«, spielte Brecht (»Mutter Courage«, »Furcht und Elend des Dritten Reiches«) und hatte auch Erfolg mit Zuckmayers »Hauptmann von Köpenick«, einem perfekt in die Zeit passenden Schau-

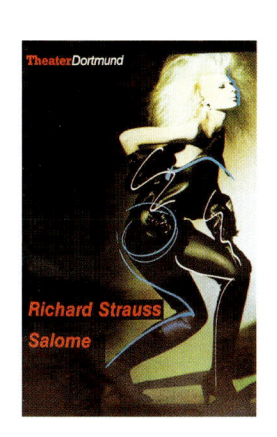

Spielzeit 1985/86

spiel über die Lächerlichkeit des Militarismus und falschen Respekt vor Uniformen. Anlässlich der Premiere von Hauptmanns »Fuhrmann Henschel« beschrieb die »Westfälische Rundschau« das Niveau der Bühne wie folgt: »Das Dortmunder Schauspielensemble ist reich an Typen und Charakterköpfen, die sich nicht leicht auf klassisches Maß und ideales Feuer abstimmen lassen – sich aber zu realistischem Spiel, Gegenspiel und personenreichem Hintergrund unverhältnismäßig glücklich zusammenfinden.« Mit anderen Worten: Die Ästhetik des Naturalismus passte zu den Schauspielern und wurde gepflegt, auch wenn sie – wie bei Brechts »Mutter Courage« – nicht unbedingt den Ideen des Autors entsprach.

Paul Walter Jacob, ein aus dem Exil zurückgekehrter Theatermacher, übernahm die Leitung des Dortmunder Theaters, das mit dem Haus am Hiltropwall nun eine feste, aber keineswegs ideale Spielstätte erhielt. Er revolutionierte den Opernspielplan und setzt eine Menge neuer und unbekannter, von den Nazis verbotener Stücke an. So konservativ-farblos er oft als Regisseur blieb, so verdienstvoll war sein Einsatz für die Erweiterung des Repertoires. Schrittweise führte er das Publikum an die Stücke heran, die ihm wichtig waren, erst über unterhaltsame Kurzopern von Gian Carlo Menotti, die zum Teil gerade erst ihre deutsche Erstaufführung erlebt hatten. Neben Ildebrando Pizzettis melodramatischer »Iphigenie« inszenierte Jacob das asketische Stück »Die Rückkehr des verlorenen Sohnes« von Hermann Reutter, der sich nach avantgardistischem Karrierebeginn in den 1920er Jahren wieder der Tonalität zugewandt hatte und sogar lange als Komponist der neuen deutschen Nationalhymne im Gespräch war.

Jacob überfiel das Publikum nicht mit Experimenten, sondern spielte Stücke mit verständlicher Tonsprache in erweiterter, spätromantisch fundierter Harmonik. Dabei entwickelte er auch seine ambitioniertesten Regiekonzepte. »Das Leben des Orest« des in die Emigration getriebenen Ernst Krenek inszenierte Jacob mit echten Akrobaten und Artisten, rutschte dann aber in den Kitsch ab und ließ Jungfrauen hinter den Richtern des Areopag mit Palmzweigen wedeln. Einer seiner größten Erfolge wurde Ferruccio Busonis »Doktor Faust«, der sich auf das auch von Goethe genutzte Volksbuch aus dem Mittelalter bezieht. Dazu passte, dass Jacob mit dem Bühnenbildner Ulrich Schmückle ein überwältigendes Zaubertheater entwarf. Die »Ausgrabungen« kamen so gut beim Publikum an, dass sie teilweise sogar als Wiederaufnahmen in späteren Spielzeiten gezeigt wurden.

Deutschlandweit erstmals nach dem Krieg kam in Dortmund Hans Pfitzners Oper »Das Herz« in einem märchenhaft-romantischen Stil auf die Bühne, auch Alexander von Zemlinskys »Kreidekreis« und die Opernkomödie »Don Gil von den grünen Hosen« von Walter Braunfels wurden gespielt. 1958 gab es sogar zwei Uraufführungen: Erich Riedes »Yü-Nu, die Tochter des Bettlerkönigs!« nach einer chinesischen Novelle der Ming-Zeit – tonale Musik mit exotischem Kolorit – und »Nana« von Manfred Gurlitt. Diese schon 1933 vollendete, aber noch nicht uraufgeführte Oper nach Émile Zola wurde als erste Uraufführung einer deutschen Oper live im Fernsehen übertragen, zumindest teilweise. Arno Assmann inszenierte durchaus modern, ohne große Dekoration, mit konzentrierten Andeutungen. Die Musik war romantisch-konventionell, avantgardistisches Musiktheater der Zeit brachte Jacob bei aller Originalität seines Spielplans den Dortmundern nicht zu Gehör.

Das absurde Theater gab den deutschen Theaterspielplänen der 1950er Jahre starke Impulse, besonders in den Metropolen. In Dortmund wurde es sehr skeptisch aufgenommen. 1954 brachte das Theater »Warten auf Godot« von Samuel Beckett auf die Bühne, wieder war das Schauspiel schnell, wenn es ums Nachspielen ging – nur in Wuppertal war dieses zentrale Stück vorher zu sehen. Aber die Dortmunder Theatermacher wussten nicht recht, was sie damit anfangen sollten. Regisseur Arthur A. Dreyer hielt vor der Premiere eine Rede ans Publikum, in der er bekannte, er ver-

Spielzeit 1985/86

62

stünde das Stück auch nicht. Die Zuschauer könnten ihre Karten umtauschen, aber er werbe darum, das »Wagnis des Experiments« zu akzeptieren. Das war keine große Hilfe.

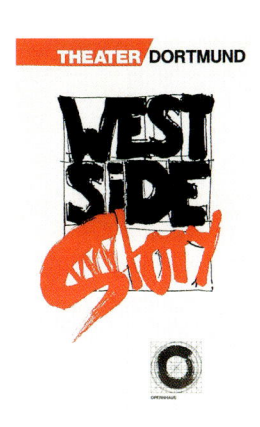

Die Kritiker entdeckten Anklänge des Stummfilmslapsticks, vor allem Anspielungen an Charles Chaplin. Im Übrigen philosophierten sie über die »volkstümliche Linie«, die das Schauspiel sonst vertrete, unverkennbar mit dem Wunsch, es möge diese Linie nicht allzu weit verlassen. Immerhin empfanden die Theatermacher eine Verpflichtung, das Publikum mit neuer Dramatik zu konfrontieren, auch wenn sie selbst keine Ahnung hatten, worum es darin geht.

Weniger Probleme gab es mit neuer amerikanischer Dramatik (Arthur Miller, Tennessee Williams), die einen regelmäßigen Platz auf den Spielplänen fand. Die schon zehn Jahre zuvor beschriebene »glückliche Hand für realistische Stücke« verließ die Dortmunder nicht.

Zum Abschluss der Intendanz von Paul Walter Jacob gab es noch einen Höhepunkt, die Uraufführung des Stückes »Eli« von Nelly Sachs durch Imo Wilimzig, der schon zuvor die Hörspielfassung des Textes inszeniert hatte. Die Regie vertraute ausschließlich dem Ohr, die Akteure waren Sprecher, nicht Spieler. Das Bühnenbild von Wilhelm Vogel zeigte eine zerbrochene Schale, deren Farben sich durch Lichtprojektionen veränderten. Das sprachliche Niveau des Ensembles wurde sehr unterschiedlich beurteilt, auch die Ästhetik löste ebenso Begeisterung wie Ablehnung (»kunstgewerblicher Kitsch«) aus. Immerhin wagte sich das Schauspiel mit dem Rückgriff auf den Symbolismus wieder einmal an eine andere Theatersprache.

In den folgenden Jahren waren die Kritiken zu einem Großteil ablehnend. Im Vergleich zur Oper, die vor allem durch den temperamentvollen Dirigenten Wilhelm Schüchter viel Zustimmung fand, spielte das Sprechtheater die zweite Geige. Es gab zwar eine deutschsprachige Erstaufführung des lustigsten und zugänglichsten unter den absurden Autoren, »Delirium zu zweit« von Eugène Ionesco – es wurde ein Lacherfolg. In der Oper kamen dagegen mit Wolfgang Fortners Lorca-Vertonung »In seinem Garten liebt Don Perlimplin Belisa« (kurz nach der Schwetzinger Uraufführung) und Gottfried von Einems »Prozess« nach Franz Kafka wichtige und komplexe zeitgenössische Stücke auf die Bühne.

1964 wurde zum Wendejahr des Schauspiels. Einmal gelang mit der deutschen Erstaufführung der Groteske »Yvonne, Prinzessin von Burgund« des Polen Witold Gombrowicz eine theaterhistorische Tat, obwohl die Aufführung selbst in Dortmund kühl aufgenommen wurde. Doch das Stück machte seinen Weg und gehört heute zu den Klassikern. Und dann kam Bochums ruhmreicher Schauspielintendant Hans Schalla als Gastregisseur. Die Überlegungen, Dortmund und Bochum zusammenzulegen, zerschlugen sich zwar, aber Schalla gab der Nachbarstadt einige Impulse. »Caligula« von Albert Camus wurde von der WAZ als »Ereignis der Saison« bezeichnet, die Schauspieler »wissen, was sie sprechen und spielen«. Spannende Gegenwartsstücke fanden nun – zumindest manchmal – ihre ästhetische Entsprechung. Martin Walsers Auseinandersetzung mit der Elterngeneration und ihrer Verstrickung in den Nationalsozialismus – »Der schwarze Schwan« – wurde auf einer dunklen Bühne vor einer großen Fotomontage gespielt, die eine Nervenheilanstalt andeutete. Es folgte »Ich selbst und kein Engel« von Thomas Christoph Harlan, dem Sohn des wegen seiner Nazi-Propagandafilme berüchtigten und ästhetisch immer noch unterschätzten Filmregisseurs Veit Harlan, eine Chronik aus dem Warschauer Ghetto. Als deutsche Erstaufführung kam Friedrich Dürrenmatts Politsatire »Herkules und der Stall des Augias« auf die Bühne. Beide Stücke wurden von der Kritik als zu oberflächlich abgetan, aber zumindest war das Schauspiel wieder ein lebendiger, auf die Gegenwart bezogener Ort.

Dies verstärkte sich noch unter der Leitung von Gert Omar Leutner. Ganz im Geist der Umwälzungen, die von der Studentenbewegung ausgingen, kamen nicht nur knallharte

Spielzeit 1988/89

Spielzeit 1992/93

Zeitstücke auf die Bühne, die sich schonungslos mit Gewalt und Unterdrückung auseinander setzten. Einige dieser Texte wurden extra für Dortmund umgeschrieben und im Ruhrgebietsjargon aufgeführt, um so nahe wie möglich an die Realität heranzukommen. »Gerettet«, das kompromisslose, böse Stück des Engländers Edward Bond, das die Steinigung eines Babys durch Jugendliche zeigt, wurde von einem Staatsanwalt in den Dortmunder Slang übertragen. Realismus bedeutete nicht Naturalismus, die Bühne wurde sichtbar für das Publikum umgebaut.

Inhaltlich wie ästhetisch war Dortmunds Schauspiel nun ganz auf der Höhe seiner Zeit. Leutner inszenierte »Das Schloss« von Max Brod nach Franz Kafka mit beweglichen Stellwänden und elektronischer Bühnenmusik Karlheinz Stockhausens. Der Schauspielchef begann eine Gesamtschau der Stücke des gerade verstorbenen irischen Dramatikers Sean O'Casey, lebensnahe Tragödien und Komödien, deren Helden Menschen aus der Unterschicht sind.

Das Volksstück »Länderkampf« von Horst Pillau wurde außerhalb des Theaters in Scharnhorst aufgeführt – das Schauspiel wollte nah an die Menschen heran, auch an Leute, die sonst nicht ins Theater gingen. Die grobe, deftige Machart des Textes, der von einem Streit zwischen italienischen und deutschen Touristen über ein Fußballspiel erzählt, wurde stark kritisiert, auch dass Klischees mit Klischees dargestellt werden.

Die Öffnung des Sprechtheaters illustrierte auch die Uraufführung eines Stücks, das von vier inhaftierten Jugendlichen geschrieben wurde: In »Was nun?« erzählen sie Teile ihrer eigenen Biografien.

Die Zuwendung zu realistischen Stoffen hatte aber nicht zur Folge, dass es keine Poesie mehr auf der Bühne gab, im Gegenteil, Jean Genets »Der Balkon« wurde zu einer Aufführung mit farbenprächtigen Kostümen und Worten »wie zarte Kammermusik« (»Westfälische Rundschau«). Eine gute Zeit des Dortmunder Schauspiels.

Das Zeitgenössische hatte in der Oper während dieser Zeit an Bedeutung verloren. Die Uraufführung von Walter Steffens »Eli« nach dem schon im Schauspiel vorgestellten Text von Nelly Sachs 1966 blieb eine der Ausnahmen. Intendant Schüchter war kein Freund des neuen Musiktheaters, er bekannte sich zu einem populären Spielplan und setzte vor allem auf musikalische Qualität, nicht auf originelle Stücke. Damit hatte er Erfolg und gelegentlich gab es doch noch etwas Neues wie die europäische Erstaufführung von Marvin David-Levoys »Trauer muss Elektra tragen« nach Eugene O'Neill, eine tonale Oper in der Strauss-Puccini-Tradition, von Hans Hartleb realistisch mit einem aufwändigen Bühnenbild inszeniert. In den 1970er und beginnenden 80er Jahren präsentierte sich die Dortmunder Oper äußerst konservativ, gelegentlich gab es ein Stück der klassischen Moderne (Bergs »Lulu« und Hindemiths »Cardillac«), lebende Komponisten wurden hingegen kaum noch gespielt. Von den Freunden des zeitgenössischen Musiktheaters wurde der Beiname »Die toteste Oper des Ruhrgebiets« geprägt, wobei die musikalischen Leistungen immer wieder herausragend waren und die Klassiker keineswegs immer museal inszeniert wurden.

Mit Generalintendant Horst Fechner änderte sich das Bild. Er sorgte dafür, dass in fast jeder Spielzeit ein richtig neues Werk gespielt wurde, nicht nur ein Alibistück aus der klassischen Moderne. »Der rote Strich« von Aulis Sallinnen erzählt von der sozialen Not der Finnen am Beginn des 20. Jahrhunderts – endlich mal eine Oper, die in der Klangsprache der Avantgarde mit Clustern, Schichtungen und Reihen komponiert ist. Nicht dass dieser Stil in allen Belangen zu fördern wäre, da gab es viele Irrwege in der Musikgeschichte. Aber in Dortmund war kein Aribert Reimann, kein Luigi Nono, nicht einmal eine Oper des Tonalität nicht scheuenden Hans-Werner Henze gespielt worden. Eine ganze Generation von Opern war dem Publikum vorenthalten worden. Nun – in der zweiten Hälfte der 1980er Jahre – sollten von Dortmund Impulse ausgehen:

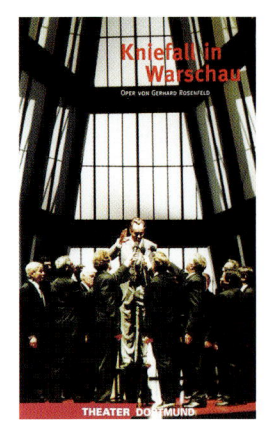

Spielzeit 1997/98

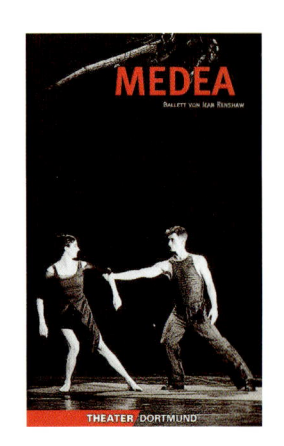

Spielzeit 1999/2000

Eine Ruhrgebietsoper mit einem Libretto des in Dortmund lebenden Arbeiterschriftstellers Max von der Grün wurde in Auftrag gegeben, das Opernhaus von außen als Bierzelt verkleidet, Avantgarde und Volksnähe sollten zusammenkommen. Arbeiterkunst und eine Bergmannskapelle waren in die Aufführung integriert, und der neue Schauspieldirektor Guido Huonder inszenierte die Geschichte eines Bergmanns, der nicht mehr mitmacht, als »seine« Zeche zum Filmstudio wird, mit spektakulären Bildern. Nur Komponist Günther Wiesemann war überfordert und schrieb eine wenig theatertaugliche, schroffe, unsinnliche Musik, die von Kritikern zu Recht als »Hardcore-Avantgarde« bezeichnet wurde.

Mehr Werbung für die zeitgenössische Oper machte »Il cordovano« von Goffredo Petrassi nach einem burlesken Intermezzo von Miguel de Cervantes Saavedra: In Götz Fischers Regie agierten die Sänger zum Teil im Publikum und surreale Gestalten erschienen auf der schrägen Bühne, darunter ein geigender Polizist und ein Gitarre spielender Cowboy auf einem Rollschuh.

Das Schauspiel war nach der frischen Zeit Leutners zwischenzeitlich wieder auf das Normalmaß eines kleineren Stadttheaters abgerutscht und spielte sich wacker und ohne große Höhepunkte von einer Saison zur nächsten. Bemerkenswert war 1978 das Regiedebüt von Dietrich Hilsdorf – heute einer der führenden Opernregisseure – mit Bertolt Brechts »Kleinbürgerhochzeit«, die er mit viel Situationskomik und Slapstick à la Charles Chaplin und Karl Valentin zu einem funkelnden Theaterabend machte. Ein Nachhall der politischen Kämpfe um 1970 war zu spüren, als Generalintendant Hager 1982 das Programmheft zu Dario Fos politischer Farce »Zufälliger Tod eines Anarchisten« wegen aggressiver Karikaturen und eines Essays des linken Autors Peter-Paul Zahl verbot. In der Premiere hielt Hauptdarsteller Claus-Dieter Clausnitzer das Programmheft hoch, schaute ins Publikum und sagte ironisch: »Wir haben hier doch keine Zensur.«

Der Versuch, mit neuen Stücken das Dortmunder Lebensumfeld zu erkunden, wurde in den 1980er Jahren wieder belebt. Harald Müllers »Der tolle Bomberg« kam als Uraufführung heraus – ein Baron aus der Region spielt Spießbürgern verrückte Streiche. Und Jürgen Uter – Schauspieler am Haus – zeigte in »Schippanowskys 1984« die fröhlich-komödiantischen Albtraum-Abenteuer einer Arbeiterfamilie aus Huckarde.

Mit Guido Huonder bekam das Dortmunder Schauspiel neuen Schwung. Wieder stand Edward Bonds »Gerettet« auf dem Spielplan, diesmal gab es mehr Aufregung als 1968: Bei der Baby-Steinigung warf eine erregte Zuschauerin einen der verwendeten Ziegelsteine auf einen Schauspieler, was viele Presseberichte auslöste. Regie führte Jürgen Kruse, der heute einer der wenigen Regisseure mit einem ganz eigenen, unverwechselbaren Personalstil ist und oft in Bochum arbeitet. Eine Frauengruppe versuchte Aufführungen von Ann Jellicos Komödie »Was ist an Tolen so sexy« zu verhindern, weil das Stück Gewalt gegen Frauen rechtfertige. Spielort war übrigens das freie Theater Fletch Bizzel, die klare Abgrenzung zwischen Off-Szene und Stadttheater begann sich aufzulösen – ein Trend, der bis heute anhält. Hier ist Dortmund auch unter Michael Gruner Vorreiter; Koproduktionen zwischen freien Gruppen und etablierten Bühnen wird es in Zukunft sicher verstärkt geben.

Huonder inszenierte auch ein Stück im Museum für Kunst- und Kulturgeschichte, das Boxerdrama »Bantam« von Eduardo Arroyo, während im Museum eine Arroyo-Ausstellung gezeigt wurde. Hier begann die Vernetzung des Theaters mit anderen Kulturinstitutionen, wie sie heute oft gefordert wird. Doch natürlich blieb Huonder durch seine wuchtigen Inszenierungen im Schauspielhaus im Gedächtnis, oft mit dem explosiv-energiegeladenen Claus-Dieter Clausnitzer in der Hauptrolle. »Korbes« und »Karlos« von Tankred Dorst waren solche Abende, die mit krassen, kompromisslosen Bildern arbeiteten und zum düsteren Kern der Stücke vorstießen, Enzo

Spielzeit 2002/03

Spielzeit 2003/04

Cormans »Sade Höllenkonzert« wurde allein schon durch seine Spieldauer ein erschöpfender Abend, aber auch ein eindrückliches Erlebnis. So kämpfte sich Dortmunds Schauspiel wieder aus dem Provinztheaterimage heraus.

Unter Generalintendant John Dew verschoben sich erneut die Gewichte: Das Schauspiel sackte unter dem glücklosen Schauspielleiter Wolfgang Trautwein in die Bedeutungslosigkeit, nur im Studio gab es einige interessante kleine Ur- und Erstaufführungen. Dafür zog die Oper mit neuen Stücken viel überregionale Aufmerksamkeit auf sich – naturgemäß bei mutigen Projekten mit wechselndem Erfolg. »La Belle et la Bête« (Die Schöne und das Biest) von Philipp Glass war eine grandiose Aufführung von tänzerischer Leichtigkeit; auch für Ernest Blochs »Macbeth« fand Dew als Regisseur eine passendgruselige Optik; Shakespeares Königsdrama wurde zum bürgerlichen Totentanz. Weniger überzeugten die dezidiert politischen Opern: »Harvey Milk« von Stewart Wallace über einen schwulen amerikanischen Bürgerrechtler und »Kniefall in Warschau« mit einem singenden Willy Brandt rutschten oft in den Gesinnungskitsch ab und propagierten Heldenverehrung. In seiner letzten Spielzeit erlangte Regisseur Dew mit Erkki-Sven Tüürs Oper »Wallenberg« über den gleichnamigen schwedischen Diplomaten, der Juden während der Nazidiktatur Schutzpässe ausstellte, wieder bestes Niveau. Tüürs unakademische, erzählerische Musik überzeugte auf ganzer Linie.

Bei Dew wurde kein Musiktheaterwagnis auf einer Studiobühne versteckt, jedes Stück bekam eine richtige Chance im Großen Haus. Die Kehrseite waren oft leere Zuschauerreihen. Doch wenn man die Oper nicht als Kunstform begreift, die nach den letzten Zuckungen des Bildungsbürgertums verschwinden wird, kann man nicht umhin, Dews viel zu kurze Intendanz als eine enorm wertvolle Zeit zu betrachten: Dortmund ist unter ihm das Opernlaboratorium Deutschlands, hier gab es Stücke zu sehen, die sonst nirgendwo gespielt wurden. Nach Dews Abgang brach diese an Paul Walter Jacob anknüpfende Tradition Dortmunds als progressiver Opernbühne zunächst ab. Die neue Operndirektorin Christine Mielitz stellte sich in die Nachfolge Wilhelm Schüchters: Sie will mit inszenatorischem wie musikalischem Niveau mehr Publikum ins Haus locken, verspricht allerdings, in den nächsten Spielzeiten mutiger zu werden, zum Beispiel mit der Uraufführung von Eckehard Mayers Oper »Das Treffen in Telgte« nach Günter Grass in der Jubiläumsspielzeit 2004/05.

Das Schauspiel unter Michael Gruner hat sich nach einer schwierigen ersten Spielzeit als lebendige Bühne etabliert. Einige Tendenzen des Gegenwartstheaters wie die Dramatisierungen von Kinofilmen wurden in Dortmund mitgeboren. Hier inszenierte der inzwischen als Adaptionsspezialist zum Düsseldorfer Oberspielleiter aufgestiegene Burkhard C. Kosminski »Das Fest« nach dem dänischen Dogma-Film von Thomas Vinterberg und Mogens Rukov als Uraufführung (parallel mit Dresden). Und Thomas Krupa brachte Rainer Werner Fassbinders »In einem Jahr mit 13 Monden« als faszinierendes Kino-Theater-Crossover auf die Bühne.

Auch die bisher sonst nur von Klaus Weise in Oberhausen und Bonn entdeckte wunderbare Autorin Marina Carr, eine Grenzwandlerin zwischen Realität und Geisterwelt, wurde in Dortmund gespielt: »Am Katzenmoor« als deutschsprachige Erstaufführung. Der Regisseur Hermann Schmidt-Rahmer bereichert den Spielplan mit durchdachten, vielschichtigen Inszenierungen, auch Uwe Hergenröder inszeniert ebenso anspruchsvoll wie ansprechend. So knüpft das Schauspiel zum 100. Theatergeburtstag an die progressiven Phasen der 1920er Jahre, an die Zeiten Leutners und Huonders an.

IV. Das Unterhaltungstheater

Theaterkritiker schreiben ständig über Uraufführungen und Klassiker, selten über Komödien, Musicals und Operetten. Das ist auch in diesem Beitrag so und möge bitte nicht als Missachtung gegenüber dem Unterhaltungs-

Spielzeit 2002/03

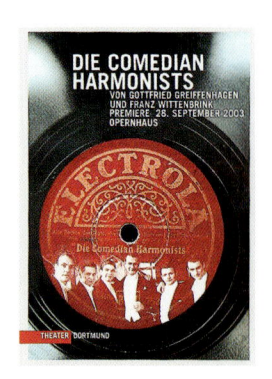

Spielzeit 2003/04

Spielzeit 2003/04

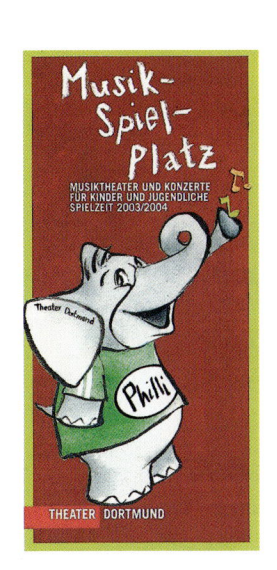

Spielzeit 2003/04

theater aufgefasst werden, den Abenden also, die einfach Spaß machen und oft das Herz eines Theaters sind, wo Publikum und Ensemble sich im gleichen Rhythmus befinden. Doch das Profil einer Bühne definiert sich nun einmal durch die »großen Abende«, die Novitäten und den Umgang mit der Tradition. Dennoch sollen wenigstens noch ein paar kurze Anmerkungen zur Entwicklung des Unterhaltungstheaters in Dortmund gemacht werden.

Das Dortmunder Schauspiel hat eine ausgeprägtere Komödientradition als andere Stadttheater des Ruhrgebiets. Über Jahrzehnte hinweg lobten Kritiker die Fähigkeit des Ensembles, starke Typen und Charaktere zu verkörpern, das Publikum zu Begeisterungsausbrüchen mitzureißen, ohne zu sehr in die Klamotte zu verfallen. Der Autor dieses Beitrags hat diese Qualität am eigenen Leib erfahren, als er Michael Frayns »Der nackte Wahnsinn« dreimal ansehen musste, weil er vor Lachkrämpfen nicht mehr mitbekam, was auf der Bühne weiter passierte. Diese Tradition eines liebevoll bedienten Boulevardtheaters, zu dem sich in jüngerer Zeit satirisch-kabarettistische Abende von Jürgen Uter gesellen, ist überaus wichtig für die Bindung des Publikums an ihr Schauspiel. Außerhalb all der ästhetisch-inhaltlichen Diskussionen einfach schöne, entspannte Abende miteinander zu erleben, prägt die emotionale Haltung zu einem Theater.

Die Operette spielt eine ähnliche Rolle im Musiktheater. Dieses scheinbar eskapistische Genre (sieht man einmal von Jacques Offenbach ab) ist allerdings abhängiger von der politischen Lage, als gemeinhin angenommen wird. Während des »Dritten Reichs« waren die Operetten in Dortmund so schwelgend-opulent wie nie zuvor, weil sie – ähnlich wie die Filmkomödien – das Volk bei Laune halten sollten. Nach dem Zweiten Weltkrieg wurden zunächst Querschnitte und »bunte Abende« gespielt, bevor man sich mit Ach und Krach wieder an komplette Aufführungen wagte. Im Schauspiel und sogar in der Oper scheint das Publikum zu Kompromissen bereit zu sein, bei Operetten

schmerzt die Abwesenheit des Glanzes. Über Franz Lehárs »Land des Lächelns« schrieb die WAZ anlässlich eines Gastspiels in Witten: »Dass sich die Dortmunder Bürgerschaft ein solches Theater gefallen lässt, mag sie mit sich selbst ausmachen. Welcher Anlass besteht, mit Wittener Steuergroschen so etwas zu bezuschussen, ist unerfindlich.« Doch in den 1950er Jahren kämpfte sich die Operette wieder nach oben, der Spielplan barg kaum Überraschungen. Nico Dostals »Clivia«, die heute gar nicht mehr als Komletteinspielung zu kriegen ist, wurde zum Star unter den Stücken: Drei Neuinszenierungen in drei Jahrzehnten verzeichnet die Historie.

Interessant ist das Aufkommen des Musicals in den 1960er Jahren. Das erste Stück dieses neuen Genres kam 1963 mit Cole Porters »Kiss me, Kate« auf die Dortmunder Bühne. Und kurz nach der Eröffnung des neuen großen Theaters ließ die Bühnentechnik die Muskeln spielen: Die deutschsprachige Erstaufführung von Pavel Kohouts »Krieg mit den Molchen« überwältigte schon mit Projektionen, Filmeinspielungen, Lautsprechern und Simultaneffekten in 53 Szenen die Zuschauer. Diese Science-Fiction-Geschichte – durch die Molche droht der Weltuntergang – mit Musik zwischen Klassikanspielungen und den Beatles begeisterte das Publikum. Es war übrigens eine genaue Kopie der Prager Uraufführung, Regisseur Jaroslav Dudek war eigens nach Dortmund gekommen, um sein Konzept neu einzustudieren.

Das Dortmunder Musiktheater suchte also, gleich nachdem es die neue Kunstform etabliert hatte, nach einer europäischen Spielart des amerikanisch dominierten Genres. Ein Satz wurde zum Wahlspruch: »Wir brauchen keine Molche und haben doch Erfolche.«

Natürlich wurden in den folgenden Jahren auch viele Erfolgsmusicals aus den USA gezeigt, schließlich sollte die Unterhaltungssparte populär sein und die Kasse füllen. Aber immer wieder fanden die Dortmunder originelle Stücke, wie 1978 George Gershwins »Oh, Kay!«, eine heillose Klamotte um Alkohol-

67

schmuggel während der Prohibitionszeit mit wunderbaren Songs. »Linie 1«, ein schwungvolles Großstadtmusical im 70er-Jahre-Stil des Berliner Grips-Theaters, wurde 1990 ebenfalls in Dortmund nachinszeniert, im Musical arbeiteten oft alle Sparten des Hauses zusammen. Die heutige Tendenz, eher Spezialisten zu engagieren, um ein mit den Kommerzmusicals konkurrenzfähiges Produkt herzustellen, ist nicht gut für den Zusammenhalt des Theaters. Die gemeinsame Anstrengung, eine große Show auf die Bühne zu stellen, kann für das Publikum wie die Ensembles zu einem besonderen Erlebnis werden. Und darauf kommt es an im Unterhaltungstheater.

V. Resümee

Die Dortmunder Theatergeschichte stellt Forderungen an die Gegenwart. In beiden Sparten ist nicht klar, welches Profil das dominante ist. Es gab in der Oper Zeiten puren Repräsentationstheaters, oft verbunden mit grandiosem musikalischem Niveau. Und es gab Phasen – mit den Generalintendanten Paul Walter Jacob und John Dew, eingeschränkt bei Horst Fechner –, in denen das Dortmunder Musiktheater durch Raritäten und Novitäten ein deutschlandweit unverwechselbares Gesicht besaß. Das Schauspiel gab sich zwischenzeitlich immer wieder mit einem Dasein als wackere Provinzbühne zufrieden, entwickelte aber – in den 1920er Jahren, bei Gert Omar Leutner, Guido Huonder und heute – auch den Anspruch, überregional wahrgenommen zu werden.

Es ist in der derzeitigen kulturpolitischen Lage ungewiss, ob eine kritische Bestandaufnahme beim nächsten runden Jubiläum das Theater Dortmund in einer Verfassung vorfindet, die der heutigen ähnelt. Sich durch Niveau und Mut unentbehrlich zu machen ist aber mehr denn je die Aufgabe der Theatermacher.

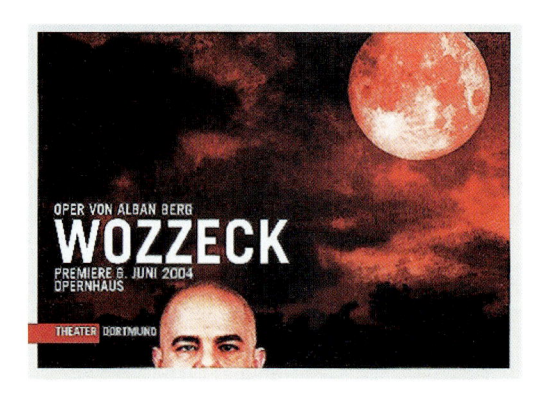

Günther Högl

Das Stadttheater – eine Stiftung des Bürgertums *Das Theater in Dortmund etabliert sich*

Nach der Reichsgründung von 1871 und auf dem Hintergrund der fortschreitenden Industrialisierung und Urbanisierung des Ruhrgebiets nahmen in Dortmund auch kulturelle und freizeitorientierte Einrichtungen lebhaften Aufschwung. Doch schon vor 1871 war auch das »seriöse« Theater mit Schauspiel und großer Oper im Dortmunder Kulturbetrieb neben zahlreichen Varietees und Vergnügungseinrichtungen etabliert.

Bereits 1837 hatte das Theater im von Karl Kühn hergerichteten Gartensaal eine ständige Unterkunft gefunden. Hier traten verschiedene Theaterunternehmer der Zeit mit ihren Ensembles auf und versorgten die Stadt jährlich für drei bis vier Monate mit Aufführungen von Oper, Operette, Schauspiel und Posse. Das Repertoire reichte von den Klassikern des Schauspiels – Shakespeare, Kleist, Goethe und Schiller – bis zur italienischen und deutschen Spieloper, wobei Weber, Lortzing, Meyerbeer, Mozart sowie Verdi und Offenbach auf dem Spielplan standen.[1]

Auf der Suche nach einem besseren Standort für Theatervorstellungen zog man 1871 in den Brügmann'schen Zirkus[2], benannt nach der Dortmunder Kaufmanns- und Honoratiorenfamilie, die den Bau 1865 hatte errichten lassen. Unter den Direktionen von Peter Grevenberg und Georg Paradies gab es Opernaufführungen, die stürmische Anerkennung fanden und sogar von Bergleuten und Fabrikarbeitern besucht worden sein sollen.[3] 1872 kam mit Richard Wagners »Tannhäuser« erstmals in der Dortmunder Theatergeschichte eine Wagneroper auf die Bühne. Grevenberg selbst sang die Titelpartie.

I. Die Stadttheater AG

»Das zur Zeit unter bewährter Leitung hier bestehende Theater hat das Interesse und die wohlverdiente Anerkennung der kunstsinnigen Bewohner unserer Stadt in so hohem Maße angeregt, dass allseitig der Wunsch kundgegeben ist, unserer in stetigem und mächtigem Fortschreitenden emporblühenden Stadt den Vorzug eines solchen Kunst und Bildung hebenden und fördernden Instituts dauernd zu erhalten[4]«, heißt es in einer Erklärung des provisorischen Theaterausschusses vom 31. Januar 1872. In Anerkennung der außergewöhnlichen Erfolge des Theaters hatten sich, einer schon 1864 öffentlich in Erwägung gezogenen Idee entsprechend und den Gepflogenheiten der Gründerzeit gemäß, 20 der angesehensten Bürger Dortmunds zu einem »proviso-

---

1. Vgl. hierzu MÄMPEL, ARTHUR: *500 Jahre Dortmunder Theater* (Dortmunder Vorträge 73), 1973; ders.: *Das Dortmunder Theater von seinen Anfängen bis zur Gegenwart*, in: *Beiträge zur Geschichte Dortmunds und der Grafschaft Mark*, Bd. 47, Dortmund 1948, S. 99ff.; ders.: *Theater am Hiltropwall. 40 Jahre im Hause von Martin Dülfer* (Quellen der Heimat 2), 1955
2. Der Brügmann'sche Zirkus bestand ab 1865 als fester Zirkusbau vor dem Kuckelketor an der Bornstraße. Er war durch die Dortmunder Honoratiorenfamilie Brügmann, die sich auf den weltweiten Holzhandel konzentriert hatte, errichtet worden und wurde daher allgemein der Brügmann'sche Zirkus genannt. Vgl. LUNTOWSKI, GUSTAV u. a.: *Geschichte der Stadt Dortmund*, Dortmund 1994, S. 326
3. MÄMPEL, ARTHUR: *500 Jahre Tradition – 75 Jahre im kommunalen Auftrag*, in: *75 Jahre Städtisches Theater in Dortmund 1904-1979*, Dortmund 1979, S. 48
4. Stadtarchiv Dortmund (StadtADO) Best. 3, Nr. 341, Bl. 1 (Errichtung eines Stadttheaters in Dortmund)

rischen Theaterkomitee« zusammengefunden, um einen »Statutenentwurf« zum Zweck einer »Actien-Gesellschaft« zu verfassen. Dieser beinhaltete die Festsetzung der Gesellschaft auf die Dauer von zehn Jahren bei einem Aktienkapital von 15 000 Talern, bestehend aus 150 Aktien à 100 Taler. Als offizieller Name war »Stadttheater Aktiengesellschaft« oder »Aktien-Gesellschaft Dortmunder Stadt-Theater« vorgesehen.[5]

Am 20. April 1872 kam es zur Generalversammlung der Aktionäre und zur »definitiven Konstituierung der Gesellschaft«. In den Aufsichtsrat wurden gewählt: Justizrat von Basse, Ewald Meininghaus, Dr. Otto Overbeck, Justizrat Melchior sowie der Bankier Josef Isaak. Den Vorstand bildeten Gustav Blankenburg, L. Isert und Robert Overbeck. Zum »artistischen« Direktor wurde Peter Grevenberg ernannt.[6]

Dortmund hatte 1873 erstmals die Grenze von 50 000 Einwohnern überschritten und war auf dem besten Weg, sich zur Theatermetropole Westfalens zu entwickeln. Auf scheinbar solider Grundlage kaufte die neue Aktiengesellschaft 1874 auch noch das Kühn'sche Etablissement. Auf dem Hintergrund der sich anbahnenden Rezession als Folge der so genannten Gründerkrise und dem gleichzeitigen Abschied des erfolgreichen Direktors Grevenberg von Dortmund nach Lübeck fand die Aktiengesellschaft des »Dortmunder Stadttheaters« 1875 mit einem handfesten Konkurs ihr Ende. Bei den inzwischen erfolgten Sammlungen für einen Theaterneubau waren immerhin 90 000 Mark zusammengekommen. Da sich »bei dem damaligen wirtschaftlichen Niedergange die städtischen Vertretungen nicht entschließen konnten, die für einen Theaterbau weiter erforderlichen Mittel zu bewilligen«,[7] wurde das Projekt vertagt.

II. Der »Dortmunder Theaterkrach«

Mit dem Ende einer hoffnungsvollen Epoche ging der »Dortmunder Theaterkrach« in die deutsche Theatergeschichte ein.[8] Am 1. Februar 1875, als dem gesamten Theaterpersonal gekündigt werden musste, war die Zukunft des Dortmunder Stadttheaters wieder völlig in Frage gestellt. Auf einer Auktion wurden die restlichen Habseligkeiten der Aktiengesellschaft mit der lakonischen Bemerkung versteigert: »Die Garderobe geht nach Berlin, die Bibliothek nach Hamburg, die Dekoration nach Magdeburg, die Instrumente bleiben hier.«[9] Außer den Instrumenten blieb vorläufig nur die Erkenntnis: »Schon zum zweiten Male lädt unsere Stadt die Blamage auf sich, bei einer Zahl von 75 000 Einwohnern kein Theater erhalten zu können oder zu wollen.«[10]

Man war – wenn auch nur vorübergehend – wieder auf das Niveau vor 1871 mit durchreisenden Wandertruppen zurückgefallen, die wechselweise im Brügmann'schen Zirkus und im Kühn'schen Saal auftraten. Erst 1880, als der Theaterdirektor Ignaz Pollak von Wien nach Dortmund kam, wurde wieder ein festes Ensemble aufgebaut und an die klassische Operntradition angeknüpft, die Grevenberg eingeleitet hatte. So kamen Richard Wagners »Tannhäuser«, »Lohengrin« und »Der fliegende Holländer« auf den Spielplan und begründeten die Tradition der Wagnerpflege in Dortmund.

Die Ära der drei Dortmunder Theaterdirektoren mit dem großen »P« (Porten, Pollak, Pook), die von 1880 bis 1903 reichte, wurde von Karl Richter, dem späteren Chefredakteur des »General-Anzeigers« und Dortmunder »Original«, in dem humorigen Dreizeiler zusammengefasst: »Porten durchgebrannt, Pollak fortgerannt, Pook abgebrannt.«[11] Der letzte Teil dieser Sequenz bezog sich auf den Theaterstandort Kühn'scher Saal, der am 13. Januar 1903 völlig ausgebrannt war.

III. Eine »Theater-Bürger-Bewegung«

Das »zufällige« Zusammentreffen vom Brand des Kühn'schen Saals und dem Vorhaben, ein neues Stadttheater zu bauen, gab in den bisher spärlichen Ausführungen zur Dortmunder Theatergeschichte, die im Wesentlichen auf Forschungen von Arthur Mämpel, nach 1945 Chefdramaturg an den Städtischen Bühnen Dortmund, beruhen, zu mancherlei Spekulationen Anlass. Historisch gesichert ist, dass

Albert Hoesch, engagierter Befürworter des Theaterneubaus

das Begehren von 1864, mit dem man vom Magistrat der Stadt ein fest stehendes Theater gefordert hatte, 1886 von Seiten der Bürgerschaft erneut aufgegriffen wurde.

Ein im Stadtarchiv überliefertes Schreiben des »Ausschusses für die Sammlungen zum Theaterbau« an den städtischen Magistrat vom 1. Juni 1886, das von angesehenen und einflussreichen Dortmunder Bürgern und Honoratioren wie Albert Hoesch, Friedrich Stade, Ewald Meininghaus, Friedrich Denninghoff, Heinrich Böhmcke, Dr. Blankenstein, Gustav Wiskott und Dr. Roeder unterzeichnet wurde, dokumentiert, dass man nach der polizeilichen Schließung des »Bretterzirkus« (gemeint war der Brügmann'sche Zirkus) beabsichtigte, künftig »auf eigenen Füßen zu stehen« und einen dem »bedeutenden Zweck entsprechenden Entschluss fassen müsse, daß Dortmund, welches sich zur größten und bedeutendsten Stadt der Provinz heraufgearbeitet habe, diese Stellung äußerlich und nicht minder auch in der Förderung der geistigen Bestrebungen wahrnehmen und den Einwohnern sowie den zahlreichen Besuchern ein entsprechendes Theater bieten müsse«.[12] Dabei verkannte man nicht, »dass der gegenwärtige Zeitpunkt der geschäftlichen Mutlosigkeit und einer sehr gedrückten Lage derjenigen Industrien, in welchen die Steuerkraft und die Leistungsfähigkeit unserer Gemeinde vorzugsweise wurzelt (...), nicht günstig ist. Aber verlangt nicht gerade die Zeit der Bedrängnis und Sorge in erhöhtem Maße nach geistiger Auffrischung?«[13]

Der Vorstoß des vermögenden und damit selbstbewussten Dortmunder Bürgertums beförderte die Erkenntnis, »daß die Stadt Dortmund ein ihrer wirtschaftlichen Bedeutung entsprechendes und würdiges Theatergebäude erhalten müsse«.[14] Eine dieser Eingabe an den Magistrat vorausgegangene Versammlung der Theater- und Musikfreunde Dortmunds vom 8. Juli 1885, an der neben den bekannten Initiatoren auch der bereits früher für den Theaterneubau eintretende jüdische Bankier Joseph Isaak für das »Actions-Comité« zeichnete, hatte erstmals insofern konkretere Vorstellungen für den Theaterneubau geäußert, »dass es anzustreben ist, ein Theater zu bauen, welches möglichst so einzurichten ist, dass dessen Räume zugleich zu Concert Aufführungen verwendet werden können«.[15]

Damit war die Neuauflage des wilhelminischen »Bürgerbegehrens« von 1872 und quasi der Beginn einer »Theaterbürgerbewegung« in Dortmund eingeleitet, die ab 1891 zu einer eindrucksvollen Erfolgsgeschichte bürgerlicher Eigeninitiative werden sollte. In diesem Jahr unternahm der Geheime Kommerzienrat Overbeck den erneuten Versuch, dem beabsichtigten Theaterbau zur Realisierung zu verhelfen, indem er eine Summe von 30 000 Mark als Grundstock für einen Theaterbaufonds stiftete.[16] 95 Prozent von den »bestsituierten Einwohnern mit über 30 000 Mark Einkommen« beteiligten sich an den Zeichnungen.[17] Die Gesamtsumme der Einlagen erhöhte sich in den folgenden Jahren durch regelmäßige Zuwendungen aus Sparkassenüberschüssen. Aber erst 1899 trat ein Komitee, flankiert von einer »gemischten Kommission zur Vorberatung des Stadttheater-Neubaus« zusammen,

---

5. MÄMPEL, ARTHUR: *Das Kulturleben Dortmunds im Jahrzehnt der Gründerzeit unter der Berücksichtigung der Stadt-Theater-Aktiengesellschaft*, in: *Beiträge zur Geschichte Dortmunds und der Grafschaft Mark*, Bd. 67, Dortmund 1971, S.113; vgl. auch RUDEL, STEFAN: *Ist es eine Komödie, ist es eine Tragödie: Theater in Dortmund*, in: FRAMKE, GISELA (Hrsg.): *8 Stunden sind kein Tag. Freizeit und Vergnügen in Dortmund 1870 bis 1939*, Dortmund o. J., S. 196
6. ebenda
7. Dortmunder General-Anzeiger Nr. 225 vom 16.9.1904
8. RUDEL: *Komödie*, S. 196
9. MÄMPEL: *Das Kulturleben*, S. 132
10. ebenda; vgl. auch RUDEL: *Komödie*, S. 196
11. MÖNICH, HORST: *Ein Dortmunder Agent. Der Mann, der Karlchen Richter hieß*, Düsseldorf 1974, S. 223f.
12. StadtADO, Best. 3, Nr. 3, Bl. 2f. (Errichtung eines Stadttheaters in Dortmund)
13. ebenda
14. MÄMPEL: *500 Jahre Tradition*, S. 50
15. StadtADO, Best. 3, Nr. 341
16. MÄMPEL: *Theater am Hiltropwall*, S. 8
17. Dortmunder Zeitung Nr. 473 vom 16.9.1904

an dessen Spitze sich neben Oberbürgermeister Wilhelm Schmieding die Stadtbauräte Boldt, Marx, Kullrich und Bovermann sowie einige Stadtverordnete und bürgerliche Honoratioren wie Brügmann und Overbeck stellten, »um den Bau eines Stadttheaters durch Erlangung von freiwilligen Zeichnungen zu fördern. Als Norm für die Höhe der Zeichnungen wurde der Staatseinkommensteuersatz des Jahres 1899 vorgesehen.«[18]

Diese Initiative war derart erfolgreich, dass schon innerhalb von zwei Monaten über 500 Dortmunder Bürger ihre Steuersätze zur Verfügung stellten, darunter auch zahlreiche jüdische Gewerbetreibende, die sich mit dem Theaterneubau identifizierten. So sind auf der Liste als »Spender« u.a. die Kaufleute und Metzgermeister Weinberg, Elias, Felix Buchthal, Robert Buchthal, Max Levy, Simon Dannenbaum, Jakob Nathan Wolff und Alex Mendelsohn registriert.[19] In einer Drucksache vom 17. April 1900 teilte der Magistrat der Stadtverordnetenversammlung mit, dass für die Errichtung eines »würdigen Theaters« insgesamt 1 250 000 Mark aufgewendet werden müssten, was zwingend notwendig sei, denn »jede größere Stadtgemeinde hat nicht nur für rein wirthschaftliche Aufgaben zu sorgen, sondern auch für allgemeine Kulturzwecke einzutreten; hierzu gehört auch besonders die Errichtung und Unterhaltung eines guten Theaters«.[20] Für eine Großstadt, zu der Dortmund im Jahr 1900 mit mehr als 140 000 Einwohnern angewachsen war, sah man dabei 1200 Sitzplätze vor.

IV. Vom Plan zur Tat

Die Gesamtsumme der eingegangenen »Spenden« belief sich auf etwa 500000 Mark[21] und wurde der Stadt vom Theater-Komitee unter der Bedingung zur Verfügung gestellt, spätestens am 1. Juli 1902 mit dem Theaterbau zu beginnen. Die Stadtführung akzeptierte und schrieb, nachdem sie sich für das Grundstück Hiltropwall Nr. 15 (die heutige Adresse des Schauspielhauses) – in unmittelbarer Nähe der 1900 von Eduard Fürstenau erbauten repräsentativen Synagoge – entschieden hatte, einen Architektenwettbewerb aus. Der erste Spatenstich erfolgte vereinbarungsgemäß am 1. Juli 1902. Mit dem neuen Theater hatte sich das Dortmunder Bürgertum, tatkräftig unterstützt vom gewerblichen Mittelstand, einen sichtbaren Ausdruck seines Kulturbewusstseins geschaffen und nahm, zumindest theoretisch, einen Volksbildungsauftrag wahr. Man wollte dazu beitragen, dass »mit den Brettern, die die Welt bedeuten« für die Bevölkerung eine Bildungsanstalt »volkstümlichen Charakters« eingerichtet würde, denn das »arbeitsame Volk bedürfe«, so die »Dortmunder Zeitung«, »der geistigen Nahrung«.[22]

Auf dem Höhepunkt der Wilhelminischen Epoche, nach der Gründung des Deutschen Reichs, als Folge des wirtschaftlichen Aufschwungs und des Entstehens von industriellen Großunternehmen, hatte sich die bürgerliche Gesellschaft auch in Dortmund weitgehend stabilisiert. Das wirtschaftlich einflussreiche Besitzbürgertum nutzte das geistige und kulturelle Vakuum, das der preußisch dominierte Obrigkeitsstaat hervorbrachte, um sich selbst in das Zentrum kulturellen Handelns zu stellen. Das gilt insbesondere für das Theater, das eine besonders augenfällige Möglichkeit zur Repräsentation und Selbstinszenierung bot. Das Theater der Wilhelminischen Zeit war allerdings nicht der Ort geistiger Auseinandersetzung oder aufklärerischer Volksbildung, sondern die Stätte »ästhetisch verfeinerter Selbstbespiegelung, Demonstration der Ichbezogenheit«[23] des Bürgertums.

Auch das neu zu eröffnende Dortmunder Stadttheater war eine Einrichtung des Bürgertums für das Bürgertum. Der künftige Besuch des Stadttheaters wurde zum Privileg begüterter Bürger, während der »Vorhang« für die schwer arbeitende Industriearbeiterschaft zunächst geschlossen blieb. Auf der anderen Seite entwickelte sich das Theater in der Wilhelminischen Ära in künstlerischer Hinsicht positiv und ließ neue großstädtische Kunstmetropolen entstehen. Der kultivierte gesellschaftliche Rahmen verbesserte die Stellung der Künstler im sozialen Gefüge und beförderte die Leistungen der Sänger, Schauspieler, Regisseure und Bühnenbildner.

V. Eröffnung des Stadttheaters 1904

Dass die Eröffnung des von dem Münchener Architekten Martin Dülfer gestalteten Dortmunder Theaters termingerecht am Samstag, dem 17. September 1904, erfolgen konnte, grenzte an ein Wunder und war letztlich der Bauleitung des bewährten Stadtbaurats Kullrich zu verdanken. Bis zum letzten Moment wurde auf Anweisung von Dülfer noch gearbeitet.[24] Die Einweihung des seit 40 Jahren in Dortmund ersehnten Theaters, das im Baustil »nicht den leichten und gefälligen Formen der Residenztheater, sondern der Bedeutung einer Mittelstadt, einer kräftigen Bürgerschaft gemäß«[25] entsprechen sollte, wurde als kommunales Großereignis gefeiert und von den Dortmunder Tageszeitungen in allen Details aufmerksam verfolgt und kommentiert.[26]

Am Tag der Eröffnung war die Titelseite des »Dortmunder General-Anzeigers« ausschließlich dem Theater gewidmet: Über der Abbildung des »Dülfer'schen Gebäudes«, wie man das Theater schon jetzt bezeichnete, stand in großen Lettern: »Heil dem Dortmunder Musentempel und seiner Künstlerschar!«[27] Zur Eröffnungsvorstellung waren ausschließlich Ehrengäste geladen, unter ihnen eine größere Delegation aus Essen, das sich im Vorfeld mit Dortmund zu einer Theaterfusion bereit erklärt hatte. Sie konnte im Eingangsbereich des Theaters eine Schrifttafel mit bemerkenswert sachlichem Text zur Kenntnis nehmen:

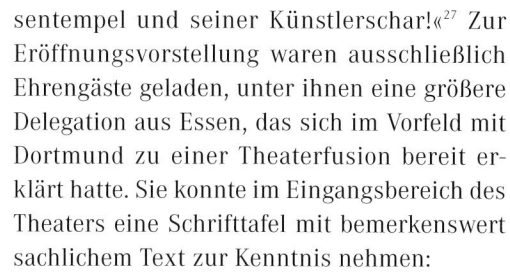

»Das Haus wurde im Auftrag der Stadt Dortmund unter ihrem Oberhaupt, Geh. Regierungsrat Schmieding, aus Mitteln der Stadt und durch Spenden der Bürgerschaft nach Plänen und unter der Leitung des Architekten Herrn Prof. Martin Dülfer, München, im Jahre 1904 erbaut, von Theaterdirektor Herrn Hans Gelling, Essen, übernommen und durch die Festvorstellung ›Tannhäuser‹ eingeweiht.«[28] Diese begann um halb fünf mit der »Jubelouvertüre« von Carl Maria von Weber, der Wagners »Tannhäuser« folgte, dirigiert von Kapellmeister Karl Wolfram. Der »Sängerkrieg auf der Wartburg« wurde einheitlich von Essener und Dortmunder Sängern bestritten. Die Gesamtregie der Oper hatte Alois Hofmann übernommen.

Nach der Festvorstellung empfing Oberbürgermeister Schmieding die geladenen Gäste zu später Stunde im Alten Rathaussaal, anschließend wurde das kulturelle Großereignis noch bis in die frühen Morgenstunden im Ratskeller gefeiert. »Es war jedenfalls einer der Festtage, wie sie Dortmund in seiner Geschichte nur ganz selten zu verzeichnen hat, in der Geschichte des 20. Jahrhunderts wohl einmalig«, resümierte der »Theaterhistoriker« Arthur Mämpel 1955 rückblickend.[29]

Zweifellos war man in Dortmund sehr stolz auf sein neues Theater und hatte sich deshalb nach vielen Diskussionen, aber auch Irritationen, für die prophetischen Verse aus der Feder von Stadtbaurat Marx entschieden, die fortan die Eingangsseite des Theaters schmücken sollten:

*»Nimmer entbehre die strebende Stadt
der veredelten Künste. Opferfreudiger Sinn
baute den Musen dies Heim.«*

Wilhelm Schmieding
Oberbürgermeister

---

18. StadtADO, Best. 3, Nr. 340, Bl. 2 (Die Theaterkommission)
19. ebenda Bl. 9ff.
20. ebenda Bl. 4
21. Dortmunder General-Anzeiger Nr. 259 vom 20.9.1904
22. Dortmunder Zeitung Nr. 473 vom 16.9.1904
23. APPEL, PAUL-HERBERT: *Dortmund Theater im Wandel der Zeit*, in: Theater einer Industriestadt. 50 Jahre städtische Bühnen Dortmund, Dortmund 1954, S. 16f.
24. KLEIN, DIETER: *Martin Dülfer, Ort und Jahr* S. 72
25. So Oberbürgermeister SCHMIEDING bei seiner Eröffnungsrede; Dortmunder General-Anzeiger Nr. 257 vom 17.9.1904
26. RUDEL: *Ist es eine Komödie*, S.201f.
27. Dortmunder General-Anzeiger Nr. 256 vom 17. September 1904
28. MÄMPEL, ARTHUR: *Nimmer entbehre die strebende Stadt...*, in: Westfalenspiegel 1954, Nr. 9, S. 38
29. MÄMPEL: *Theater am Hltropwall*, S. 136, zit. n. RUDEL: *Ist es eine Komödie*, S. 202.

Der sehnliche Wunsch des Bürgertums nach einem stadteigenen Theater war erfüllt. Der »opferfreudige Sinn« hatte sein ideales Ziel erreicht. Es ging bei dem »Opfer« aber auch um die Befriedigung repräsentativer Bedürfnisse einer vom Bürgertum dominierten Gesellschaft, die wieder einmal eine wirtschaftliche Krisenzeit überstanden hatte und in ihrer Ordnung fest gefügt schien.[30]

Am Sonntag, den 18. September 1904, stellte sich das Schauspiel mit der Premiere von Schillers »Wilhelm Tell« vor. Beide Stücke, Wagners »Tannhäuser« und Schillers »Tell«, erfreuten sich damals besonderer Beliebtheit bei dem nach dekorativer Theatralik strebenden Zeitgeschmack des kulturbewussten Bürgertums. Gerade Friedrich Schiller, dessen Idealismus im nationalistischen Sinn umgewertet wurde, und Richard Wagner, bei dem man vordergründigen, nationalen und dekorativen Effekten der Inszenierung und nicht etwa der szenischen Erneuerung oder der »revolutionären« Kompositionstechnik Beachtung schenkte, galten als künstlerische Exponenten der bürgerlich-wilhelminischen Ära.

Bei der Vorstellung am 18. September waren bereits erhebliche Lücken auf Balkon und Sperrsitz des neuen Theaters zu vermelden.[31] Aus Gewerkschaftskreisen und aus dem Verein für Literatur und Kunst unter Leitung von Dr. Franz Lütgenau, dem ehemaligen sozialdemokratischen Reichstagsabgeordneten, wurde angeregt, »das neue Prunktheater mehr volkstümlicher zu gestalten, damit es nicht vorwiegend eine dramatische Kunststätte für wohlhabende Kreise sein sollte«[32], und die Preise zu senken. Der zuständige Theaterdezernent, Dr. Boldt, lehnte dies mit dem Argument ab, das Stadttheater sei schließlich aus »Sondermitteln der oberen Stände erbaut« worden.[33]

Damit war klar, dass sich das Stadttheater als repräsentative Einrichtung für das gehobene Bürgertum, nicht jedoch als »volkstümliche« Bildungseinrichtung verstand. »Volksvorstellungen« für die Gewerkschaften oder sonstige Vereinigungen der Arbeiterbewegung wurden kategorisch abgelehnt. Schon die nächsten Tage sowie die erste Spielzeit des Dortmunder Stadttheaters 1904/05 offenbarten, dass es aufgrund der Platzausnutzung des Theaters nicht leicht sein würde, künftig die wirtschaftlich-finanziellen Voraussetzungen für ein hoch qualifiziertes Theater zu sichern.[34] Diesbezügliche Bedenken waren bereits im Leitartikel des »General-Anzeigers« anlässlich der Theatereröffnung geäußert worden, in dem es u.a. heißt: »...Dortmund ist wohl eine große Stadt, aber noch keine Großstadt; es fehlt ihm die große Masse jener Bürger, die im gesicherten Besitze besonders viel Zeit und Geld für die schönen Künste übrig haben. (...) Wir sind alles in allem eine schwer arbeitende Bevölkerung und von dieser wiederum sind dreiviertel Handarbeiter, die unter des Lebens Notdurft seufzen und nur selten, an Festtagen oder wenn halbe Preise lockend winken, einige Groschen fürs Theater opfern dürfen.«[35]

VI. Die Theaterehe mit Essen

Im Wissen um diese Gegebenheiten war bereits 1903 – im Zuge des Theaterneubaus – von den politisch verantwortlichen Gremien sichergestellt worden, dass der künftige Theaterbetrieb in einer Fusion mit dem bereits 1892 gegründeten Stadttheater Essen durchgeführt werden sollte. Für die ersten drei Spielzeiten sollte dem Essener Theaterdirektor Hans Gelling, geboren 1858 in Kassel und im dortigen Fridericianum zeitweise Mitschüler des späteren Kaisers Wilhelm II., auch die Leitung des Dortmunder Theaters übertragen werden. Gelling war mit seinen Inszenierungen der großen Wagner-Werke beim Publikum gut angekommen. Geradezu sensationell für die damalige Zeit war die Aufführung seiner »Meistersinger« am 24. November 1901 aufgenommen worden, für deren Ausstattung Friedrich Krupp einen nicht unerheblichen Betrag beigesteuert hatte.[36] – Ab Herbst 1904 leitete Direktor Gelling das »Vereinigte Stadt-Theater Essen-Dortmund«, wobei Essen bald ins Hintertreffen geriet, weil Dortmund mit dem Neubau auch das inzwischen größere und technisch besser ausgestattete Bühnenhaus besaß.

Schreiben der bürgerlichen Theaterbau-Initiative an den Dortmunder Magistrat vom 1. Juni 1886

Einer der wenigen Vorzüge der Vereinigung, zu der u. a. in einem Gutachten der Münchener Generalintendant von Possart geraten hatte[37], bestand darin, dass man höhere Gagen für bessere Künstler zahlen konnte, weil auch eine größere Zahl von Wiederholungen anzusetzen war. In beiden Theatern trat dasselbe Personal auf. Das Schauspielerpersonal wohnte in Essen, das Opernpersonal in Dortmund.

Die Aufteilung des künstlerischen Personals auf Oper in Dortmund und Schauspiel in Essen, die Beibehaltung der jeweiligen Orchester und des Ausstattungsfundus begünstigte das Dortmunder Theater. Schon der Auftakt der ersten Unionsspielzeit hatte am 17. September 1904 Dortmund die erste Premiere mit der »großen« Oper »Tannhäuser« beschert, während Essen am nächsten Tag mit Mozarts »Entführung aus dem Serail« nachzog.[38] Derselbe Rhythmus ergab sich für die Spielzeit 1905/06, als in Dortmund am 17. September 1905 mit dem »Fliegenden Holländer«, in Essen am 16. September mit Henrik Ibsens Schauspiel »Nordische Heerfahrt« eröffnet wurde, und in der Spielzeit 1906/07, als man in Dortmund am 15. September 1906 mit der romantischen Oper »Lohengrin«, in Essen am 16. September 1906 wieder mit einem Schauspiel, Ibsens »Baumeister Solness«, in die neue Spielzeit startete.[39]

Die Wagner-Opern, allesamt immer in Dortmund zum ersten Mal aufgeführt, bestimmten neben den Opern von Mozart den Spielplan. In den drei Spielzeiten, in denen Gelling für das »Unionstheater« verantwortlich war, wurden »Tannhäuser«, »Lohengrin«, »Die Meistersänger von Nürnberg«, »Das Rheingold«, »Die Walküre«, »Siegfried« und »Die Götterdämmerung« aufgeführt.[40] Dortmunds Ruf als »Wagner-Hochburg« wurde damit wieder nachhaltig gefestigt. Pro Spielzeit kamen in dem Fusionstheater annähernd 50 verschiedene musikalische Inszenierungen und 80 Schauspiele heraus, wobei der komplette »Ring« geradezu eine Selbstverständlichkeit darstellte.[41]

Trotz vieler Vorteile hielt die Fusion zwischen Dortmund und Essen nur drei Spielzeiten: Theaterdirektor Gelling verließ Essen/Dortmund und ging an das »Hoftheater« von Weimar, wo er 53-jährig verstarb. Sein Nachfolger in Dortmund wurde als erster »städtischer Theaterdirektor« Alois Hofmann (1907 bis 1913), unter »Privatdirektor« Gelling bereits Oberregisseur der Oper.[42]

---

30. WENZEL, WALTER: *Theatererinnerungen...*, in: *Festschrift zur Eröffnung des neuen Theaters Dortmund am 12.11.1950*
31. Dortmunder General-Anzeiger Nr. 255 vom 17.9.1929 (»Heute 25 Jahre Stadttheater!«)
32. Dortmunder General-Anzeiger Nr. 255 vom 17.9.1929
33. ebenda
34. MÄMPEL, ARTHUR: *Das Dortmunder Theater*, S. 136. Demnach wies die erste Spielzeit bei einer Länge von sieben Monaten insgesamt 135 Vorstellungen des Musiktheaters und 95 Vorstellungen des Schauspiels auf. 137 560 Zuschauer hatten das Theater besucht, so dass sich eine durchschnittliche Platzausnutzung von etwas weniger als 50 Prozent ergab; vgl. auch RUDEL: *Ist es eine Komödie*, S. 202.
35. Dortmunder General-Anzeiger Nr. 256 vom 17.9.1904 (»Heil dem Dortmunder Musentempel und seiner Künstlerschar!«)
36. WAIDELICH, JÜRGEN-DIETER: *Essen spielt Theater*, Bd. 2, Düsseldorf 1992, S. 122
37. ebenda, S. 124
38. FELDENS, FRANZ: *75 Jahre städtische Bühnen Essen*, Essen 1967, S. 71
39. ebenda S. 75
40. Feldens: 75 Jahre, S. 105
41. KRAUSE, MANFRED: *Theater hält nach Partnern Ausschau*, in: WAZ vom 25.9.1982
42. SCHULZ, ERICH: *Die Entwicklung des Dortmunder Stadttheaters*, in: *Das Theater. Festschrift zum 25jähr. Bestehen der Städt. Bühnen zu Dortmund*, Dortmund o. J. (1929)

Geh. Hofrat Prof. Dr. ing. h. c.
Martin Dülfer (1859–1942)
Architekt des 1904 eröffneten
Dortmunder Stadttheaters –
Porträt vom 26. September 1904

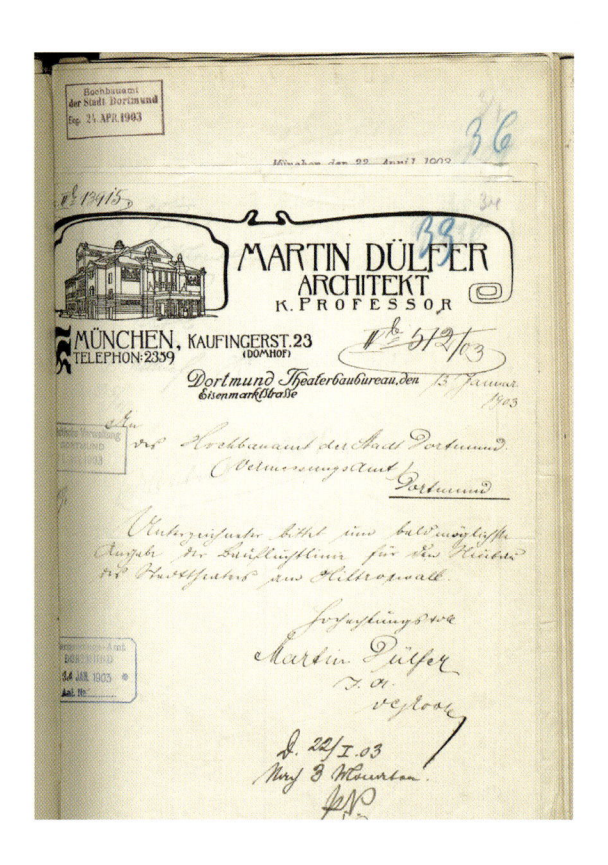

Schreiben Dülfers
von 1903 an das
Hochbauamt mit der
Anfrage nach
den Baufluchten
am Hiltropwall

Das Stadttheater in
der Ansicht von 1904.
Auf der Eingangsfront
der Giebelspruch von
Stadtbaurat Marx:
»Nimmer entbehre
die strebende Stadt der
veredelnden Künste.
Opferfreudiger Sinn baute
den Musen dies Heim.«

Luftaufnahme des Theaters von 1928 mit der gegenüber liegenden Oberpostdirektion und der 1900 an der Kreuzung Hansastraße erbauten und 1938 vom Nazi-Terror zerstörten Synagoge (oben rechts).

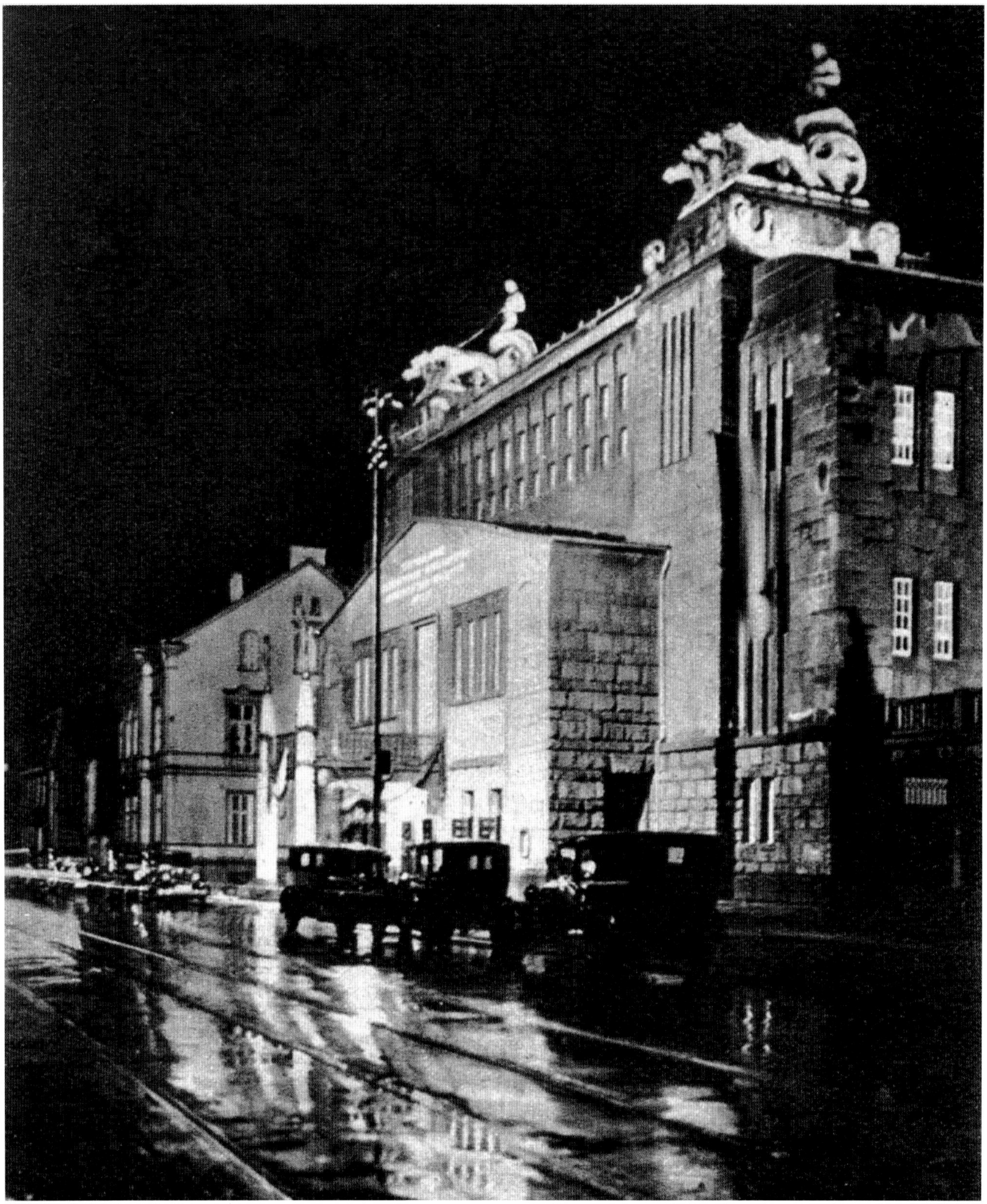

Festliche Beleuchtung
des Theaters zum
25-jährigen Jubiläum
im Jahr 1929

Haupterfrischungsraum
im 1. Rang-Foyer mit
innenarchitektonischen
Elementen sowohl des
Jugendstils als auch
des Neoklassizismus

Saaldecke des Zuschauer-
raums (mit gemaltem
Sternenhimmel) und Blick
auf das Bühnenportal
und die Proszeniumslogen

Kassenhalle
am Eingangsportal

Der Zuschauerraum mit den drei frei tragenden Rängen nach der 1937 vorgenommenen weitgehenden Entfernung der Jugendstilausstattung

Hauptfoyer (Wandseite des Erfrischungsraums) mit Balkonfenstern des II. Rangs

Balkonumgang in typischer Jugendstil-Gestaltung

Michael Holtkötter

»Aufgabe künstlerisch vollendet gelöst« *Das Dülfer'sche Stadttheater in Dortmund*

»An Stelle eines dem Aufenthalt der Musen unwürdigen Gebäudes hat Dortmund aus dem Kreise seiner opferfreudigen Bürger heraus ein prächtiges Haus zum Musentempel sich geschaffen, das – es darf getrost ausgesprochen werden – keinen Vergleich mit dem Theater irgend einer anderen deutschen Stadt zu scheuen braucht.«[1] So euphorisch äußerte sich ein Zeitzeuge angesichts des am 17. September 1904 mit dem »Tannhäuser« von Richard Wagner feierlich eingeweihten neuen Stadttheaters in Dortmund.

Durch eine Schenkung von Kommerzienrat Julius Overbeck in Höhe von 30 000 Mark wurde in den 1890er Jahren der Bau eines neuen Theaters angeregt. Im November 1899 gründete sich ein Theaterbaukomitee, das weitere 385 000 Mark aufbrachte. Die Gesamtsumme wurde dem Magistrat im März 1900 unter der Bedingung angeboten, dass mit den Bauarbeiten bis spätestens Juli 1902 begonnen werden musste. Die Stadt nahm das Angebot an.[2] Als Bauplatz wählte die Verwaltung ein Grundstück am Hiltropwall, auf dem Georg Weisspfennig zuvor eine Brennerei betrieben hatte.[3]

I. Der Wettbewerb

1901 schrieb der Magistrat der Stadt Dortmund einen Wettbewerb für das neue Theater aus, zu dem einerseits sämtliche Dortmunder Architekten zugelassen waren und andererseits fünf auf dem Gebiet des Theaterbaus renommierte Architekten eingeladen wurden.[4]

Das Ergebnis überzeugte das Preisgericht, das am 25. Oktober tagte und zu dem u. a. der Architekt des Berliner Reichstagsgebäudes, Paul Wallot, gehörte, nicht vollends, da keiner der Entwürfe ohne wesentliche Umarbeitungen zur Ausführung geeignet erschien. So wurde beschlossen, auf der Grundlage eines geänderten Bauprogramms einen zweiten engeren Wettbewerb auszuloben. Hierzu lud man Carl Moritz aus Köln, das Architekturbüro Fellner & Helmer aus Wien und Martin Dülfer aus München ein. Moritz baute zu diesem Zeitpunkt gerade das Kölner Opernhaus im neubarocken Stil; das Büro Fellner & Helmer war durch zahlreiche Theaterbauten herhervorgetreten: Es hatte beispielsweise die Grazer Oper, das Stadttheater Klagenfurt und das Volkstheater in Wien entworfen. Stilistisch bewegten sich Fellner & Helmer von neubarocken Gestaltungen bis hin zum Jugendstil. Der Dritte im Bunde, Martin Dülfer, hatte gerade den Theaterneubau in Meran beendet.

Die Jury entschied sich letztlich für Dülfers Entwurf, wenn auch die Jurymitglieder sich nicht völlig einig waren. Gelobt wurde allgemein Dülfers Abkehr von der üblichen Verwendung prunkvoller Renaissance- und Barockformen für Theaterbauten zugunsten einer größeren Sachlichkeit. Der Dortmunder Stadtbaumeister Friedrich Kullrich schrieb hierzu später: »Der Geist der Antike mutet uns aus dieser Schöpfung Dülfers an, einer Antike jedoch, die nicht ängstlich und sklavisch nachgebildet oder nachempfunden ist, sondern die unter

---

1. *Moderne Bauformen.* Monatshefte für Architektur, 3. Jg. 1904
2. KLEIN, DIETER: *Martin Dülfer – Wegbereiter des deutschen Jugendstils,* München 1981
3. Hausakte des Bauordnungsamtes, Bd. 1
4. Zentralblatt der Bauverwaltung, Berlin 1905

den Händen des Künstlers neu, der neuzeitlichen Aufgabe entsprechende Formen annimmt.«[5] Wallot hob in seiner Stellungnahme die klare Grundrissdisposition, die harmonischen Raumproportionen sowie die sachliche und dennoch imposante Fassadengestaltung hervor. Kritisch äußerte er sich zu der seiner Meinung nach zu schlichten Seitenfront zur Eisenmarktstraße und schlug als Lösung eine einfache Lisenengliederung zur Auflockerung vor. Wenig Wohlwollen fanden bei Wallot auch die hochgelegenen Foyerfenster, die keinen Blick der Besucher auf die Straße zuließen. In seinen Aufzeichnungen äußerte sich Dülfer zu dieser Gestaltungsfrage: »Ein Theater hat im wesentlichen nur in den Abendstunden seinen Zweck zu erfüllen; es muß daher eine Formgebung erhalten, die von den Gepflogenheiten, wie sie uns traditionell aus den architektonischen Musterwerken für Paläste oder ähnliche Prunkbauten geläufig sind, sich entfernt. Öffnungen zum Einlaß des Tageslichtes sind deshalb nur so weit als erforderlich anzuordnen. Gerade das Maßhalten in den Lichtöffnungen bietet die Möglichkeit, große Mauerflächen zu bilden, die nicht unwesentlich zu einer monumentalen Wirkung des Ganzen beitragen.«[6]

Der Berliner Theaterarchitekt Heinrich Seeling, der u. a. das Essener Grillo-Theater (1892 eröffnet) gebaut hatte, äußerte sich deutlich kritischer: Die Zufahrtsrampe läge zu nah an den Eingangstüren; die Garderoben im Parkettbereich schienen ihm nicht ausreichend und das Auditorium hielt er für ästhetisch unbefriedigend. Seeling empfahl aus künstlerischen Gründen die drei freitragenden Ränge mit Pfeilern zu unterstützen. Seine Anregungen wurden allerdings nicht aufgenommen.

II. Der Architekt

Martin Dülfer wurde am 1. Januar 1859 in Breslau geboren. Der Vater der recht wohlhabenden Familie war Verlagsbuchhändler. Nach der Reifeprüfung am Breslauer Realgymnasium besuchte Dülfer die »Gewerbeschule älterer Ordnung« in Scheidwitz. Von 1877 bis 1879 studierte er Architektur in Hannover und setzte das Studium bis 1880 am Stuttgarter Polytechnikum fort. Seine praktische Ausbildung erhielt er in dem bekannten Berliner Architekturbüro von »Kayser & Großheim«. Nach vierjähriger Berufserfahrung beendete er seine Studien schließlich bei dem bedeutenden Architekten Friedrich Thiersch in München.

Im Alter von 28 Jahren ließ Dülfer sich als selbstständiger Architekt nieder. Als seine erste eigenständige Arbeit wird die Fassade des Bernheimer Hauses (1887–89) in München angesehen, das in Zusammenarbeit mit Thiersch entstand.[7] Ein um die Jahrhundertwende verstärkter Bedarf an Konzert- und Theatersälen auch in Klein- und Mittelstädten bot den Architekten neue Betätigungsfelder. So gewann Dülfer 1895 einen Wettbewerb zum Bau des Ballhauses für die Münchner Pschorr-Brauerei. Der 1900 seiner Bestimmung übergebene Theaterbau von Meran begründete Dülfers Karriere als Theaterbaumeister. Aus dem Wettbewerb hierzu war er 1899 als Sieger hervorgegangen. 1904 gestaltete er parallel zum Bau des Dortmunder Theaters den Repräsentationsraum des Bayerischen Kunstgewerbes für die Weltausstellung in St. Louis (Missouri), der heute der Regierung von Oberfranken als Landratssaal dient.

1906 siedelte Dülfer nach Dresden über, da ihm eine Lehrtätigkeit an der Königlich-Sächsischen Technischen Hochschule angeboten wurde. Ab 1908 war er Vorsitzender des Bundes Deutscher Architekten und ab 1914 Stadtverordneter von Dresden. 1920/21 stieg er zum Rektor der TH Dresden auf. Neben den Theaterbauten in Lübeck, Duisburg und Sofia sind weitere mehr als 70 Gebäude von ihm nachweisbar. Martin Dülfer starb 1942 im Alter von 83 Jahren in Dresden.

III. Der Baustil

Dülfers Arbeit als Architekt begann zu einer Zeit, als der Historismus in all seinen Spielformen nahezu an seinen Endpunkt gekommen war. Über das gesamte 19. Jahrhundert hinweg bedienten sich die Architekten bei ihren

Gestaltungen historischer Vorbilder. Diese Tendenz hatte bereits in der zweiten Hälfte des 18. Jahrhunderts mit dem Rückgriff auf gotische Vorbilder eingesetzt. Um 1800 folgte die Rezeption der Renaissanceformen. Noch im ersten Viertel des 19. Jahrhunderts wurden romanische Elemente in die Entwürfe übernommen und schließlich fanden um die Mitte des Jahrhunderts barocke Ideen Eingang in die Architektur. Insbesondere für Monumentalbauten galten in der zweiten Hälfte des 19. Jahrhunderts Barock und Renaissance als besonders geeignet, um dem Repräsentationswillen zu entsprechen. So ist es kaum verwunderlich, dass für den in Mode kommenden Bau von städtischen Theatern insbesondere diese Stilrichtungen maßgebend wurden.

Der Jugendstil war gewissermaßen ein reformatorischer Versuch, mit dieser Stilvielfalt zu brechen. Er wurde in Deutschland zwischen 1895 und 1910 dominierend. Der Name leitete sich von der ab 1896 in München erscheinenden Zeitschrift »Jugend« her, deren Illustrationen von Architekten und Künstlern nachgeahmt wurden. Der Jugendstil vollzog eine schöpferische Auseinandersetzung mit den Gegebenheiten der Industrie, mit den neuen Materialien und den daraus resultierenden Formerwartungen und Möglichkeiten. Angestrebt wurde eine Verbindung von Funktionalität, Natürlichkeit und Schönheit, um mit der Kunst zu einer Veränderung der Umwelt und Lebensweise beitragen zu können. Letztlich war der Jugendstil aber nicht geeignet, um den Historismus zu überwinden und zu einer neuen, modernen und sachlichen Architektursprache zu finden.

Ein zweiter Versuch, dies zu erreichen, stellte um 1900 die verstärkte Auseinandersetzung mit dem Klassizismus dar. Als eine bewusste Gegenbewegung zum Barock hatte der Klassizismus in Deutschland etwa zwischen 1770 und 1850 die Architektur bestimmt. Er war Ausdruck des Wunsches, zu einer klaren und reinen Form zu finden. Vorbilder dafür sah man in der antiken Kunst.

Dülfer entwickelte seinen Entwurf für das Dortmunder Theater im Spannungsfeld zwischen Jugendstil und Neuklassizismus. Er war damit auf der Höhe der zeitgenössischen architektonischen Diskussion und wurde dafür gelobt, wie das oben genannte Zitat von Kullrich belegt.

IV. Die Bauphase

Bevor der monumentale Dortmunder Theaterneubau zu bewundern war, galt es, in kurzer Zeit eine gewaltige Aufgabe zu meistern: Im Vertrag mit Dülfer wurde der Fertigstellungstermin verbindlich auf den 15. September 1904 festgesetzt – für die Realisierung des Bauvorhabens blieben somit nur 20 Monate Zeit. Ebenso wurde eine feste Bausumme von einer Million Mark vereinbart.

Im Juli 1902 begannen die Erdarbeiten für das Dortmunder Theater, nachdem bereits im April mit den Vorbereitungen auf dem künftigen Bauplatz begonnen worden waren. Am 24. April 1902 teilte das Hochbauamt mit, dass die Häuser an der Kuhstraße geräumt seien, und empfahl, möglichst schnell mit dem Abbruch zu beginnen, da zu befürchten sei, dass »die Thüren und Fenster etc. von Kindern zerstört oder gar gestohlen werden«. Die Häuser sollten zum Abbruch verkauft werden. Drei Angebote für die Abbrucharbeiten wurden abgegeben. Interessanterweise bot der Tiefbauunternehmer Heinrich Dirks 10 Mark, falls er den Zuschlag erhalten sollte, sein Kontrahent, der Bauunternehmer August Gantke, forderte hingegen 120 Mark für den Abbruch und der Tiefbauunternehmer Emil Doert gar 195 Mark. Mit Blick auf das knappe Budget erhielt Dirks den Auftrag.[8]

Erstmalig taucht Dülfer mit einem Schreiben vom 13. Januar 1903 in der Hausakte auf: »Unterzeichner bittet um baldmöglichste Angabe der Baufluchtlinien für den Neubau des

---

5. Zentralblatt der Bauverwaltung, Berlin 1905
6. *Moderne Bauformen.* Monatshefte für Architektur, 3. Jg. 1904
7. KLEIN: *Martin Dülfer*, 1981
8. Hausakte des Bauordnungsamtes, Bd. 1

Stadttheaters am Hiltropwall.«⁹ Acht Tage später bat er den Magistrat um die Genehmigung zur Aufstellung des Bauzauns. Dem Baubeginn stand nun nichts mehr im Wege.

Die Hausakten enthalten eine ausführliche Beschreibung des zu errichtenden Neubaus von 1902. Die Beschreibung bezieht sich dabei weniger auf gestalterische Elemente, sondern widmet sich nahezu ausschließlich technischen Fragestellungen, insbesondere zum Brandschutz. Der Text wurde nicht vom Architekten verfasst, sondern entstand vermutlich im Hochbauamt:

»Das Theater soll rund 1200 Zuschauer aufnehmen und ist daher den Bestimmungen der Polizei-Verordnung betreffend die bauliche und innere Einrichtung von Theatern und Zirkusgebäuden und öffentlichen Versammlungsräumen, §§ 3 bis 39 entsprechend, geplant. Als Bauplatz ist das ehemalige Weißpfennig'sche Grundstück, welches vom Hiltropwall, der Eisenmarktstraße und der Kuhstraße begrenzt wird, in Aussicht genommen. Die Haupt-, Ein-, und Ausgänge liegen an dem 30 m breiten Hiltropwall. Die Front des Theaterbaues tritt außerdem noch gegen die Baufrucht um 4 m zurück. Das Bühnenhaus grenzt nach Osten an die 12 m breite Eisenmarktstraße, nach Norden an die 11,3 m breite Kuhstraße (...) Das Zuschauerhaus enthält über dem Parkett 3 Ränge (...) Das Parkett soll 508, der erste Rang 93, der zweite Rang 202 und der dritte Rang 285 Sitzplätze erhalten. Die Breite der Sitze beträgt 55 cm, der Abstand der Reihen voneinander 85 cm (...) Stehplätze sind nicht vorgesehen (...) Der Schnürboden über dem Bühnenraum liegt 3,0 m höher als die Decke des Zuschauerraumes und 22,20 m über dem Bühnenfußboden (...) Dortmund, den 15. September 1902. Der Magistrat.«

Dem Erläuterungsbericht waren 32 Zeichnungen, in Mappen eingeheftet, beigefügt.¹⁰ Diese Zeichnungen sind heute nicht mehr Bestandteil der Hausakten. Mit der statischen Berechnung des Theaterneubaus wurde der Dortmunder Ingenieur Seidemann beauftragt. Als Honorar waren 350 Mark vereinbart.¹¹

Die Bauarbeiten gingen zügig voran. Trotzdem gab es, wie auf einer Baustelle dieser Größenordnung üblich, immer wieder Probleme. So standen im Herbst 1903 im Verwaltungsflügel 30 cm Wasser im Keller, da noch kein vernünftiger Kanalanschluss hergestellt war.

V. Der fertige Bau

Es ist leicht vorstellbar, dass bis zur letzten Sekunde des Eröffnungstages gearbeitet werden musste, bis die Spender der Baugelder auf den Ehrensitzen Platz nehmen konnten, um die Eröffnungsvorstellung zu genießen. Die Pausen zwischen den Aufzügen wurden so bemessen, dass eine Besichtigung des Theaters möglich war. Im Eingangsbereich war eine Schrifttafel mit folgendem Text zu finden: »Das Haus wurde im Auftrage der Stadt Dortmund unter ihrem Oberhaupt, Geh. Regierungsrat Schmieding, aus den Mitteln der Stadt und durch Spenden der Bürgerschaft nach Plänen und unter Leitung des Architekten Herrn Prof. Martin Dülfer, München, im Jahre 1904 erbaut, vom Theaterdirektor Herrn Hans Gelling, Essen, übernommen und durch die Festvorstellung ‚Tannhäuser' eingeweiht.«¹²

Die Besucher wurden von einer zum Hiltropwall ausgerichteten monumentalen Werksteinfassade empfangen. Über einem massigen Unterbau erhoben sich torartig zwei Pylone. Auf ihnen thronten ägyptische Streitwagen mit Wagenlenkern, die allein eine Höhe von fünf Metern besaßen. Die Wagen wurden von einem Pantherviergespann gezogen, das aus Kostengründen aus Beton gefertigt worden war. Im Giebelfeld des Portikus standen die von Stadtrat Marx gedichteten Worte: »Nimmer entbehre die strebende Stadt der veredelnden Künste. Opferfreudiger Sinn baute den Musen dies Heim.« Ebenfalls aus Kostengründen wurden alle Seiten und Rückfassaden in Putz ausgeführt.

In der Mittelachse des Haupteingangs lag die Kassenhalle, darüber befanden sich die beiden von den Treppenhäusern flankierten Foyers, die zu den oberen Rängen gehörten. An den Längsseiten waren die Garderoben eingerichtet. Der Zuschauerraum stieg im Parkett relativ stark an. Darüber kragten die drei Ränge frei aus. Die ersten beiden Ränge führte Dülfer bis zum Proszenium, den dritten beschränkte er auf die Saalbreite. Die stuckierte Saaldecke folgte nahezu parallel dem Anstieg des Parketts. Über die Farbigkeit des Zuschauerraums schrieb Stadtbaumeister Friedrich Kullrich: »Die Farbwirkung erreichte ihren Höhepunkt im Zuschauerraume, dessen Architektur in abgetöntem Grau mit mäßiger Vergoldung gehalten ist, während die Wände mit zart rosafarbenem Stoff in schwarzbrauner Einfassung bekleidet sind. Die vornehme und dabei behagliche Stimmung des Raumes erhöht der teilbare Vorhang, dessen goldbraunes Tuch mit einem Saume von reicher Seidenaufnäharbeit bedeckt ist (...). Durch das Mittelfeld der Decke sieht man auf das tiefblaue Himmelsgewölbe hinaus, auf dem zahllose Sterne und das Band der Milchstraße durch Verwendung von Gold-, Silber- und Stahlsplittern aufblitzen.«[13]

Die Proszeniumsöffnung war 11 m breit und 8,55 m hoch. Die dahinter liegende Bühne umfasste eine Fläche von 24 m in der Breite und 16,2 m in der Tiefe. An die Hauptbühne schlossen sich eine Hinter- und eine Nebenbühne an. Das Theater war mit den damals modernen Theatereinrichtungen wie Rundhorizont, Regenmaschine und vertieftem Orchester ausgestattet. Inspizienten- und Beleuchterlogen gehörten ebenso wie drei Arbeitsbühnen zum Programm. Die Sicherheitsvorrichtungen gingen deutlich über das vorgeschriebene Maß hinaus. Auch dazu die Einschätzung Kullrichs:

»Hat Dülfer hiernach seine Aufgabe künstlerisch vollendet gelöst, so hat er in bezug auf alle technischen Anlagen an nichts fehlen lassen, was für den Betrieb und die Sicherheit des Publikums erforderlich ist...«[14]

Die gesamte Anlage kostete einschließlich der gesamten Ausstattung ca. 1 238 000 Mark. Am Bau waren überwiegend Dortmunder Firmen beteiligt – dazu war Dülfer von der Stadt vertraglich verpflichtet worden. Die Rohbauarbeiten übernahm das Baugeschäft Jakob Krieter, die Eisenkonstruktionen fertigte die Firma August Klönne. Der größte Teil der künstlerischen Arbeiten war jedoch an Münchner Künstler und Firmen übertragen worden. Die örtliche Bauleitung lag in den Händen des Architekten Klante, während Kullrich die Oberaufsicht für die Stadt Dortmund führte.

Der seitliche Flügelanbau mit einem Restaurant konnte aus Kostengründen nicht verwirklicht werden. An dessen Stelle wurde 1909, vermutlich nach Entwürfen der städtischen Hochbauabteilung, der Musikpavillon errichtet. Die Baugenehmigung für den Pavillon war am 2. Oktober 1908 erteilt worden. Inwieweit Dülfer Einfluss auf die Gestaltung genommen hat, geht aus dem Bauantrag nicht hervor.[15]

1937 wurde der Zuschauerraum durch die weitgehende Wegnahme der Jugendstildekorationen spürbar purifiziert. Die Baukosten hierfür betrugen 120 000 RM. 1943/44 wurde das Theater durch Bombentreffer stark in Mitleidenschaft gezogen.[16] Das Haus brannte völlig aus. Zunächst hatte man den Wiederaufbau des Theaters für möglich gehalten und öffentlich diskutiert. »Dass es nicht zum Wiederaufbau des 1904 errichteten Stadttheaters, dessen Fassade noch bis 1960 erhalten blieb, kam, lag neben den hohen Restaurierungskosten auch daran, daß die Politiker der ersten Stunde eine Chance darin sahen, durch die Neuplanung einer ›Theaterinsel‹ bisherige Unzulänglichkeiten abstellen zu können. So fiel auch die Fassade des alten Theaters als ›Überbleibsel einer überlebten Stilepoche‹ dem neuen Zeitgeist und der Spitzhacke zum Opfer.«[17]

---

9. Hausakte des Bauordnungsamtes, Bd. 2
10. ebenda
11. ebenda
12. KLEIN: *Martin Dülfer*, 1981
13. Zentralblatt der Bauverwaltung, Berlin 1905
14. ebenda
15. Hausakte des Bauordnungsamtes, Bd. 3
16. ZIELSKE, HARALD: *Deutsche Theaterbauten bis zum Zweiten Weltkrieg,* Berlin 1971
17. GÜNTHER HÖGL, in LUNTOWSKI, GUSTAV u.a.: *Geschichte der Stadt Dortmund,* Dortmund 1994, S. 489f.

Hans Wildermann
(1884–1954)
Bühnenbildner am
Dortmunder Theater
1919–1926

Hans Wildermann:
Entwurf einer dreiteiligen
Mysterienbühne zu
Johann Wolfgang von Goethes
»Faust I«
Dortmund 1923
―
Inszenierung:
Wilhelm Maurenbrecher

Hans Wildermann:
Bühnenbildentwurf
zu Richard Wagners
»Parsifal«, 1. Akt
Dortmund 1920/21

Musikalische Leitung:
Karl Wolfram
Inszenierung:
Johannes Maurach

Hans Wildermann:
Entwurf eines
Einheitsbühnenbildes
zu Friedrich Hebbels
»Gyges und sein Ring«
Dortmund 1924

Inszenierung:
Thur Himmighoffen

Dr. Fritz Mahnke:
Bühnenbildentwurf
zu Richard Wagners
»Parsifal«
Dortmund 1934/35

Inszenierung:
Dr. Georg Hartmann

Ulrike Gärtner

Die farbige Glut der Bühne *Hans Wildermann und das Dortmunder Stadttheater*

1919 holte Johannes Maurach, der neue Intendant des Stadttheaters, Hans Wildermann (1884–1954) nach Dortmund. Der Rheinländer brachte reichhaltige Erfahrung mit: In Düsseldorf, München und Berlin hatte er Malerei, Grafik und Bildhauerei studiert. Zwölf Jahre arbeitete er bereits fürs Theater.

I. Die frühen Arbeiten

1907 entstand Wildermanns erstes Bühnenbild für »Herodes und Mariamne« von Friedrich Hebbel am Kölner Stadttheater. Wildermann legte keinen Wert auf illusionistische Wirklichkeitstreue. So verzichtete er auf unnötige Staffagen, auf ein überladenes Szenenbild. Der Raum war allein mit Vorhängen ausgestattet und mit wenigen kubischen Elementen bestückt. »Von einer kostbaren, raffinierten Primitivität ist diese neue Szene, ganz auf das Typische reduziert«, schrieb das »Kölner Tageblatt« am 8. November 1907.

Wildermann wirkte 1911 bei den Kölner Opernfestspielen mit, hatte freie Hand bei Richard Wagners »Tristan und Isolde«. Er wollte den musikalischen und dichterischen Stimmungsgehalt in Farben und Formen übertragen. Seine Bühnenbilder waren auf Wesentliches reduziert. Sie wurden jedoch heftig kritisiert. Die Presse entrüstete sich, warnte vor künftigen Taten und fürchtete, dass Wildermann die Bühne demnächst mit Telegrafenstangen bestücken könnte. Schon eine Pappel, die Wildermann statt einer Linde verwendete, war eine Pressemitteilung wert. Der Künstler erinnerte sich:

»Bei Wagnerischen Werken (…) waltete ein starres Festhalten an den Vorschriften des Meisters. Jede Abweichung, auch die kleinste, galt als Verrat am Willen des Unfehlbaren. So, wie 1883 die Dinge in Bayreuth von ihm verlassen, so waren sie nach Meinung der Hypnotisierten sein letzter Wille.«

Wildermann agierte ganz im Sinne des Theaterreformers Adolphe Appia, dessen Schrift »Die Musik und die Inszenierung« 1899 wichtigen Impuls für eine Erneuerung der Wagner-Inszenierungen gegeben hatte. Nicht nur Appia, auch viele andere Künstler verstanden das Theater als eine Art Gesamtkunstwerk, als Mutter aller Künste, die Dichtung, Schauspiel, Musik, Malerei, Plastik und Architektur zusammenführt. Appia regte an, die Bühne vom Wust der Illusionsmittel zu befreien und war überzeugt: »Das Auge zu täuschen hat innerhalb der echten Kunst keinen Wert.« So löste sich seit etwa 1900 das Theater Schritt um Schritt von Historismus und Naturalismus, von der gemalten illusionistischen Kulisse.

II. Rhythmus von Form und Farbe

In Dortmund konnte Wildermann sich als Erneuerer der Szene beweisen. Er beseitigte den Historienkram der alten Kulissenbühne, entrümpelte das Theater von überalterten Ideen und sorgte für das, was an anderem Ort bereits vollzogen worden war: »Die neue farbige Glut der Bühne, die die im ewigen Kohlenstaub atmenden Menschen anglühte, frappierte zwar erst und machte sie zu Widersachern. Aber dieser Stachel hatte auffrischende Lebensfreude, erweckende Kraft in sich.«

Wildermann war überzeugt: »In einem Hoftheater wäre es ganz unmöglich gewesen, das zu leisten, was man in der aktivistischen

Atmosphäre dieses künstlerischen Neulandes wagen durfte.« Leuchtende Farben, einfache Formen und eine ausgeklügelte Lichtregie waren seine stilbildenden Elemente. »Es waren Bilder von feinstem Reiz der Beleuchtung, der Farben, der Stimmung«, goutierte die »Dortmunder Zeitung« am 15. September 1919 nach der Aufführung von Ludwig Thuillies »Lobetanz«. Am gleichen Tag schwärmte die »Tremonia«, es herrsche ein völlig neuer Geist in den Kulissen. Sie lobte das Stück »Die Nibelungen« von Hebbel, mit dem Wildermann ins Rampenlicht trat. Und am 6. Oktober 1919 verkündete dasselbe Blatt: »Die Attrappe stirbt aus, langsam, aber sie stirbt, Rhythmus der Form und Farbe ist das Panier.«

Einfach und streng war die Bühnenarchitektur bei den »Nibelungen«, Turmwände nach geometrischen Formen aufgestellt, umschlossen den Spielraum. Der »Zweck ist, das Wort wieder vollständig in den Vordergrund treten zu lassen und die Dekorationen nur als Illustration der Handlung, nicht als Selbstzweck, zu betrachten. So werden z. B. für verschiedene Szenen dieselben Dekorationen in anderen Farbenreflexen benutzt (...) Dadurch wird eine strenge Einheitlichkeit aus der Szenerie und eine Annäherung an die Shakespearebühne erzeugt.« (»Tremonia«, 15.9.1919)

Aber auch städtische Finanzen zwangen zur Einfachheit. Wildermann erinnerte sich: »Die Pflege der Theaterkunst (...) war damals nicht leicht. Aber weder die Unruhen noch die Härten der Besatzung hinderten oder durchkreuzten meine Arbeit. Dagegen kam grade das Gebot der Stunde, mit den materiellen Mitteln aufs sparsamste umzugehen, meinen Bestrebungen sehr zustatten. Was zehn Jahre früher ästhetische Absicht war, die Reduktion der dekorativen Illusion (...), das wurde jetzt wirtschaftliche Forderung.«

Bei der Inszenierung des Stücks spielte die Farbgebung eine große Bedeutung. Ausgangspunkt war dabei das dichterische Wort. Dies zeigte sich nicht zuletzt im fünften Akt der »Nibelungen«. Hier stand »Kriemhilds Gestalt in tiefem Violett gegen das Azurblau des gestirnten Himmels (...).Und Utes Worte wandeln den Raum und füllen ihn mit der Traumfarbe der Nacht (...), mit dem Aufschrei ›Heiliger Gott!‹ bricht Fackellicht in das im Raum gespannte Blau – hart, blitzend zuckt das Orangegelb auf, im Kampf mit ihm – erstirbt das Blau. Siegfried ist tot. In des Hasses, der Rache und des Neides graugelblicher Tinktur verbleicht das Ende der Szene.«

Wildermann bekannte sich zu Goethes Farbenlehre. Sie war Leitfaden seiner szenischen Arbeit auch 1923 bei der Inszenierung von Goethes »Faust«. Das Bühnenbild, eine dreiteilige Mysterienbühne, war stark vom Expressionismus geprägt. Wie Kirchenfenster leuchteten über dem Triptychon gezackte transparente Flächen auf. Wieder führten kräftige Farben durch das Drama:

»Das erkenntnisfreudige und mutige Gelb, das Gold der Sonne, gibt den Engeln Stärke – der Anfang.

Das sehnsüchtige und fromme Blau, am Himmelszelt der Mater gloriosa, nimmt Faust erlösend in sich auf – das Ende.

Das fort und fort wirkende aggressive Rot – Mephisto – führt den Helden durch den farbigen Abglanz des Lebens – die Handlung.«

III. Beifall und Kritik

Wildermann stattete in Dortmund rund 145 Stücke aus. Das Spektrum ist beachtlich. Zahlreiche Opern wurden inszeniert, als Karl Schäffer die Intendanz übernommen hatte. Vor allem Wagner bestimmte das Programm. Der »Ring« wurde aufgeführt. »Parsifal« hinterließ einen nachhaltigen Eindruck. Es war die beliebteste Oper, mehrfach neu inszeniert. Doch ebenso waren Opern von Beethoven, Bizet, Humperdinck, Mozart, Puccini, Strauss und Verdi zu erleben.

Dazu großes Theater mit klassischen Stücken: Werke von Goethe, Grabbe, Hebbel, Kleist, Schiller und Shakespeare wurden neu interpretiert. Aber auch beißender Spott war von der Bühne zu hören: »Der Snob« von Carl Sternheim karikierte 1920 die bürgerliche Gesellschaft, ihr Streben, ihre Werte. Das Stück fand keine Zustimmung beim Publikum. Pikiert schrieb die »Dortmunder Zeitung« am 25. Mai 1920, Wildermanns Bühnenbild sei immerhin »geschmackvoller als die Phantasie des Dichters«.

Kritik an modernen Stücken schreckte aber nicht ab: Im Oktober war Sternheims spitze Satire »Bürger Schippel« zu sehen. Wie in vielen Städten Deutschlands wurde auch das Schauspiel »Gas« von Georg Kaiser inszeniert, eine scharfe Anklage gegen industrielle Automation, Krieg und soziales Elend.

Begeisterungsstürme löste die Aufführung des »Wilhelm Tell« am 2. Februar 1923 aus; politischer Hintergrund war die französische Besetzung des Ruhrgebiets. Nach dem Rütlischwur wurde applaudiert. Es erklang das Deutschlandlied. Dies war allerdings nicht nur ein Dortmunder Phänomen. Ab 1919 wurde auf deutschen Bühnen das Drama zum Agitationsstück wider den einstigen Weltkriegsgegner umfunktioniert: Die oberschwäbische Stadt Biberach an der Riß kündigte den »Tell« 1923 gar mit dem Zusatz an: »Für unsere Helden im Ruhrgebiet!«

Nicht alle Bühnenbilder Wildermanns wurden mit Begeisterung aufgenommen. Anlass zu scharfer Kritik war z. B. die Einheitsdekoration in Hebbels »Gyges und sein Ring«: Sie bestand aus einer Treppe als selbstständigem architektonischem Aufbau. Achsensymmetrisch angelegt, bot sie drei Plateaus für das Spiel. Hinter der obersten Spielfläche war eine Wand in Form eines Quadrats platziert. Es wurde im letzten Akt rot beleuchtet, erstrahlte vor einem dunkellila Dreieck im Hintergrund. Konstruktivismus pur.

Das befremdete und animierte zu der Frage: »Dient Hebbel nur als Füllung für Wildermanns Form?« (»Generalanzeiger«, 15.2.1924) Und die Dortmunder riefen aus: »Wir wünschen etwas mehr Achtung vor dem Dichter!« (»Dortmunder Zeitung«, 15.2.1924) – Noch war das Publikum nicht bereit, auch jüngste künstlerische Entwicklungen anzunehmen – wie die Reduktion auf geometrische Grundformen, die insbesondere vom Bauhaus propagiert wurde.

Wildermann, aufgeschlossen für neue Ideen, musste in Dortmund viele Zugeständnisse machen. Weitaus ungewöhnlichere Einheitsbühnen konnte z.B. der Bildhauer Gustav Singer zeitgleich für die Theater in Oberhausen und Köln entwickeln. Die große Theaterrevolte, die deutsche und europäische Bühnen dank provokanter Ideen moderner Künstler erlebten, ging letztlich an Dortmund vorbei. Hier wurden keine radikalen Ideen à la Futurismus formuliert. Hier wurde nicht geschockt. Das Theater war nicht vulgär und aggressiv. Niemand forderte ein Maschinentheater. Niemand verkündete, der Schauspieler sei ein unnötiges Element. Kein Dadaist betrat die Bühne und proklamierte: »Gadji beri bimba ... blassa galassasa tuffm i zimbrabim.« Nicht einer aktivierte mit Knallerbsen das Publikum oder beschimpfte die Zuschauer: »Und Ihre deutschen Dichter von Goethe bis Werfel und von Schiller bis Hasenclever gehören in den Abort getunkt!«

Anderenorts war das Theater frecher. Aber Dortmund konnte sich glücklich schätzen, dass Schauspiel und Oper dank Wildermann von alten Kulissen befreit und expressiver wurden. Ohne Frage zählte er zur Theater-Avantgarde. Das zeigte sich auch 1924 auf der Wiener »Internationalen Ausstellung neuer Theatertechnik«, die Friedrich Kiesler organisierte. Hier wurde eine Bilanz mit szenischen Arbeiten und Manifesten von über 80 Künstlern gezogen. Große Namen wie Marinetti, Prampolini, Depero, Lissitzky, Exter, Léger, Braque, Schwitters, Schlemmer, Moholy-Nagy waren selbstverständlich vertreten, aber auch Hans Wildermann. Er zeigte Szenenentwürfe zu der Kölner Aufführung von »Tristan und Isolde« und zum »Fidelio«, 1920 in Dortmund ausgeführt.

IV. »Unverwischbarer Einfluss«

Wildermann schuf unermüdlich, nicht nur als Bühnenbildner. Skulpturen, Gemälde und Grafiken entstanden. Er illustrierte zahlreiche

Bücher, gab den Almanach der Deutschen Musikbücherei heraus. 1926 erhielt er einen Ruf nach Breslau, um als Professor an der Staatlichen Akademie für Kunst und Kunstgewerbe das Fach Theatermalerei zu unterrichten. Dafür verließ er Dortmund für immer.

Sein Weggang rief Bedauern hervor. Albert Baum, Direktor des Kunst- und Gewerbemuseums, formulierte einen »ehrenvollen Nachruf«: Er erinnerte mit einigen Werken an den Künstler – »und dem Dortmunder Publikum wird gezeigt, was es an Wildermann hatte«. Die Presse zeigte sich überzeugt, dass sein »Einfluß auf die Geschmacksbildung der in der Malerei traditionslosen Industriestadt Dortmund unverwischbar sein wird«, so die »Westfälische Allgemeine Volkszeitung« am 13. Oktober 1926.

Wildermanns Arbeit geriet trotzdem in Vergessenheit. Die Jubiläumsschrift zum 25-jährigen Bestehen des Dortmunder Stadttheaters erwähnt noch seinen Namen, bildet aber nur szenische Arbeiten seines Nachfolgers ab. In den 30er Jahren wurden Wildermanns Kunstwerke aus der Schausammlung des Dortmunder Museums entfernt. Sein Triptychon »Transfiguration« (1924) wurde 1937 als »entartet« deklariert und von den Nationalsozialisten nach Berlin abtransportiert.

Literatur

WILDERMANN, HANS: *Der beflügelte Elch*, Emsdetten 1968
LA NIER-KUHNT, IRMHILD: *Philosophie und Bühnenbild. Leben und Werk des Szenikers Hans Wildermann*, Emsdetten 1970
BRAUNECK, MANFRED: *Theater im 20. Jahrhundert. Programmschriften, Stilperioden, Reformmodelle*, Reinbek bei Hamburg 1982

Werner Häußner

Das Dortmunder Theater 1904 bis 1944 *Personen und Entwicklungen*

Hans Gelling
1904–1907 erster
(Privat-) Direktor des
neuen Stadttheaters
(Vereinigte Stadt-
Theater Essen–
Dortmund)

Der Gruß gilt dem »lieben Dortmunder Publikum«: Auf einem Zeitungsfoto sitzt eine Dame im Dirndl am Wegrand. Eine Wiese, ein Baum, ein behäbiges Bauernhaus im Hintergrund. Juliana Doederlein schreibt aus ihrer »schönen bayrischen Heimat«, wo sie ihren Urlaub genießt. »Künstler grüßen aus den Ferien« steht über dem Foto, das irgendwann im Sommer 1936 in einem Dortmunder Blatt erschienen ist. Eine Sängerin des Stadttheaters wendet sich über die Zeitung an ihr Publikum: »Ich hoffe auch in der kommenden Spielzeit manche genussreiche Stunde bereiten zu können und fange gleich in einer meiner Lieblingspartien, als ›Eva‹ in den Meistersingern, an.«[1]

Gibt es ein sprechenderes Zeugnis für die Verbundenheit zwischen einer Künstlerin und ihrem Publikum als diese Ferienpostkarte per Zeitung? Juliana Doederlein, 1935–40 viel beschäftigte »Erste Zwischenfachsängerin« am Dortmunder Stadttheater, war wohl nicht die einzige, die ihren Fans in der spielfreien Zeit einen Gruß geschickt hat. Doch diese Meldung wurde von jemandem ausgeschnitten, in seine Ausschnitt-Sammlung geklebt und später dem Archiv der Dortmunder Bühnen überlassen – ein rares Dokument einer intensiven Beziehung zwischen Künstlern und ihrem Publikum. Was heute vielleicht unter dem Stichwort »Kundenbindung« angestrebt wird, lässt sich für die ersten Jahrzehnte des Dortmunder Hauses als ein konstitutives Merkmal des Theaterlebens rekonstruieren: In Zeiten, in denen das Fernsehen nicht existierte, das Radio seinen Siegeszug erst antreten sollte und nur das Kino allmählich zum Massenmedium heranwuchs, waren die Bühnenkünstler die »Stars«, auf die sich das Interesse der Menschen richtete.

Sie waren in den überschaubaren bürgerlichen Kreisen auch einer rasch wachsenden Stadt wie Dortmund präsent als die Protagonisten der repräsentativen Hochkultur, in der sich die Gesellschaft spiegelte und mit der sie sich und ihre Werte feierte; sie verkörperten allabendlich im Lach- und Unterhaltungstheater die trivialen Träume der »kleinen« Leute, waren die Akteure auf der Bühne, auf die sich Visionen und Illusionen projizieren ließen. Als Personen changierten sie zwischen der Welt des Alltäglichen und des Theaters, einer geheimnisvollen, erregenden, anrüchigen, faszinierenden, gering geschätzten, hochgejubelten, gefährlichen, entfesselten, begehrten Sphäre. Im Gegensatz zum Fernseh- oder Kinostar, dessen private Existenz erst mühevoll medial erschlossen und vermittelt werden musste, waren die Bühnenkünstler damals als Personen im Alltag erlebbar, denn sie gehörten zur städtischen Gesellschaft. Doch gleichzeitig waren sie ihr Abend für Abend enthoben, wenn sie ihre Rollen spielten.

Es mag dieser »romantische« Aspekt des erfahrbaren gegenseitigen Durchdringens zweier Welten sein, der das Publikum an »seinen« Künstlern fasziniert hat – und das ungleich intensiver als heute, wo Mobilität und Medien solche damals viel geschlosseneren Beziehungsgeflechte aufgebrochen und in globale Dimensionen erweitert haben.

---
1. Archiv Theater Dortmund, undatierter Zeitungsausschnitt (das Veröffentlichungsjahr 1936 ist aus dem Inhalt zu erschließen)

Wenn dieser Beitrag an einige Künstlerinnen und Künstler von einst erinnert, begibt er sich in einen Bereich, im dem die Zeit eine gnadenlose Herrschaft ausübt. Denn die Bühnenkunst lebt aus dem Augenblick. Eine Vorstellung im Theater ist unwiderruflich vorbei, wenn der Vorhang fällt. Ein Bühnenkünstler überlebte in den Zeiten vor Schallplatte, Kamera und DVD ausschließlich in der Erinnerung. Solche Erinnerungen, subjektiv, ausgewählt, zufällig, sind meist die einzige Möglichkeit, um sich heute den Dortmunder Stars zwischen 1904 und 1944 zu nähern. Da das komplette Theaterarchiv 1944 vernichtet wurde, sind Kritiken aus den Zeitungen die bedeutendsten Quellen. Sie auszuwerten würde allerdings jahrelange Arbeit erfordern. Daher kann dieser Beitrag nur Ausschnitte bieten. Gäbe es nicht einen kleinen Bestand erhaltener Programmhefte und Theaterblätter im Archiv des Theaters Dortmund, gäbe es nicht den Nachlass des einstigen Chefdramaturgen der Bühne, Arthur Mämpel, im Stadtarchiv², wäre es heute nur mehr schwer möglich, sich über die Geschichte des Hauses am Hiltropwall einen detaillierten Überblick zu verschaffen.

I. Die »fetten Jahre« 1904–1914

Der erste Direktor der Vereinigten Stadttheater Essen und Dortmund, Hans Gelling, eröffnete am 17. September 1904 den repräsentativen Theaterbau des Münchner Architekten Martin Dülfer mit Richard Wagners »Tannhäuser« und – einen Tag später – mit Friedrich Schillers »Wilhelm Tell« als erster Schauspielpremiere, zwei typischen Stücken des bürgerlichen Repräsentiertheaters, das Gelling offenbar in der Arbeiterstadt Dortmund durchzusetzen beabsichtigte.³ Der »in der bürgerlich saturierten Gesellschaft befangene« Theaterdirektor⁴ lehnte es zunächst sogar ab, »Volksvorstellungen« zu geben, die jedoch bereits in der ersten Spielzeit an Sonntagnachmittagen eingeführt wurden.

Die künstlerische Bewertung der drei Spielzeiten unter Gelling schwankt; während Mämpel von »beachtlicher Höhe« spricht⁵, konstatieren andere »Mittelmäßigkeit« und eine »Scheinblüte« der ersten Jahre⁶. Das Publikum war, glaubt man den eher kritischen Stimmen, begeisterungsfähig, aber unerfahren. Es spendete unkritisch Beifall und zeigte sich bereitwillig, »das neu erbaute Theater und die Künstler in jeder Weise durch regen Besuch und ausgiebigen Beifall zu unterstützen«⁷. Die Presse, die das Theater später oft mit fundierter Kritik begleitete, tat es ihm gleich. Der Redakteur der »Morgenpost« schrieb anlässlich der Uraufführung der heute verschollenen Oper »Buddha« von Max Vogrich am 28. November 1904, es steckten »Ewigkeitswerte« in dieser Schöpfung und der Komponist sei Richard Wagner »unstreitig« ebenbürtig⁸.

Schon 1905 geriet die Theaterehe Essen/Dortmund in die Kritik; in Essen bemängelte die Presse Rückgang der Leistungen, Stagnation des Spielplans und Fehlen des modernen Dramas⁹. Gelling verlor den Rückhalt der Dortmunder Theaterkommission, als man unklare Buchführung feststellte und einen um mehr als das Doppelte höheren Reingewinn errechnete, als von Gelling angegeben worden war¹⁰. Im Frühjahr 1907 übernahm der bisherige Opernregisseur Alois Hofmann als »Städtischer Theaterdirektor« die Leitung des Dortmunder Hauses¹¹, das bereits in der Saison 1905/06 keinen Gewinn mehr abwarf und für die Spielzeit 1907/08 ein Defizit von 50 667,95 Mark registrierte¹². Schon in der ersten Saison waren bei 135 Musiktheater- und 95 Schauspielvorstellungen mit 137 560 Zuschauern die 1200 Plätze des Hauses im Durchschnitt nur zur Hälfte verkauft – Tendenz offenbar sinkend, denn 1907 wurde der geringe Besuch beklagt und auf die scharfen Kritiken in der Presse zurückgeführt.¹³

Richard Gsell, Intendant der Jahre 1927 bis 1933, hat die Zeit vor dem Ersten Weltkrieg dennoch als »glücklich« charakterisiert. In seiner Rede zur 25-Jahr-Feier am 22. März 1930 heißt es: »1904 bis 1914! In der rund 200 Jahre alten deutschen Theatertradition gab es bestimmt nie fettere Jahre für das Theater. Neue Stücke die Menge, kein Kino, kein Radio, kein

Alois Hofmann inszenierte 1904 als Oberregisseur die Eröffnungsvorstellung »Tannhäuser« und wurde von 1907 bis 1913 als erster »städtischer« Theaterdirektor Nachfolger Gellings.

Sechstagerennen und keine Boxkämpfe. Allerdings nur eine eng umgrenzte, gesellschaftlich gebundene bürgerliche Zuschauerschaft, aber eine einheitliche. Mit dem Weltkrieg kam der gewaltige Einschnitt.«[14]

Die Spielpläne der Jahre bis 1914 unterschieden sich kaum von denen anderer deutscher Stadttheater. Den Wagner-Schwerpunkt teilte Dortmund selbst mit kleinen Theatern. Unter den 47 aufgeführten Opern der Eröffnungsspielzeit sind »Tannhäuser«, »Lohengrin«, der gesamte »Ring« und die »Meistersinger von Nürnberg«. »Der fliegende Holländer« folgte 1905/06, »Tristan und Isolde« 1906/07 und »Rienzi« 1907/08. Bemerkenswert war die Pflege der Mozart-Opern: Schon in der ersten Saison kamen »Don Giovanni«, »Die Zauberflöte« und »Die Entführung aus dem Serail« heraus; 1906/07 komplettierte »Die Hochzeit des Figaro« und 1910/11 »Così fan tutte« die Liste der fünf häufig gegebenen Mozart-Opern. Dazu trat 1907/08 eine Aufführung von »Bastien und Bastienne«. Extra vermerkt war bei der Premiere am 7. Januar 1911, dass »Così fan tutte« erstmals »nach dem Original« in einer Einrichtung des königlichen Residenztheaters München gegeben wurde[15] – »Così« war bis weit ins 20. Jahrhundert hinein das seltenste unter den verbreiteten fünf Mozart-Werken: Es galt als anstößig und wurde häufig unter anderem Titel und in entstellenden Bearbeitungen aufgeführt.[16]

Das auffällig weit gehende Fehlen der französischen *opéra comique* ist wohl ein Indiz für den selbst gesteckten Anspruch des Dortmunder Hauses, mit Bühnen wie Köln und Düsseldorf gleichzuziehen. Von Daniel François Esprit Auber wurde lediglich »Fra Diavolo« gegeben, daneben fanden sich »Der Postillon von Lonjumeau« von Adolphe Adam, »Das Glöckchen des Eremiten« von Louis Aimé Maillart und »Die Glocken von Corneville« von Robert Planquette. Allerdings pflegte man die moderne italienische Spieloper: Ermanno Wolf-Ferraris »Die neugierigen Frauen« erschienen schon ein Jahr nach ihrer Münchner Uraufführung (1903) in Dortmund, später folgten »Susannes Geheimnis« (1912/13) und der »Der Schmuck der Madonna« (1913/14). Außer Giacomo Meyerbeers großen Werken wie »Der Prophet«, »Die Afrikanerin« und »Die Hugenotten« ließ Gelling Hector Berlioz' »Fausts Verdammung« aufführen. Mehrfach gespielt wurde ab 1910 »Quo vadis?« von Jean Noguès. Die damals brandneue »große Oper in fünf Aufzügen« basiert auf dem Bestseller von Henryk Sinkiewicz und scheint in Dortmund bis zum Ersten Weltkrieg beliebt gewesen zu sein.[17] Jules Massenets »Werther«, Camille Saint-Saëns' »Samson und Dalila«, Ambroise Tho-

---

2. Stadtarchiv Dortmund (StadtADo,), Best. 481 (Nachlass Mämpel)
3. Dortmund hatte 1907 etwa 200 000 Einwohner, davon waren 140 000 Arbeiter; vgl. TENBERGEN, ALBERT: *Der Anfang des Dortmunder Stadttheaters im Lichte der Presse, um 1946* (maschinenschriftliches Manuskript), StadtADo, Best. 481, Nr. 114
4. MÄMPEL, ARTHUR: *500 Jahre Tradition – 75 Jahre im kommunalen Auftrag*, in: *75 Jahre Städtisches Theater in Dortmund 1904–1979*, Dortmund 1979, S. 52.
5. ebenda, S. 52.
6. TENBERGEN: *Der Anfang*, S. 22.
7. ebenda, S. 10
8. ebenda
9. DE FRIES, FRIEDRICH: *Die Entwicklung der Dortmunder Oper*, 1946 (maschinenschriftliches Manuskript), StadtADo, Best. 481, Nr. 108, S. 429f.
10. TENBERGEN: *Der Anfang*, S. 12.
11. MÄMPEL: *500 Jahre Tradition*, S. 53; Hofmann starb 1927 als Hofrat und Professor in Wien; vgl. *Ihre Karriere...*, Zeitungsausschnitt vom 6. Juli 1958
12. so wiedergegeben bei Tenbergen, S. 21.
13. RUDEL, STEFAN: *Ist es eine Komödie, ist es eine Tragödie: Theater in Dortmund*, in: FRAMKE, GISELA (Hrsg.): *8 Stunden sind kein Tag. Freizeit und Vergnügen in Dortmund 1870 bis 1939*, Dortmund o. J., S. 202; TENBERGEN: *Der Anfang*, S. 21/22.
14. zitiert bei DE FRIES: *Die Entwicklung*, S. 437.
15. Vermerk auf dem Theaterzettel, Archiv Theater Dortmund. Es handelt sich wohl um die Fassung HERMANN LEVIS, die 1897 unter musikalischer Leitung von Richard Strauss an der Münchner Hofbühne aufgeführt wurde.
16. vgl. CSAMPAI, ATTILA/HOLLAND, DIETMAR (Hrsg.): *Così fan tutte*, Reinbek bei Hamburg 1984, darin: HORTSCHANSKY, KLAUS: *Gegen Unwahrscheinlichkeit und Frivolität: Die Bearbeitungen im 19. Jahrhundert*, S. 205–224

mas' »Mignon«, Jacques Fromental Elie Halévys »Die Jüdin«, Charles Gounods »Faust« und natürlich Georges Bizets »Carmen« komplettierten das französische Repertoire.

Schüchterne Bemühungen um damals moderne Musiktheaterwerke endeten in peinlichen Flops, etwa mit dem bereits erwähnten »Buddha« oder im Februar 1905 mit »Sol Hatchuel« von Bernard de Lisle, als »vollständige Niete«[18] verurteilt. 1906/07 leitete der später in Wien als Dirigent und Komponist zu hohen Ehren gekommene Komponist Leopold Reichwein[19] die überall in Deutschland erfolgreiche Oper »Der Bärenhäuter« des Wagner-Sohns Siegfried. Von dem »hier lebenden Komponisten« Ewald Giehl präsentierte das Dortmunder Theater 1913 das musikalische Lustspiel »Der Liebeskrug« auf einen Text des Dortmunder Dichters Rudolf Eckardt; 1911 nahm es »Der Weiberkrieg« des heute ebenfalls vergessenen Felix Woyrsch zur Uraufführung an.

In den Jahren ab 1907 etablierte sich Dortmund als Zentrum der Strauss-Pflege: Nach dem Erfolg der »Salome« folgten, stets wenige Wochen nach der Uraufführung, »Der Rosenkavalier« und »Ariadne auf Naxos«, außerdem »Elektra«. Nicht alle Dortmunder Kritiker waren überzeugt. Der »Rosenkavalier« sei zwar ein Werk von »zahlreichen musikalischen Schönheiten«, doch begegne man auch »vielen Geschmacklosigkeiten, die zum Teil allem musikästhetischem Empfinden Hohn sprechen«, heißt es in einer Vorrezension der Oper[20]. Richard Strauss war neben Giacomo Puccini der Einzige unter den Komponisten aus dieser Zeit, der sich in einem Repertoire, das damals bereits Anzeichen der Erstarrung trug, dauerhaft etablieren konnte.

II. Stars im Kaiserreich

Irgendwann im Sommer 1907 traf eine 25-jährige Wienerin in Dortmund ein, bezog eine Wohnung in der Weißbachstraße 14 und bereitete sich auf ihr Debüt vor. Die Mezzosopranistin hieß Helene Wehrenpfennig und sang am 15. September 1907 in der Premiere zur Eröffnung der Spielzeit die Amneris in Giuseppe Verdis »Aida«[21]. Die Kritik nannte sie an erster Stelle: »Die Dame verfügt über eine wohlklingende, weittragende und in allen Lagen ausgeglichene Stimme. Schulung und Gesangstechnik genügen hohen Ansprüchen.«[22] In den folgenden acht Monaten musste die Anfängerin nicht weniger als 23 Partien singen, von der lyrisch-spielerischen Nancy in Friedrich von Flotows »Martha« über das dramatische italienische Fach (Azucena in Verdis »Troubadour«) bis hin zu den hochdramatischen Wagner-Partien Adriano (»Rienzi«), Ortrud (»Lohengrin«), Fricka (»Walküre«) und Brangäne (»Tristan und Isolde«). Bei der Dortmunder Erstaufführung der »Salome« war sie die Herodias.

Die hohe Zahl der zu singenden Partien war für Sängerinnen und Sänger in einem Opernensemble damals nicht außergewöhnlich. Das Repertoire einer Spielzeit umfasste selbst an kleinen Häusern bis zu 50 musikalische Werke, die je nach Publikumsinteresse zwischen zwei- und achtmal aufgeführt wurden.[23] Vielseitigkeit, Flexibilität, ausgezeichnetes Gedächtnis, Belastbarkeit und eine krisenfeste Gesangstechnik waren unabdingbar, wollte ein Interpret auf Dauer bestehen.

An den Kritiken dieser Zeit, nicht zuletzt in Dortmunder Zeitungen, lässt sich nachweisen, dass die gesanglichen Leistungen im Interesse des Publikums und im Urteil der Rezensenten einen viel prominenteren Stellenwert als heute einnehmen. Regie bedeutete bis in die 1920er Jahre fast ausnahmslos Arrangement von Auf- und Abgängen und von festgelegten Mustern für Ensembles und Finali; die Darsteller gestalteten ihre Soli mit überlieferten choreografischen Bewegungsmustern und Gesten, die später als erstarrt, lächerlich und pathetisch empfunden wurden.

Helene Wehrenpfennig heiratete den ab 1908 in Dortmund engagierten Tenor Carl Wildbrunn, mit dem sie bis 1914 auf der Bühne am Hiltropwall manchen Triumph feiern konnte. Das Paar trat u. a. auf als Pedro und Martha in Eugen d'Alberts »Tiefland«, als Loge und Fricka im »Rheingold«, als Florestan und Leonore in einem gerühmten »Fidelio«[24], als Wer-

Dr. Johannes Maurach
Intendant
1919–1922

ther und Charlotte in Massenets »Werther«. Anlässlich einer Vorstellung von Meyerbeers »Prophet« konstatierte der Kritiker des »Dortmunder General-Anzeigers«, bei Frau Wildbrunn als Fides sei gesanglich wie darstellerisch »kaum ein Wunsch unerfüllt« geblieben. Die Tenorrolle des Johann van Leyden gehöre zu den »besten Partien Herrn Wildbrunns«[25].

An Carl Wildbrunn, dessen Weg von Prag, wo er als lyrischer Bariton debütiert hatte, über Köln, Wiesbaden und Leipzig nach Dortmund führte, lässt sich beispielhaft zeigen, dass die Kritik die Sänger nicht mit Samthandschuhen anpackte und harte, aber offenbar von Sachkenntnis geprägte Urteile fällte. Während Mämpel Wildbrunn als »großen Tenor« und »ausgezeichneten Sänger« bezeichnet hat[26], urteilte der »Dortmunder General-Anzeiger« etwa anlässlich einer Aufführung von Halévys »Die Jüdin«, der Tenor habe als Eléazar »darstellerisch so hervorragende Momente, dass man sein stimmliches Unvermögen umso schmerzlicher empfand«[27]. Einen Totalverriss musste sich Wildbrunn in einer Kritik zu Carl Maria von Webers »Oberon« gefallen lassen: »…die ganze Aufführung [scheiterte] an der Unzulänglichkeit des Vertreters der Hauptpartie. Von allem, was ich von Hrn. Wildbrunn hörte, war dies die bei weitem mangelhafteste Leistung. (…) Die große Arie im ersten Akt, ein Bravourstück für alle Tenöre, war gestern für das Publikum eine Geduldsprobe und man befürchtete jeden Augenblick eine Katastrophe.«[28]

Offenbar hatte sich Wildbrunn mit dramatischen Rollen wie Tannhäuser, Othello oder Rienzi stimmlich überstrapaziert. Der Sänger beendete wohl auch deshalb 1914 seine Karriere, ging als Regisseur und Vortragsmeister an die Städtische Oper in Berlin-Charlottenburg und siedelte 1919 mit seiner Gattin nach Wien über. Helene Wildbrunn dagegen eroberte sich 1914–1918 in Stuttgart nach und nach dramatische Sopranpartien wie Rezia (»Oberon«), Marschallin (»Der Rosenkavalier«) und Brünnhilde (»Siegfried«), debütierte 1918 in Berlin und 1919 in Wien, wo sie als einer der führenden Soprane ihrer Zeit bis 1932 im Ensemble der Staatsoper blieb. Jürgen Kesting schreibt über ihre Stimme, die sich nur auf wenigen Platten erhalten hat, sie habe »den großen, reichen Ton in der wundervoll ansprechenden tiefen Lage und die durchdringende Intensität sowohl des dramatischen Akzents als auch der lodernden Spitzentöne«[29].

---

17. Die Oper wurde 1909 in Nizza uraufgeführt und erschien 1911 auch in Paris und New York. 1912 drehte ENRICO GUZZONI mit dem Stoff über die Verfolgung der ersten Christen in Rom den ersten Zwei-Stunden-Film der Geschichte. Dazu wurde eine Partitur von Noguès benutzt, die u. a. einen Chor mit 150 Sängern vorsah. Noguès ist weder in »Musik in Geschichte und Gegenwart« noch in »The New Groves Dictionary of Music and Musicians« lexikalisch erfasst.
18. DE FRIES: Die Entwicklung, S. 429.
19. Geboren in Breslau am 16. Mai 1878, gestorben in Wien am 8. April 1945
20. Dortmunder General-Anzeiger vom 1.5.1911
21. Ihre Karriere begann in Dortmund: HELENE WILDBRUNN, Zeitungsausschnitt vom 19.3.1958, StadtADo, Best. 481, Nr. 177. Im Nachlass Mämpel findet sich eine Reihe unsignierter Beiträge einer Zeitungsserie mit dem Titel Ihre Karriere begann in Dortmund, die ab 19. März 1958 in loser Reihenfolge erschien und Erinnerungen an Dortmunder Bühnenkünstler zum Thema hat. Dass die Artikel in den Ruhr-Nachrichten erschienen sind, geht aus den aufgeklebten Ausschnitten nicht hervor, wurde jedoch durch Dipl.-Archivar Hermann J. Bausch festgestellt und mündlich mitgeteilt. Als Autor ist aus den Unterlagen des Nachlasses Arthur Mämpel zu identifizieren.
22. Dortmunder General-Anzeiger vom 16.9.1907
23. So wurden zum Beispiel am Stadttheater von Würzburg, das damals etwa ein Drittel der Einwohner Dortmunds hatte, in der Spielzeit 1904/05 zwischen Oktober und Juni 32 Opern und 13 Operetten gegeben.
24. CARL WILDBRUNN hieß eigentlich KAREL SCHMAUS: geboren am 22. Mai 1873 in Schlau/Böhmen (heute Slan), gestorben am 9. Februar 1938 in Wien. Der „Fidelio" von 1913 ist erwähnt in einem Porträt Wildbrunns in: Ihre Karriere begann in Dortmund: Karl Wildbrunn, in: Ruhr-Nachrichten vom 10. Dezember 1958, StadtADo, Best. 481, Nr. 177.
25. Dortmunder General-Anzeiger vom 2.3.1913
26. Ihre Karriere…, in: Ruhr-Nachrichten vom 10.12.1958
27. Dortmunder General-Anzeiger vom 13.3.1911
28. Dortmunder General-Anzeiger vom 26.12.1911
29. KESTING, JÜRGEN: Die großen Sänger der 20. Jahrhunderts, München 1993

III. Höhepunkte des Schauspiels

Im Schauspiel regierte in der Ägide Gelling und Hofmann das Dreigestirn Schiller/Goethe /Hebbel den Spielplan, daneben stand gleichrangig Shakespeare, u.a. mit einer zyklischen Aufführung der Königsdramen[30]. 1908 und 1910 gab es Aufführungen von »Faust I« und »Faust II« an drei aufeinander folgenden Tagen, 1913 einen Zyklus von vier der sieben im Repertoire stehenden Dramen Friedrich Hebbels zu dessen 100. Geburtstag. Was Gelling[31] bei der Eröffnung des Theaters geschrieben hatte, blieb im Schauspiel für die folgenden Jahrzehnte gültig: »Das Leben wollen wir in bunten Farben vor euch erstehen lassen... Deshalb sei jede beschränkte Einseitigkeit, die rechthaberische Betonung einer ›Richtung‹ verbannt... Daher müssen die Dichterheroen zu Wort kommen, wie die großen nordischen Seelenanalytiker. Die jungen Deutschen, die den philosophischen Gedanken am Beispiel verwirklichen wollen, haben ein Recht angehört zu werden, wie jene, die (...) als höchste Forderung des Satz aufstellen: ›schön leben und sogar schön sterben'.«

Zu den »Seelenanalytikern« und »jungen Deutschen« gehörten in jenen Jahren Henrik Ibsen mit »Nora«, »John Gabriel Borkman«, »Hedda Gabler« und »Die Wildente«, Gerhart Hauptmann mit den »Ratten« und – zu seinem 50. Geburtstag am 15. November 1912 – der Erstaufführung von »Der arme Heinrich«; dazu Hermann Sudermann als weiterer Vertreter des deutschen Naturalismus mit »Die Ehre« und »Heimat«, Ernst von Wildenbruch mit dem Familiendrama »Die Quitzows« und dem »patriotischen Hohenzollern-Drama« mit dem Titel »Der neue Herr«, aber auch Otto von der Pforten mit dem als »patriotisches Schauspiel« angekündigten Stück »1812«. Karl Habermeyer war in diesen Jahren der Oberspielleiter im Dortmunder Schauspiel, dessen Klassiker-Inszenierungen, etwa Goethes »Faust«, allgemein anerkannt wurden[32].

Mit einer Reihe meist aktueller Lustspiele, in rascher Folge hintereinander inszeniert, band das Dortmunder Theater ein Publikum, dessen Bedürfnis nach Unterhaltung noch nicht durch Kino-Komödien oder Fernsehspiele zu befriedigen war. Ein Beispiel ist der Schwank »Mein Baby« von Margaret Mayo, der am 27. November 1911 Premiere hatte. Angekündigt als »größter Lacherfolg seit ›Charleys Tante‹« erfüllte das in Berlin uraufgeführte Stück offenbar die Erwartungen: »Ich habe im Theater selten so anhaltendes, herzliches Lachen gehört ... minutenlang musste die Handlung unterbrochen werden, ehe die Ruhe wieder hergestellt war...«, schrieb der Kritiker des »Dortmunder General-Anzeiger« über die Premiere[33]. Ähnliche Stücke, heute so gut wie alle vergessen, gab es in jeder Spielzeit neu.

Einer der führenden Schauspieler dieser Jahre war ein Charakterdarsteller, der mit der Eröffnung des Theaters in Dortmund begonnen hatte und seine Karriere auch hier beendete: Emil Binder. Geboren in Estland, hatte er schon von Petersburg bis Riga, von Moskau bis Odessa Theater gespielt, bevor er über Bielefeld und Breslau nach Essen kam. Gelling entdeckte in Binder den Charakterspieler, als der er ab 1907 zum Dortmunder Ensemble von Alois Hofmann gehörte. Hier entwickelte er sich zu »einem Mimen, der in der Provinz seinesgleichen zu suchen hatte«.[34] Er war 1904 der Geßler in der Eröffnungspremiere von Schillers »Wilhelm Tell« und feierte Triumphe als Mephisto in Goethes »Faust«: »Herr Binder weiß seinen Mephisto aus Bosheit, Schalkhaftigkeit und Teuflischkeit meisterhaft zusammenzusetzen«, heißt es in einer zeitgenössischen Kritik[35].

Binder überzeugte jedoch nicht nur in Klassikern, sondern etwa auch in Ludwig Anzengrubers Volksstück »Der Meineidbauer«, wo er in der Titelrolle vor eine Aufgabe gestellt war, »die sein großes Charakterisierungsvermögen und seine packende Art der Darstellung glänzend bewältigte«[36]. Die Titelrolle in Lessings »Nathan der Weise« und Schillers König Philipp (»Don Carlos«) gehörten zu seinen gerühmten Glanzleistungen; in späteren Jahren machte er den Schuster Voigt (in Carl Zuckmayers »Der Hauptmann von Köpenick«) zu seiner Paraderolle. Binder schlug alle Angebote renommierter Bühnen aus und ist in der Spielzeit 1943/44 als Ehrenmitglied des Hauses zum letzten Mal unter dem darstellenden Personal genannt[37].

Wenn Hans Bollmann, Direktor zwischen 1913 und 1919, als »Sparsamkeits-Direktor«[38] und als Verwalter braver Mittelmäßigkeit eingeschätzt wird, ist das schon deshalb nicht gerecht, weil in Zeiten des Krieges der Bühne schon aus äußeren Gründen ein künstlerischer Höhenflug verwehrt bleibt. Immerhin hat Bollmann sich in der Oper um damals schon vergessene Werke wie Webers »Silvana« (1916/17) bemüht und mit d'Alberts »Die toten Augen«, einem Kultstück jener Tage, sowie Hans Pfitzners »Der arme Heinrich« (1917/18) das zeitgenössische Opernschaffen nicht ganz vernachlässigt. Im Schauspiel blieb er in eingefahrenen Gleisen, sorgte aber z. B. für die Erstaufführung von Ibsens »Die Wildente«[39].

IV. Die Zwischenkriegszeit

Mit der Übernahme der Leitung des Hauses durch Johannes Maurach 1919 begann in Dortmund eine spannende Zeit des Aufbruchs und der künstlerischen Neuorientierung, die sich mit Karl Schäffer (1922–27) und vor allem Richard Gsell (1927–33) fortsetzte. Die Geschichte des deutschen Stadttheaters in den aufregenden 1920er Jahren ist noch nicht geschrieben; in Dortmund sind wichtige Quellen dazu vor allem aus der Intendanz Schäffers nicht mehr vorhanden oder nur schwer zugänglich[40]. Nach Durchsicht von Spielplänen und Kritiken ist jedoch Mämpels Aussage zuzustimmen, dass nicht nur die oft gerühmten Jahre unter Gsell, sondern auch die Zeit Schäffers »Spielzeiten der Dortmunder Schauspielkunst und Opernbühne [waren], wie sie geschlossener und glanzvoller in dieser Fülle später kaum wieder zustande gekommen sein dürften«[41].

Die Intendanten – Maurach führte als erster diesen Titel – hatten zur Realisierung ehrgeiziger künstlerischer Pläne eine Reihe hervorragender Mitarbeiter wie den 1904–27 am Haus wirkenden Kapellmeister Karl Wolfram[42]. Er leitete nicht nur sämtliche Bühnenwerke Richard Wagners von »Rienzi« bis zur Dortmunder Erstaufführung des »Parsifal« 1921, sondern setzte sich auch für Richard Strauss ein, dessen »Intermezzo« er nach mehr als 100 Proben zu einer gerühmten Aufführung in Bühnenbildern von Hans Wildermann brachte. 1924 bestritt er zum 60. Geburtstag des Komponisten eine Strauss-Woche[43]. Zu erwähnen ist aber auch Thur Himmighoffen[44], der im Mai 1919 als 28-jähriger Dramaturg aus Freiburg nach Dortmund gekommen war und bis 1922 zum Regisseur und Vertreter des Intendanten aufstieg. Er inszenierte im Schauspiel wie in der Oper, darunter bedeutende moderne Werke wie Franz Schrekers »Der ferne Klang« (1922/23). Seine Karriere führte Himmighoffen bereits 1925 als Intendant nach Lübeck; er starb 1944 im Amt als Intendant in Karlsruhe.

Oskar Walleck kam 1925 als Dramaturg und Schauspieler nach Dortmund, inszenierte ab 1926 neben dem verdienstvollen, ab 1913 am Haus tätigen Wilhelm Maurenbrecher im Schauspiel und wandte sich unter Gsell ab 1927 der Oper zu. 1931 verabschiedete er sich,

---

30. DE FRIES: *Die Entwicklung,* S. 431
31. GELLING, HANS: *Was wir wollen!,* in: Dortmunder Theaterzeitung 1904, zitiert bei DE FRIES: *Die Entwicklung,* S. 425
32. So etwa in der »Faust«-Kritik des Dortmunder General-Anzeigers vom 15. November 1910
33. Dortmunder General-Anzeiger vom 28.11.1911
34. *Ihre Karriere...,* in: Ruhr-Nachrichten vom 9.4.1958
35. Dortmunder General-Anzeiger vom 15.11.1910
36. Dortmunder General-Anzeiger vom 12.12.1911
37. Bühnen-Jahrbuch 1944, S. 321
38. DE FRIES: *Die Entwicklung,* S. 434; MÄMPEL: *500 Jahre Tradition,* S. 53f.
39. Erstaufführung am 15. Mai 1914
40. Für die Zeit zwischen 1919 und 1927 sind z. B. im Archiv des Theaters so gut wie keine Unterlagen erhalten.
41. MÄMPEL: *500 Jahre Tradition,* S. 71.
42. Gestorben im Juli 1934 in Baden-Baden.
43. MÄMPEL: *500 Jahre Tradition,* S. 64
44. Himmighoffen wurde am 26. März 1891 in Eisenach geboren und starb am 5. November 1944, vgl. *Ihre Karriere...,* in: Ruhr-Nachrichten vom 1.10.1958

mittlerweile Oberspielleiter der Oper, mit Strauss' »Frau ohne Schatten«. Walleck galt in Dortmund noch als Protagonist des expressionistischen Theaters. Als Intendant in Braunschweig und ab 1934 als Generalintendant der Staatstheater München erwarb er sich jedoch unrühmliche Verdienste durch die Beteiligung an der »fortschreitenden Politisierung des Musikbetriebs mit erpresserischen Methoden« im Sinne des nationalsozialistischen Regimes. Obwohl Parteigenosse und SS-Führer, leitete er nach dem Krieg noch bis 1958 das Landestheater Linz[45].

Die Intendanten-Trias der 1920er Jahre arbeitete in einer Zeit, in der Musik und Theater ebenso wie Literatur und bildende Kunst stürmische Entwicklungen erlebten. 1919, als Maurach begann, veröffentlichte Kurt Schwitters sein Manifest »An alle Bühnen der Welt«, Leopold Jessner inszenierte in Berlin Schillers »Wilhelm Tell« auf einer Treppe und wandelte damit das theatralische Erlebnis grundlegend. Im selben Jahr wurde auch das Bauhaus gegründet, Ernst Barlachs »Der arme Vetter« erschien als ein Protoyp des expressionistischen Dramas in Hamburg und ein Jahr später fand in Berlin die erste Dada-Messe statt[46].

Als die Intendanz auf Gsell überging, war die große Zeit eines Erwin Piscator und eines Max Reinhardt, der 1929 sein Seminar in Wien eröffnete. Wassily Kandinsky stattete in Dessau Modest Mussorgskys »Bilder einer Ausstellung« aus, in Berliner Schiffbauerdamm-Theater kam 1928 Bertolt Brechts »Dreigroschenoper« heraus, die Bühne entwarf Caspar Neher. 1932 veröffentlichte Antonín Artaud »Das Theater der Grausamkeit«. Als Menetekel künftiger Ereignisse erschien in Berlin 1931 Ödön von Horváths »Italienische Nacht«. Und schon 1928 hatte sich der faschistische »Kampfbund für deutsche Kultur« gegründet.

In Bühnenbild wie in Regie zeichnete sich ab, was der Maler und Bühnenbildner Fernand Léger bereits 1924 angesichts von Konsum und Kommerz programmatisch verkündet hatte: »Will er nicht von der gigantischen Inszenierung des modernen Lebens ganz an die Wand gespielt werden, bleibt dem heutigen Künstler (...) nichts anderes übrig, als von seinem ästhetischen Standpunkt her alles, was ihn umgibt, als Rohmaterial zu betrachten und aus dem bunten Wirbel des Alltags die ihm entsprechenden bildnerischen und bühnenmäßigen Werte auszuwählen, um sie dann selber zu einem Schauspiel umzugestalten und sie (...) zu einer höheren szenischen Einheit emporzuführen. (...) Sowohl die unübersehbare Weltbühne als auch die weit engere der öffentlichen Unterhaltung ertragen nur noch Erfinder. Für Arrangeure ist da kein Platz.«[47]

Die theaterästhetischen Folgen waren weitreichend – und Dortmund präsentierte sich mit Regisseuren wie Ernst Reschke, Hans Preß, Richard Gsell und damals auch Oskar Walleck auf der Höhe der Zeit. Nicht auf der des linken politischen Theaters eines Piscator, sondern eher auf der von Max Reinhardts Theater der »vorbildlichen Schauspielkunst«[48]. Und Bühnenbildner wie Hans Wildermann und Walter Giskes sorgten für die »Bühne der Zukunft«, die nicht mehr »wechselnde Attrappe«, nicht mehr gemalte Flächenszenerie, sondern »gegenständlicher und glaubhafter« architektonisch aufgebauter Bühnenraum sein sollte.[49] Eine Bühne, die sich von der illustrativen, rein dekorativen Wirkung der alten, bis zum Ersten Weltkrieg oft aus dem Fundus bedienten Bilder-Bühne verabschiedet hatte und zu einem eigenständigen, dennoch eng mit der Szene und dem szenischen Wort verbundenen Spiel-Raum geworden war. »Die Bühnenkunst ist eine selbständige Kunst«, verkündete 1916 schon Lothar Schreyer[50].

Hans Wildermann[51] war in Dortmund zwischen 1919 und 1926 der Garant für eine avantgardistisch zu nennende Bühnengestaltung. Das Theatermuseum der Universität Köln in Schloss Wahn bewahrt viele seiner Entwürfe auf, die heute noch durch ihre strenge, konzentrierte Geometrie und durch das überlegene Spiel mit dem Raum beeindrucken. Dortmund hatte damals wenig technische Möglichkeiten; weder »Plateau-Versenkungen« noch eine Dreh- oder »Schiebe-Bühne«[52]. Dennoch

Richard Gsell
Intendant
1927–1933

gelang es Wildermann, die »Stilbühne« persönlicher Prägung in einer Weise umzusetzen, die Bewunderung, aber auch heftige Kritik hervorrief (vgl. dazu den Beitrag von Ulrike Gärtner auf den S. 89-92).

Walter Giskes folgte in der Ära Gsell diesen ästhetischen Maximen, lockerte aber die strenge Konsequenz Wildermanns schwungvoll auf und milderte sie bisweilen wieder ins Narrative ab[53]. Fritz Mahnke, der ab 1933 u. a. für Georg Hartmann zahllose Bühnenbilder schuf, neigte – den ästhetischen Maximen der »neuen Zeit« folgend – wieder zu monumentaler Überhöhung, abzulesen etwa an seiner Bühne für Wagners »Parsifal«[54]. Erinnert werden soll auch an den Bühnenbildner und Theatermaler Josef Langs, der von Beginn des Spielbetriebs im neuen Haus bis 1940 in Dortmund tätig war; er schuf traditionelle Bühnendekorationen für Oper, Operette und Schauspiel, so noch 1938 für Ibsens »Gespenster«.

V. Oper der Gegenwart

Die Spielpläne in der Oper waren in der von finanzieller Knappheit und Inflation geprägten Zeit Maurachs und Schäffers von Vorsicht geprägt. Brandneues Musiktheaterschaffen fand sich in Dortmund kaum, doch wurde wenigstens versucht, den Anschluss nicht zu verlieren. Mit Pfitzners »Die Rose vom Liebesgarten« und Ludwig Thuilles »Lobetanz« (1919/20), Strauss' »Feuersnot«, Leo Blechs »Versiegelt« (1920/21) und Puccinis »Gianni Schicchi« (1922/23), dem zwei Spielzeiten später die beiden anderen Teile des »Trittico« folgten, gab es Oper der Gegenwart, zum Teil in avantgardistischen Ausstattungen Wildermanns, deren Beleuchtung, Farben und Stimmungen von bis dahin unerhörtem Reiz gewesen sein müssen.[55]

Die Bewertung der Maurach'schen Intendanz ist nicht eindeutig; Mämpel[56] lobte wohl mit gewissem Recht, Maurach habe »den Ruf des neuzeitlichen Theaters in Dortmund begründet«, dem »Expressionismus sowohl im Spielplan wie in der Darstellung zum Durchbruch verholfen« und gültige Aufführungen von Nachkriegsstücken herausgebracht. Dafür spricht, dass Maurach 1922 vor Erfüllung seines Vertrags als Generalintendant nach Nürnberg berufen wurde.[57] Ein Rückblick zum 25-jährigen Bestehen des neuen Hauses 1929 freilich konstatierte einen »unerhörten Tiefstand der Oper«, ein nicht planmäßig aufgebautes Opernrepertoire, das Fehlen einer zielstrebigen musikalischen Leitung: »Die romantische Oper erschien einer Generation, die ökonomische und soziale Faktoren im Gesellschaftsleben deutlich werden sah, als unzeitgemäße Spielerei«[58].

Unter Karl Schäffer, der 1922 – aus Leipzig kommend – Maurachs Posten einnahm, gab es in fünf Spielzeiten nicht weniger als 30 Produktionen zuvor in Dortmund nicht aufgeführter Opern. Die neuesten waren »Ritter Blau-

Bruno Bergmann
Intendant
1933-1935

---

45. PRIEBERG, FRED K.: *Musik im NS-Staat,* Frankfurt am Main 1982, S. 169/170; vgl. auch: *Ihre Karriere...,* in: Ruhr-Nachrichten vom 17. September 1958. In dieser Laudatio wird die nationalsozialistische Karriere Wallecks mit keinem Wort erwähnt. Auch in anderen Beiträgen der Serie wird bei Opfern und Tätern die Nazizeit totgeschwiegen.

46. JESSNER, LEOPOLD: *Schriften. Theater der zwanziger Jahre,* hrsg. von *Hugo Fetting,* Berlin 1979, S. 155f.

47. LÉGER, FERNAND: *Mensch, Maschine, Malerei,* Bern 1971, S. 151-158

48. REINHARDT, MAX: *Rede über den Schauspieler (1929),* zitiert nach: Brauneck: Theater, S. 353

49. REINHARDT, MAX: *Über das ideale Theater (1928),* zitiert nach: BRAUNECK: Theater, S. 349

50. BRAUNECK, MANFRED: *Theater im 20. Jahrhundert,* Reinbek bei Hamburg (8. Aufl.) 1998, S. 115.

51. Geboren 1884, gestorben 1954

52. DÖRICH, THEODOR: *Zur Inszenierung von Wagners „Rienzi",* in: *Bühnenblatt der Städtischen Bühnen Dortmund,* Heft 8, 5. Jahrgang, 1927/28

53. Ausgabe vom 13. Oktober 1926

54. Inszenierung: GEORG HARTMANN; Premiere am 19. April 1935

55. vgl.: *Ihre Karriere...,* in: Ruhr-Nachrichten vom 3. 12.1958 (zu HANS WILDERMANN)

55. MÄMPEL: *500 Jahre Tradition,* S. 56-59

57. *Ihre Karriere...,* in: Ruhr-Nachrichten vom 29.10.1958 (zu Dr. Joh. Maurach)

58. REINKE, EWALD: *Die Wiedererweckung der Dortmunder Oper,* in: *Das Theater. Festschrift zum 25 jähr. Bestehen der Städt. Bühnen zu Dortmund,* 1929

bart« von Emil Nikolaus von Reznicek, »Palestrina« von Pfitzner sowie zwei Opern des Leipziger Dirigenten Max Ettinger[59], die sofort nach ihren Uraufführungen in Nürnberg auf die Dortmunder Bühne kamen: »Judith« (1922/23) und »Juana« (1926/27). Schäffer brachte bedeutende Werke wie Erich Wolfgang Korngolds »Die tote Stadt« und Hector Berlioz' »Die Trojaner« in Dortmund auf die Bühne[60]; im Schauspiel pflegte er im Großen Haus wie in den Kammerspielen am Ostwall die übliche Mischung aus viel klassischem Bildungsgut und vorsichtig ausgewählten Zeitstücken: Oskar Walleck sorgte mit seiner Inszenierung von Hauptmanns »Hanneles Himmelfahrt«, als »sozialdemokratisch-realistisches (...) gräßliches Machwerk«[61] denunziert, für Wochen anhaltende Diskussionen und einen »durchschlagenden Erfolg«[62].

Schäffer zog sich 1927 – vielleicht nicht ganz freiwillig – ins Privatleben zurück[63]; Richard Gsell übernahm in der Oper ein eingespieltes Ensemble, das er mit Hilfe einer klar umrissenen Konzeption in die wohl bedeutendste Ära des alten Hauses am Hiltropwall führte. Gsell galt als einer der Männer, die »das Zeug dazu hätten, den künstlerisch versandeten Rhein-Ruhr-Kanton aus der provinziellen Sterilität zu erwecken«. Die Festschrift von 1929 spricht außerdem von einer »Wiedererweckung der Oper«, sah im Aufbau des Spielplans eine »überspannende Absicht«. Die Dortmunder Oper sei »entwagnerisiert«, die Neuinszenierungen seien »ohne Rücksicht auf Bayreuther Muster« erfolgt, Wagner habe seine »hohe Pathetik« verloren. Damit nicht vor leeren Bänken gespielt werde, stehe der ganze Lortzing, »befreit von Spießbürgerlichkeit«, auf dem Programm. Die Partituren seien »gereinigt«, die Vereinigung von dramatischer Ausdrucks- und rein musikalischer Form vertrage keine Willkürlichkeiten des Dirigenten. Als Aufgaben wurden für die Dortmunder Oper genannt: Korngold, Bartók, Debussy, Schönberg, Berg und vor allem Mozart.[64]

In der Tat: Wagner stand für Gsell nicht mehr im Vordergrund seiner Opernarbeit. Er brachte Ernst Kreneks Jahrhunderterfolg »Jonny spielt auf« heraus, kombinierte sofort nach deren Uraufführung die Einakter »Scherz, List und Rache« von Egon Wellesz und »Der Zar lässt sich photographieren« von Kurt Weill mit dem auch erst fünf Jahre alten »Meister Pedros Puppenspiel« von Manuel de Falla zu einem Abend. Die Erstaufführung von Leoš Janáčeks »Jenufa« im Juni 1928 lobte die Kritik als bedeutendste Premiere unter den Novitäten der Spielzeit. Die Begründung allerdings lässt aufhorchen: »Endlich, so wird mancher sagen, einmal wieder ein Werk, dem man ohne starke Unlustgefühle von Anfang bis zum Schluss mit Interesse folgt, zudem ein Werk, über dem noch die würzige Luft der Landschaft und des Volkstums sich ausbreitet.«[65] – Zwei Jahre später sollte derselbe Rezensent mit dem Kürzel -ff in scharfen Worten kritisieren, dass ausgerechnet zur Feier des 25-jährigen Jubiläums des neuen Hauses ein Dringlichkeitsantrag in der Dortmunder Stadtverordnetenversammlung verlange, das Theater solle die Proben zu Weills »Mahagonny« absetzen. Als Antragsteller werden die NSDAP, die Wirtschaftspartei und der Evangelische Volksdienst genannt; das Zentrum machte sogar seine Zustimmung zum Theateretat davon abhängig. Aber »nicht darum dreht es sich, ob ›Mahagonny‹ gut oder schlecht als Kunstwerk, nicht darum, dass man es, nur weil es modern ist, bejahen soll (...), sondern um die Feigheit, die in einer solchen Flucht vor zeitgenössischem Werk liegt. Ein solcher Selbstbetrug um das Heute ist ein Verbrechen, das der Großstadt Dortmund, dieser Stadt des kommenden Tages, nicht zur Ehre gereichen kann.«[66] Tatsächlich wurde das Stück, das in Berlin einen der größten Theaterskandale der Weimarer Republik hervorgerufen hatte, in Dortmund ebenso wie in Essen und Oldenburg zurückgezogen.[67]

Gsell folgte jedoch, so weit es die angespannte ökonomische Lage erlaubte, weiterhin seinem Konzept. Mit einer Inszenierung von »Don Giovanni« bekannte er sich zu Mozart; mit »Der Diktator«, »Das geheime Königreich« und »Das Schwergewicht« erschienen erneut drei hochaktuelle Einakter auf Dortmunds Bühne. Jaromir Weinbergers bis heute unterschätzter »Schwanda, der Dudelsackpfeifer« wurde sogleich nach der Breslauer Uraufführung dem westfälischen Publikum vorgestellt. Am 14. November 1928 wagte man mit Ludwig Roselius' »Doge und Dogaressa« wieder einmal eine Uraufführung. Walleck inszenierte 1929 »Die Frau ohne Schatten« von Richard Strauss; zur 25-Jahr-Feier kam Paul Hindemiths »Neues vom Tage« heraus.

Von Pfitzner, zu dessen Ehren 1931 sogar eine »Pfitzner-Woche« veranstaltet wurde, ließ Gsell »Der arme Heinrich« und »Das Herz« aufführen. Eine der Vorstellungen des »Herz«, vom Intendanten persönlich inszeniert, hat Pfitzner selbst dirigiert. Die italienische Oper pflegte Gsell, indem er Franz Werfels Bearbeitung von Giuseppe Verdis »Die Macht des Schicksals« nach der wegweisenden Dresdner Aufführung 1926 schon in seiner ersten Saison nachspielen ließ. Wolf-Ferraris »Die schalkhafte Witwe« und – als damals einzigartige Rarität – Gioacchino Rossinis »La Cenerentola« (unter dem Titel »Angelina«) ließen einen Blick auf

Dr. Georg Hartmann
Operndirektor und stellvertretender Intendant
1934/35
Intendant 1935–1937

---

59. Geboren am 27. Dezember 1874 in Lemberg, gestorben am 19. Juli 1951 in Basel; der Schüler von Heinrich von Herzogenberg, Ludwig Thuille und Joseph Rheinberger stammte aus einer ostjüdischen Gelehrtenfamilie, lebte in München, war u. a. in Leipzig als Dirigent tätig und musste 1933 emigrieren.
60. DE FRIES: *Die Entwicklung*, S. 435
61. Reichskanzler Fürst zu Hohenlohe-Schillingsfürst zur Berliner Uraufführung am 14. September 1893
62. *Ihre Karriere...*, Ruhr-Nachrichten vom 17. September 1958 (zu Oskar Walleck); vgl. MÄMPEL: *500 Jahre Tradition*, S. 62
63. Eine Andeutung macht DE FRIES: *Die Entwicklung*, S. 435
64. REINKE: *Die Wiedererweckung*
65. Dortmunder General-Anzeiger vom 8.6.1928
66. Undatierter Zeitungsausschnitt aus dem Nachlass Mämpel, StadtADo, Best. 481, Nr. 144
67. FRANKE, RAINER: *Weill: Aufstieg und Fall der Stadt Mahagonny*, in: Pipers Enzyklopädie des Musiktheaters, Bd. 6, München und Zürich 1997, S. 701
68. SCHNEIDER, ERNST AUGUST: *Das Dortmunder Schauspiel*, in: *Das Theater. Festschrift zum 25 jähr. Bestehen der Städt. Bühnen zu Dortmund*, 1929

---

die italienische heitere Oper zu, während das französische Genre der *opéra comique* ebenso wie die *grand opéra* à la Meyerbeer und Halévy in Dortmund offenbar keine Neuinszenierungen mehr erfuhren. Zu erwähnen bleibt, dass auch eine Vielzahl aktueller Operetten aufgeführt wurde, von Emmerich Kálmáns »Faschingsfee« bis Ralph Benatzkys »Meine Schwester und ich«.

VI. Zeitgenössisches Theater

Im Schauspiel kamen die unverzichtbaren »Großen« wie Schiller, Hebbel und Goethe – mit »Faust I« und »Faust II« zum Jubiläum 1929/30 – zum Zuge; vor allem pflegte Gsell jedoch einen mit langem Atem gestalteten Spielplan mit Zeitstücken. Programmatisch war schon sein Entrée als Intendant mit einer Inszenierung von Georg Büchners »Woyzeck«. Für 1928 und 1929 wurden in der Serie »Zeitgenössisches Theater« sechs Werke angekündigt: George Bernard Shaws »Arzt am Scheideweg«, Büchners »Dantons Tod«, Werfels »Juarez und Maximilian«, Zuckmayers »Katharina Knie«, Frank Wedekinds »König Nicolo« und das Anti-Kriegs-Stück »Karl und Anna« von Leonhard Frank. Dazu kamen von Brecht und Feuchtwanger »Kalkutta, 4. Mai« und der »nordische Klassiker« Ibsen mit »Die Kronprätendenten«. Weitere wichtige Aufführungen waren Barlachs »Der arme Vetter«, Klabunds »Kreidekreis« und Ferdinand Bruckners »Elisabeth von England«. Gsell bekannte sich klar zu diesem Konzept der Moderne, als er im Werbeheft für die Spielzeit 1928/29 schrieb: »...zuerst gilt uns das Heute. Die Erregung unserer Tage rüttelt uns stärker auf als die dichterisch vielleicht weitergefasste einer vergangenen Zeit. Darum trifft uns das Wort heute stärker als sein Klang, das Bekenntnis unmittelbarer als sein Stil...«

Die Aufführungen der Dortmunder Bühne, so das Resümee von Ernst August Schneider im Jahr 1929, seien denen der »gerühmteren und oft genannten Schauspielbühnen unserer Nachbarstädte als künstlerisch zumindest ebenbürtig an die Seite zu stellen«[68]. Wie reaktionäre Kreise die Zeit Gsells einschätzten, macht Friedrich de Fries deutlich, der noch 1946 schrieb, mit Gsell »sind wir dann schon mitten in der Zeit, wo sich auch auf der Bühne die ›entartete Kunst‹ breit macht. Man erhält Stücke vorgesetzt, in denen man, wenn der Vorhang aufgeht, in den gähnend leeren Bühnenraum hineinschaut ohne Hintergrund und Soffitten noch irgend etwas an Dekoration. Neu um jeden Preis! Stücke ausgesprochen salonbolschewistischen Inhalts gehen über die Bühne.«[69]

VII. Karrieren und Schicksale

Nicht wenige aus dem Musiktheater- und dem Schauspiel-Ensemble dieser Zeit starteten von Dortmund aus in eine bedeutende Karriere; auf der negativen Seite der Bilanz stehen aber auch diejenigen Künstler, für die Hitlers Machtergreifung das erzwungene Ende ihrer Laufbahn waren. Zu den Glücklichen zählten Margarete Teschemacher und Karl Schmitt-Walter, unter den Verfemten und Verfolgten war z. B. Ruth Wolffreim.

Teschemacher gehörte dem Dortmunder Haus 1926–1928 an, ging dann über Mannheim und Stuttgart nach Dresden und feierte dort mit Partien von Verdi bis Strauss Triumphe. In Bayreuth, so das Urteil von Jürgen Kesting 1986, habe man »seit zwanzig Jahren keinen lyrisch-dramatischen Sopran dieser Klasse gehört«[70]. Vorgestellt hatte sie sich in Dortmund als Agathe in Webers »Feischütz«, einer Partie, die ihrer deutschen Technik und ihrer Stärke im Legato sehr entgegenkam. Man lobte ihren »in der Höhe ausgiebigen Sopran«, ihre »innere Kraft und Ausdrucksfülle« und pries sie als eine in Erscheinung und Spiel von »schönem Ernst« getragene Künstlerin.[71] Teschemacher sang Aida, die Leonora im »Troubadour«, auch Pamina in der »Zauberflöte«, die Tatjana in Peter Tschaikowskis »Eugen Onegin« und die Eurydike in Christoph Willibald Glucks »Orpheus und Eurydike« in der Regie von Gsell. Am Ende ihres Dortmunder Engagements war sie als Jenufa zu erleben und die Presse lobte, dass sie »den rechten Ausdruck für das in seiner hingebungsvollen Liebe und seiner großen Seelenangst gleich rührende Dorfmädchen« gefunden habe.[72] Doch von 1934 bis Kriegsende sang sie an der Dresdner Oper mit einer reichen, schönen, schimmernden, technisch und stilistisch allerdings nicht immer befriedigenden Stimme viele große Partien ihres Fachs.

In Mozarts »Zauberflöte« stand Teschemacher mit einem lyrischen Bariton auf der Dortmunder Bühne, der ab 1951 zehn Jahre lang zu den bewunderten Stars des Nachkriegs-Bayreuth zählen sollte: Karl Schmitt-Walter. Er stellte sich 1926 in Adolphe Adams reizender Spieloper »Wenn ich König wär« in Dortmund vor, wurde in kleineren Rollen eingesetzt, sang als Silvio mit der Teschemacher als Nedda in Ruggero Leoncavallos »Bajazzo«, dann vom Don Giovanni bis zum Grafen Luna im »Troubadour« neben der Wollfreim als Leonora und Irene Ziegler als Azucena viele Rollen im Kavaliersfach. »Man kam von weit her zu diesen Vorstellungen nach Dortmund gefahren«, heißt es zu seinem Don Giovanni.

Schmitt-Walter verabschiedete sich 1929 nach Wiesbaden mit Valentin in Gounods »Margarethe«. 1935 führte ihn sein Weg nach Berlin und in der Folge von Wien bis Paris und von Salzburg bis Bayreuth an alle bedeutenden europäischen Opernhäuser.

Schmitt-Walter verfügte über einen leichten, geschmeidigen, präzise geführten und hervorragend projizierten Bariton, der es ihm ermöglichte, auch dramatische Verve fordernde Partien wie Rigoletto oder Graf Luna überzeugend zu gestalten.[73] Der Sänger, der 1985 gestorben ist, hat vorzügliche Platten- und Rundfunkaufnahmen hinterlassen.

Ähnliches Talent, aber viel weniger Glück im Leben hatte Ruth Wolffreim, weil sie Jüdin war: Studiert hatte sie am Stern'schen Konservatorium in Berlin, wo sie 1916 an der Seite von Meta Seinemeyer die »Sieglinde« im ersten Akt der »Walküre« sang. 1921/22 war sie in Wiesbaden, ein Jahr später in Chemnitz. Ab 1927 gehörte sie zum Dortmunder Ensemble.[74] Die Bandbreite ihrer Rollen war enorm, sie reichte von der Operette (Saffi im »Zigeunerbaron«) bis zu Verdi (Aida), Wagner (Elsa im »Lohengrin«) und ins veristische Fach (Santuzza in »Cavalleria rusticana«). Ihre musikalische Kompetenz ließ sie Partien wie die Kaiserin in »Die Frau ohne Schatten« von Richard Strauss ebenso meistern wie den Tonfall Kurt Weills in »Der Zar lässt sich photographieren« treffen, wo sie neben Schmitt-Walter auftrat.

Doch im Frühjahr 1933 war ihr auch die Gunst des Publikums keine Hilfe mehr: Noch in der Silvester-Vorstellung 1932/33 als »Rosalinde« in der »Fledermaus« von Johann Strauß (Sohn) gefeiert, durfte sie in einer geplanten »Meistersinger«-Aufführung im März 1933 schon nicht mehr die Rolle der Eva verkörpern. 1936 verlieren sich die Spuren der Sängerin.[75] Dass im Februar 1958 ein Artikel in den »Ruhr-Nachrichten« mit der Überschrift »Ihre Karriere begann in Dortmund« erscheinen konnte, zeugt von einer bestürzenden Fähigkeit zu Verdrängung in dieser Zeit: Dort endet die Beschreibung von Wolffreims Auftritten an Silvester 1932; über das weitere Schicksal der Künstlerin wird kein Wort verloren. Der Artikel schließt mit einem schon als maliziös zu empfindenden Satz: »Wenn je der Künstler ein Spiegelbild der Zeit ist, dann war dies Ruth Wolfreim [sic] in ihrem Dortmunder Engagement.«[76]

---

69. DE FRIES: *Die Entwicklung*, S. 435
70. KESTING, JÜRGEN: *Die großen Sänger*, Bd. 2, Düsseldorf 1985, S. 967f.
71. *Ihre Karriere...*, in: Ruhr-Nachrichten vom 26.4.1958 (zu Margarete Teschemacher)
72. Dortmunder General-Anzeiger vom 8.6.1928
73. KESTING: *Die großen Sänger*, Bd. 2, S. 1041
74. Die Rekonstruktion des Werdegangs basiert auf der Durchsicht der Bühnen-Jahrbücher; dafür ist der Bibliothekarin des Dortmunder Theaters, ANDREA KNEFELKAMP-WEST, zu danken.
75. Ausführlicher zur NS-Zeit: HÖGL, GÜNTHER: *Das Dortmunder Theater während der NS-Zeit*, in diesem Band S. 119-126
76. *Ihre Karriere...*, in: Ruhr-Nachrichten vom 24.2.1958
77. Dortmunder General-Anzeiger vom 14.2.1933
78. MÄMPEL: *500 Jahre Tradition*, S. 81
79. vgl. ebenda, S. 84-87

VIII. Schauburg der Weltanschauung

Gsell wurde noch vor Ablauf seines Vertrags (zum Spielzeitende 1932/33) aus dem Theater vertrieben. »Die Bedeutung des Stadttheater hat sich unter Gsells Leitung nicht gehoben«, heißt es in einem Artikel von 14. Februar 1933 über die »akute Intendantenfrage«. »Das liegt an der Art, in der der Intendant mit Künstlern, Spielplan, Publikum und Presse verfährt (...) Künstlern gegenüber hat er nicht den Blick, die richtigen Leute auszuwählen und an die richtige Stelle zu bringen«. Gsell hätte sich »auf einige problematische Inszenierungen [konzentriert], statt den ganzen Betrieb zu beleben«.[77]

Welche »problematischen Inszenierungen« das waren, zeigen die Spielpläne der kommenden Jahre sehr deutlich: Unter dem von den neuen Machthabern eingesetzten Bruno Bergmann und seinem Operndirektor Georg Hartmann, ab 1935 Intendant, kehrte man zurück zum Theater der repräsentativen Anlässe. Verräterisch ist der Satz des Chronisten Mämpel, Hartmann habe als einer der »phantasiereichsten Opernregisseure der Zeit« Dortmund wieder eine »große Oper« geschenkt (!) und dem Dortmunder Theater dadurch »wieder Ansehen verschafft«[78].

Mit »Fidelio« begann Hartmann seine Dortmunder Jahre. Sein Stil, der offenbar stark auf die Individualität der agierenden Darsteller abgestimmt war und in einer Mischung aus psychologischer Durchdringung und hoheitsvoller Typisierung bestanden haben muss, wurde von Publikum wie Presse bereitwillig angenommen und hoch gelobt.[79] Intendant Bergmann selbst setzte schon 1933/34 mit einer Neuinszenierung des »Tannhäuser« in Bildern des künftig bestimmenden Bühnengestalters Fritz Mahnke ein Zeichen.

In den folgenden drei Spielzeiten inszenierte Hartmann vor allem Wagner: »Der fliegende Holländer«, »Lohengrin«, »Die Walküre«, »Götterdämmerung«, »Die Meistersinger von Nürnberg« und »Parsifal«; daneben Mozart, Strauss und Verdis »Aida«. Die Zeitoper der 1920er Jahre war auf einen Schlag verschwunden. Es ist bedrückend, wie nachhaltig die Nazi-Verdikte bis weit nach dem Krieg wirksam waren. Zeitgenössisches Musiktheater tauchte in Dortmund etwa in Gestalt von Paul Graeners »Friedemann Bach« auf, 1933/34 von Hartmann inszeniert. Am 18. Mai 1934 erlebte in Dortmund und Frankfurt am Main »Münchhausens letzte Lüge« des musikalischen Hitler-Huldigers Hansheinrich Dransmann die Uraufführung. Werner Egk zählte zu den angepassten Komponisten im »Dritten Reich«; sein harmloses Erfolgsstück »Die Zaubergeige« kam 1935 auch in Dortmund heraus. In seiner letzten Dortmunder Spielzeit 1936/37 brachte Hartmann die deutsche Erstaufführung von Theodor Veidls Oper »Die Kleinstädter«[80] und Wolf-Ferraris »Sly« in einer eigenen Inszenierung auf die Bühne.

Nach Hartmanns Weggang nach Duisburg setzte sich die Wagner-Linie unter dem aus Stettin gekommenen hohen NS-Parteifunktionär Peter Hoenselaers fort. Mämpel beschreibt ihn – wohl noch verharmlosend – als Vertreter des »Repräsentationstheaters«[81]. Die Dortmunder Bühne war nun ganz und gar auf die Ästhetik der nationalsozialistischen Ideologie eingeschworen.

Hoenselaers pflegte konform mit der Politik die Musik der »Achsenmacht« Italien: Am 23. Oktober 1938 startete mit der deutschen Erstaufführung der Oper »Gloria« von Francesco Cilea ein Zyklus moderner italienischer Oper, der schon am 27. Oktober mit Umberto Giordanos »Fedora« fortgesetzt wurde. Die Komponisten waren anwesend; die weiblichen Hauptpartien sangen die beiden damaligen Stars der Dortmunder Oper, Renate Specht und Juliana Doederlein. Am 15. Januar 1939 folgte Riccardo Zandonais »Francesca da Rimini« unter Leitung des Komponisten; fünf Tage später Puccinis »Madame Butterfly« unter Stabführung des italienischen Gastdirigenten Fabio Giampietro.

Weitere italienische Werke schlossen sich an, so die Kurzoper »L'amante in trappola« von Arrigo Pedrollo zusammen mit »Scampolo« von Ezio Camussi am 24. März 1939 und in der Spielzeit 1941/42 die Oper »Severo Torelli« von Salvatore Auteri-Manzocchi[82] als »reichsdeutsche Erstaufführung«.

Der Wille der Intendanz, das deutsche Tonschaffen an die Spitze zu stellen, führte, wie an anderen Theatern auch, eher zu einer rückwärts orientierten Betonung des populären Repertoires, nicht jedoch zur Umsetzung der Spielplan-Empfehlungen des »Kampfbunds für deutsche Kultur«[83]. Die Uraufführung von Ernst Schiffmanns »Wera« 1939 und eine 1942 zustande gekommene Inszenierung von Siegfried Wagners bedeutsamer Märchenoper »Schwarzschwanenreich« genügten allenfalls am Rande den offiziellen Bemühungen um die »völkische« Tonkunst.

Anders in der Operette: In dieser Gattung, so heißt es 1936 in einem der Hefte des Stadttheaters Dortmund, müsse mit »Entartungen aufgeräumt« werden; es gelte, wieder an das »gute alte Volksstück« anzuknüpfen.[84] Die »Revue-Operette« war im Spielplan der deutschen Kulturbühne nicht sonderlich erwünscht, da sie eine »geradezu verwilderte Angelegenheit« sei. Gemeint waren die kessen Operetten der Weimarer Zeit; unumwunden wurde zugegeben, dass eine große Anzahl moderner Operetten für den Theaterbetrieb überhaupt nicht mehr in Betracht käme, weil Verfasser, Komponist oder beide jüdischer Abstammung seien.[85]

Fünf Seiten weiter schrieb Arthur Mämpel dann in den sog. Mitteilungen der NS-Kulturgemeinde über die Aufgabe des »Kulturtheaters«: Es sei Schauburg der Weltanschauung, Stätte hochgestimmter Erbauung, »ein Festhaus, in dem sich alle Künste treffen und den (...) gesunden Teil der Menschheit, den (...) reinen und unverbrauchten Menschen unserer Rasse an die Peripherie des Schönen und Großen bringen...«.

Dennoch konnte das »Kulturtheater der germanischen Rasse und Weltanschauung« nicht auf die »heiteren Unterhaltungsspiele« verzichten und so gab es in Dortmund einen Bedarf, der durch bloßen Rückgriff auf die klassischen Werke des Genres nicht zu befrie-

Peter Hoenselaers
Generalintendant
1937–1944

digen war. Unbedenkliche Operetten mussten gefunden werden: 1934/35 etwa »Die Vielgeliebte« von Nico Dostal und »Der goldene Pierrot« von Walter W. Goetze, 1936/37 Dostals »Prinzessin Nofretete«, 1937/38 Eduard Künnekes »Zauberin Lola« und »Der Prinz von Isfahan« sowie Gottfried Madjeras »Der Stern von Ayashi«, 1939 »Güldana« von Eberhard Glombig – allesamt Beispiele exotisch-sentimentalen Amüsiertheaters und weit entfernt von der Brisanz des Genres vor 1933.

Dortmund hat auch die zweifelhafte Ehre, am 17. Mai 1936 Ort der Uraufführung der ersten »Kraft-durch-Freude«-Operette zu sein: Hugo Lämmerhirt, ein Sohn der Stadt, schildert in »Das glückhafte Schiff« die Fahrt eines KdF-Dampfers nach Madeira nebst lustigen Verwicklungen an Bord.[86]

»In Dortmund wird nicht experimentiert, man spielt gesund und natürlich«[87]: Dieser apodiktische Satz hätte der Operette wie dem Schauspiel gelten können. Im Sprechtheater hatte sich Dortmund »dem Kulturwillen eines von allen fremden Einflüssen gereinigten Volkes dienstbar« gemacht. Was Bernhard Zeller 1939 formulierte, galt für die gleichgeschalteten Theater Deutschlands generell: Neben den »unvergänglichen Werken« der Klassiker sollte »dem zeitgenössischen Drama eine größere Rolle zuerteilt« werden. In jedem Spielplan tauchten folglich Stücke von Autoren auf, die mit der NS-Ideologie in Einklang standen, in Dortmund beginnend mit Hans Johsts »Schlageter« im Mai 1933 (vor der Aufführung trugen Vertreter des NS-Schülerbunds »deutsche Verse«, verfasst von Friedhelm Kaiser, vor). Während Lessings »Nathan der Weise« am 6. März 1933 zum letzten Mal gespielt wurde, gab es am Tag zuvor Paul Josef Cremers »Die Marneschlacht«, eine »deutsche Tragödie«.

Es fällt schwer, die »handfesten Bauernkomödien« eines August Hinrichs, die Stücke des Hitler-Freunds Eckart Dietrich, die mystisch-völkische Tirade »Der Reiter« von Heinrich Zerkaulen über den Bamberger Reiter oder das Opus des ehemaligen Dortmunder Dramaturgen Bernd Böhle, »Station 15«, zu einer dramaturgischen Linie zu verbinden, die über das geforderte politisch willfährige Theater hinausgeht, das Oberspielleiter Siegfried Nürnberger offenbar zuverlässig garantierte.[88]

Die Vermutung, dass dieses Theater der »neuen Zeit« auf wenig Publikumsresonanz stieß, wäre erst noch durch eingehende Untersuchungen zu untermauern. Ist es andererseits zu kühn interpretiert, wenn man aus dem Erfolg von Molières »Tartuffe« schließt, dass dieser wohl infamste Heuchler der Theatergeschichte in seinen 20 Aufführungen 1937/38 die Besucher mehr an ihre Alltagsrealität erinnert haben mag als alles, was die Nazi-Bühne an Weltanschauungs-Lehrstücken vorzustellen vermochte?

---

80. Die Uraufführung der Oper fand 1935 in Prag statt. Veidl, geboren am 28. Februar 1885 in Wissotschan/Böhmen, gestorben am 16. Februar 1946 in Theresienstadt, war seit 1920 in Prag tätig. Der „stillvergnügte Romantiker" galt als führender sudetendeutscher Komponist, vgl. den Artikel von RUDOLF QUOIKA in: *Musik in Geschichte und Gegenwart,* Bd. 13, Kassel 1966, Sp. 1361
81. MÄMPEL: *500 Jahre Tradition,* S. 87
82. SALVATORE AUTERI-MANZOCCHI, geboren 1845 in Palermo, gestorben 1924 in Parma, zuletzt Gesangslehrer in Parma. »Severo Torelli« wurde 1903 in Bologna uraufgeführt; vgl. *Musik in Geschichte und Gegenwart,* Bd. 15, Kassel 1973, Sp. 348f.
83. vgl. PRIEBERG: *Musik im NS-Staat,* S. 117/118
84. HAGEMANN, CARL: *Operette, in: Stadttheater Dortmund,* Heft 16, 15. April 1936, S. 6-10
85. MÄMPEL, ARTHUR: *Feierstunden im Theater. Ein Beitrag zur Erlebnisfläche der Weltanschauung, in: Stadttheater Dortmund,* Heft 16, 15. April 1936, S. 11f.
86. PRIEBERG: *Musik im NS-Staat,* S. 300
67. ZELLER, BERNHARD: *35 Jahre Dortmunder Stadttheater, in: Die Pause,* 11. Schauspielheft, 1939/40
88. ebenda

Robert Schirmer,
Sänger des
ersten Dortmunder »Tannhäusers«
1904

Helene Wildbrunn als Brünnhilde
(»Walküre«) im ersten Dortmunder Zyklus
des Wagnerschen »Ring« 1910/11

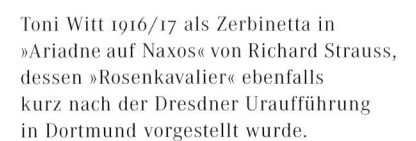

Toni Witt 1916/17 als Zerbinetta in
»Ariadne auf Naxos« von Richard Strauss,
dessen »Rosenkavalier« ebenfalls
kurz nach der Dresdner Uraufführung
in Dortmund vorgestellt wurde.

Hanns Bogenhardt,
langjähriger beliebter Schauspieler des
Ensembles, in einer seiner Paraderollen
als Sternheims »Bürger Schippel«

Das Opern- und das Schauspielensemble
des selbständigen »Stadttheaters Dortmund«
1908 nach Beendigung der Fusion mit Essen

Theaterzettel
Ende des
Ersten Weltkriegs

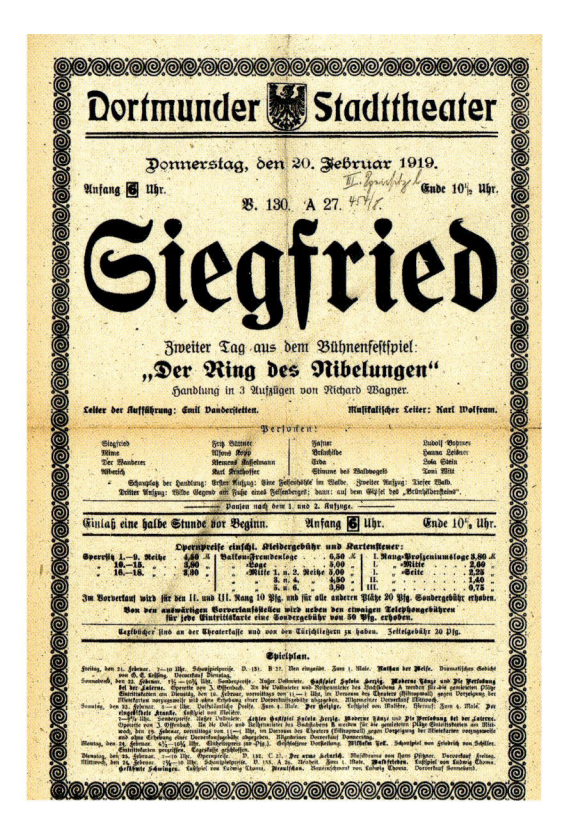

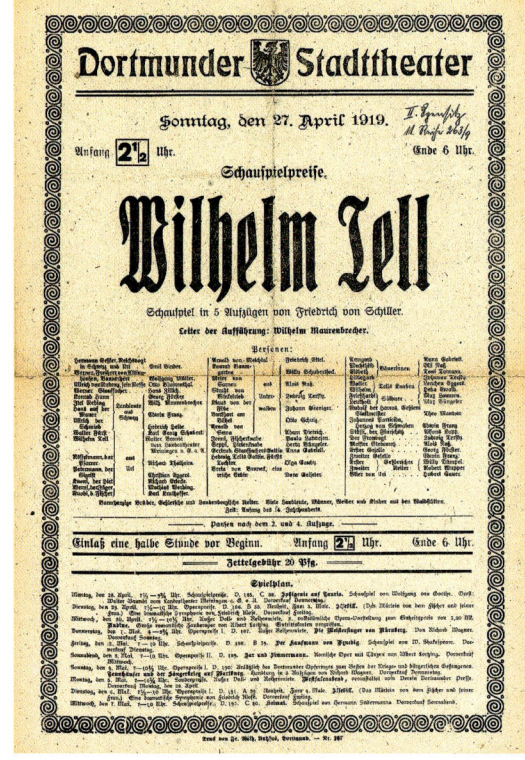

Erste Rundfunk- (vermutlich) Schauspielübertragung aus dem Theater 1926

»Doge und Dogaressa«
Oper von Ludwig Roselius
Uraufführung
14. November 1928

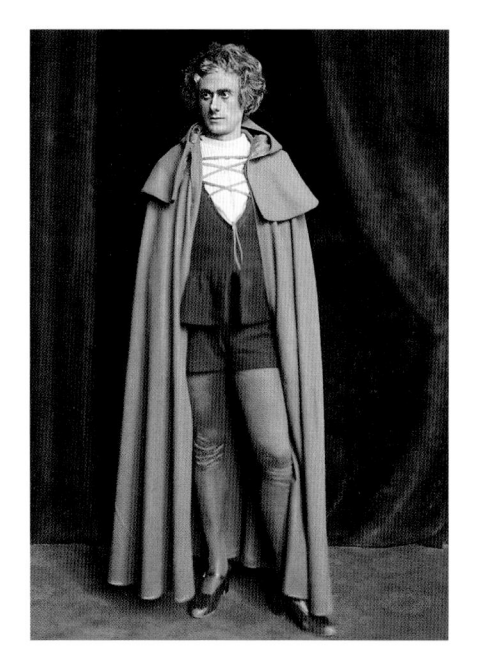

»Regiesitzung« um 1928/29:
Die Herren der Theaterleitung mit Intendant Gsell, Ausstattungsleiter Giskes, Musikdirektor Sieben, den Kapellmeistern Friderich, Meik und Zilzer, Oberspielleitern Walleck und Reschke, Dramaturg von Borries und der Ballettmeisterin Swedlund-Witt

»Zeitoper« unter
Intendant Gsell
nach 1927:
Paul Hindemith
»Neues vom Tage«

Musikalische Leitung:
Karl Friderich
Inszenierung:
Oskar Walleck
Bühne:
Walter Giskes

Wolfgang Amadeus Mozart
»Don Juan« (Don Giovanni)
Spielzeit 1927/28

Musikalische Leitung:
Wilhelm Sieben
Inszenierung:
Richard Gsell
Bühne: Walter Giskes

Hans Schanzara
(Leporello),
Karl Schmitt-Walter
(Giovanni)

Festschrift
»Das Theater«
1929

Zum 25 jährigen Bestehen der Städtischen Bühnen zu Dortmund

Bei der schwierigen Aufbauarbeit, die das deutsche Volk zu leisten hat, steht unter den wichtigen Faktoren, die bei der Erneuerung der geistigen und seelischen Kräfte mitwirken, das Theater obenan. Schon in den Stürmen des Krieges und der Inflation hatte das Theater die Aufgabe zu erfüllen, im Existenzkampf seelische Kräfte neu zu sammeln und aufzuwecken, und die Zeit ist vielleicht nicht mehr fern, in der ähnliche Aufgaben zu allererst wieder an das Theater, ein Kulturinstitut von so überragender Bedeutung, gestellt werden müssen.

Opferfreudiger Sinn hat vor 25 Jahren unser stattliches Haus geschaffen. Einer beträchtlichen Zahl erster Künstler und Künstlerinnen war es vergönnt, in ihm zu wirken, zum Ruhme der Kunst und zur seelischen Erhebung der Einwohnerschaft. Mit ernster Sorge sehen wir heute auch die Existenz unserer Bühne als Kulturtheater und Stätte einer der Dortmunder Eigenart entsprechenden Kunstpflege bedroht. Da ist es mein aufrichtigster Wunsch, daß die Dortmunder Städtische Bühne auch diesen heftigen Anprall unbeschadet überstehen und uns in ihrer vollen Bedeutung und ungebrochenen Lebendigkeit erhalten bleiben möge.

Oberbürgermeister Eichhoff.

Nicht verzweifeln!

In eine schwere Zeit fällt das Jubiläum des Dortmunder Stadttheaters. Wie Reich und Länder so sind auch die Gemeinden in ernster Sorge um die Ordnung ihrer Finanzen. Zu gewaltig sind die ihnen auferlegten Verpflichtungen, zu umfangreich der Kreis der ihnen zugewiesenen Aufgaben, als daß sie nicht zu größter Sparsamkeit gezwungen wären. Ohne Einschränkungen wird es auch auf kulturellem Gebiete, wird es auch auf dem Gebiete der Theaterkultur nicht gehen. Ein Abbau in gewissem Umfange läßt sich nicht vermeiden. Die soziale Theaterpflege selbst aber kann und darf nicht aufgegeben werden, denn mit ihr würde ein Stück Kultur verschwinden, dessen Bedeutung richtig gewürdigt und das planmäßig weiterentwickelt zu haben der Stolz der deutschen Städte ist. Allseitige Erkenntnis und Wertschätzung des Theaters als Bildungsstoff für jung und alt, verbunden mit aufopferndem Einsetzen aller Kräfte in den Dienst der Gesamtheit wird uns auch über diese Krisis, die ja nicht nur eine Krisis des Theaters ist, hinweghelfen und wertvolles Kulturgut retten. Vorwärts trotz alledem!

Bürgermeister Hirsch.

Bürgermeister Paul Hirsch
Dezernent der Städtischen Bühnen

Oberbürgermeister
Dr. Dr. h. c. Ernst Eichhoff

Intendant
Richard Gsell

Zum Opern-Ensemble der Jubiläums-Spielzeit 1928/29 gehörten u.a.: Hans Schanzara, Vater der Schauspielerin Tana Schanzara (2. Reihe, 2.v.l.), Bariton Willi Moog (ab 1920; 3. Reihe, 2.v.l.) und die jüdischen Sänger Armin Weltner und Ruth Wolffreim, die 1933 von den Nazis entlassen wurden (4. Reihe, Mitte).

Beliebte Künstler zwischen
1904 und 1940:

links:
Emil Binder, ab 1907 einer der
führenden Charakterdarsteller
im Dortmunder Ensemble,
als Lessings »Nathan der Weise«
rechts:
Der Tenor Max Nicolaus als
»Der Postillon von Lonjumeau«
von Adolphe Adam

links:
Grete Ackermann, Mezzosopranistin in allen großen Fachpartien,
in der Titelrolle von Georges Bizets
»Carmen« Ende der 30er Jahre
rechts:
Karl Schmitt-Walter, der
1926–1929 in Dortmund seine
große Karriere begann, in
»Schwanda, der Dudelsackpfeiffer«
von Jaromir Weinberger

Renate Specht in einer ihrer Glanzrollen
des jugendlich-dramatischen Sopranfachs:
»Salome« in der Oper von Richard Strauss
Ende der 30er Jahre sowie – in der
letzten Neuinszenierung vor Kriegsende –
Weihnachten 1940

Willi Moog, Heldenbariton
des Hauses ab 1920, in
»Das Herz« von Hans Pfitzner
unter der musikalischen
Leitung des Komponisten
Premiere 26. April 1936

Inszenierungen von
Intendant Richard Gsell:
Johann Wolfgang von Goethe
»Die Mitschuldigen«
1932

Johann Wolfgang von Goethe
»Faust«, 2. Teil
1930

Carl Maria von Weber
»Oberon«
Spielzeit 1937/38

Inszenierung: Peter Andreas
Bühne: Dr. Fritz Mahnke

Juliana Doederlein
Sängerin
1935–1940

Renate Specht
als Rosalinde
in »Die Fledermaus«
Spielzeit 1936/37

Günther Högl

Das Dortmunder Theater während der NS-Zeit *Gleichschaltung und totalitärer Vollzug am Dortmunder Stadttheater*

Bruno Schüler
NS-Staatskommissar,
Bürgermeister und
Theaterdezernent

Der Prozess der Machtergreifung Adolf Hitlers und seiner Partei, der NSDAP, unterstützt von militanten SA-Einheiten, vollzog sich vom 30. Januar 1933 an – dem Tag, an dem Hitler als Reichskanzler »eingesetzt« wurde – mit einem Tempo und einer Radikalität, wie es kaum jemand erwartet hatte.

Im Gefolge der bereits vom nationalsozialistischen Terror begleiteten Reichstags- und Gemeindewahlen vom 5. bzw. 12. März 1933 fand die Machtübernahme der Nationalsozialisten auch in den Städten und Gemeinden des Reichs statt. Die Dortmunder Anhängerschaft der NSDAP demonstrierte ihr Selbstbewusstsein und stattete die öffentlichen Gebäude der Stadt, darunter das Alte Rathaus und das Polizeipräsidium, mit Hakenkreuzfahnen aus. Veranlasst durch die »Gleichschaltungsmaßnahmen« des kommissarischen preußischen Innenministers Hermann Göring (NSDAP) kam es schnell zur »Säuberung« von demokratischen Kräften innerhalb des Polizeiapparats und der Stadtverwaltung.

Für SA-Gefolgsleute wie den neuen Polizeipräsidenten von Dortmund, Wilhelm Schepmann, und die aktiven Parteigenossen der NSDAP eröffneten sich neue Karrieremöglichkeiten. Demokratisch gesinnte Anhänger der Weimarer Republik, Sozialisten, Kommunisten und insbesondere jüdische Bürger mussten um ihre berufliche Existenz, ja um ihr Leben fürchten.

I. Gleichschaltung und »Säuberung«

Abgesehen von sofort eintretenden politischen Verfolgungen und illegalen Verhaftungen von Gegnern des Nationalsozialismus war die allgemeine Lage in den ersten Monaten nach der Machtergreifung für Kulturschaffende wie die Theaterleute unübersichtlich. Meist angefacht durch die NS-Presse wurde gegen jüdische oder »marxistische« Regisseure, Dirigenten, Intendanten oder sonstige Akteure des Bühnengeschehens Stimmung gemacht. Bereits am 24. März 1933 war mit der vom preußischen Innenministerium verfügten Einsetzung Bruno Schülers als Staatskommissar für die Stadt Dortmund der Prozess der NS-Gleichschaltung in eine neue Phase eingetreten: Schüler, Jahrgang 1901, Nationalsozialist seit 1923 und von Beruf Direktor bei der Dortmunder Union-Brauerei, besaß weitgehende Befugnisse, die über die des formal noch amtierenden und angesehenen Oberbürgermeisters Dr. Ernst Eichhoff hinausgingen.

Staatskommissar Schüler, als späterer Bürgermeister auch Theaterdezernent, begann sofort mit »Säuberungs«-Aktionen, von denen insbesondere jüdische Bürger betroffen waren.[1] Dabei gab ihm, abgesehen von nationalsozialistisch motivierter Willkür, das »Gesetz zur Wiederherstellung des Berufsbeamtentums« vom 7. April 1933, das die Entfernung der meisten »Nichtarier« aus staatlichen oder städtischen Positionen ermöglichte, freie Hand. Als Folge der Umsetzung dieses Gesetzes waren mit einem Schlag Tausende von jüdischen Künstlern im Deutschen Reich ohne Arbeit, die in staatlich und städtisch geförderten Theatern, Orchestern oder anderen For-

---

1. Vgl. hierzu den Rechenschaftsbericht Schülers an den Preußischen Minister des Innern, Berlin, vom 24.4.1933, in: *Personalakte Bruno Schülers*, StadtADO

men der Unterhaltungsbranche tätig gewesen waren. Damit nahm der Exodus jüdischer Künstler – Schauspieler, Musiker, Sänger – seinen Anfang. Für diejenigen, die nicht in die Emigration gingen bzw. gehen konnten, gab es in Deutschland, von wenigen Ausnahmen abgesehen, schon ab Sommer 1933 keinerlei berufliche Existenzmöglichkeit mehr.

Die nationalsozialistische Vorgehensweise gegen jüdische Kulturschaffende muss vor dem bereits ab Mitte März 1933 vorhandenen Hintergrund von brutalen antijüdischen Aktionen gesehen werden, die u. a. schon zu Misshandlungen von Juden in der Steinwache, dem damaligen Polizeigefängnis in der Steinstraße, geführt hatten.[2] Dazu kamen am 1. April 1933 der Boykott jüdischer Geschäfte sowie bereits im März/April 1933 die Berufseinschränkungen und Berufsverbote gegenüber jüdischen Ärzten und Juristen.

Ein frühes Beispiel nationalsozialistischer Totalitätsansprüche und »Kulturpolitik« bot eine Affäre zu Lasten des jüdischen Theaterpersonals in Dortmund: Das Stadttheater hatte für den 11. März 1933 eine Aufführung der Richard-Wagner-Oper »Die Meistersinger von Nürnberg« angesetzt. Dazu schrieb das Publikationsorgan der südwestfälischen NSDAP, die »Rote Erde«, die zu diesem Zeitpunkt – vor der »Gleichschaltung« des »Dortmunder General-Anzeigers« am 21. April 1933 – noch in der »Gauhauptstadt« Bochum erschien: »In Anbetracht dessen, daß in dieser kerndeutschen Oper eines deutschen Komponisten, der in seinen Schriften erklärt hat, die Juden seien unfähig, seine Werke zu deuten, fünf Juden auftreten sollten, sahen wir uns genötigt, gegen die Rollenbesetzung Protest zu erheben. (...) Da eine Regelung vorderhand nicht getroffen werden konnte, wurde die Oper vorläufig vom Spielplan abgesetzt.«[3] Am 15. März war dem »deutschen« Herzen Genüge getan: An diesem Tag konnten die »Meistersinger« mit einem »deutschen Dirigenten« anstelle von Kapellmeister Felix Wolfes und »deutschen« Sängern anstelle der vorgesehenen Solisten Ruth Wolffreim und Armin Weltner in Szene gesetzt werden und die Zeitung »Rote Erde« resümierte stolz: »In den Hauptrollen sind keine Juden beschäftigt.«[4] Tags zuvor hatte Staatskommissar Bruno Schüler die entsprechenden Beurlaubungen der jüdischen Künstler vorgenommen, was sich »im Interesse einer wahren deutschen Kunst als unbedingt notwendig erwiesen« hätte.[5]

II. Von Stars zu Opfern der Verfolgung

Diese erste durchgreifende nationalsozialistische »Säuberung« rassistischer Provenienz richtete sich vor allen gegen die Person des jüdischen Opernkapellmeisters Felix Wolfes, der 1892 in Hannover geboren, ab 1931 musikalischer Oberleiter der Städtischen Bühnen Dortmund war. In seinen beiden Spielzeiten hatte er musikalisch eine Vielzahl von Werken wie Verdis »Aida« und »Rigoletto«, Mozarts »Figaros Hochzeit« oder Wagners »Lohengrin« gestaltet. In seinem Ensemble wirkten vier hervorragende jüdische Sänger und Musiker mit: Ruth Wolffreim, Armin Weltner, Ludolf Bodmer und Bruno Ucko.[6] Wolfes und Wolffreim, anlässlich der ausverkauften Sylvester-Aufführung 1932/33 der Operette »Die Fledermaus« im Stadttheater noch die gefeierten »Stars« des begeisterten Publikums,[7] waren innerhalb weniger Wochen zu Verfolgten des NS-Regimes geworden. Der erfolgreiche Bassist Bodmer gehörte zu den wenigen Ensemblemitgliedern der Städtischen Bühnen, die bereits 1904 bei der Eröffnung des Stadttheaters mitgewirkt hatten – somit fast 30 Jahre in Dortmund beschäftigt waren.

Wolfes hatte sich zunächst nicht vom Druck der NS-Presse einschüchtern lassen, bis er während der Generalprobe zu den »Meistersingern« von einem SA-Trupp direkt aus dem Orchestergraben entfernt wurde.[8] Die Dortmunder SA versuchte Wolfes nach dem 15. März wiederholt zu verhaften. Dieser konnte sich jedoch bei einem Ensemblemitglied der Städtischen Bühnen[9] verstecken. Trotz der Intervention des auch in der Zeit des Nationalsozialismus geschätzten Komponisten und Musikschriftstellers Hans Pfitzner[10] – als des-

Felix Wolfes
Kapellmeister

sen und Max Regers Schüler sich Wolfes verstand –, der sich in einem Schreiben direkt an den führenden Stadtvertreter der NSDAP in Dortmund, Heinrich König, sowie an Adolf Hitler persönlich wandte, gab es für Wolfes keinerlei Möglichkeit, seinen Beruf weiter in Dortmund auszuüben. Er, der u. a. im Auftrag von Richard Strauss die Klavierauszüge für dessen Oper »Arabella« erstellt hatte, musste schließlich im August 1933 nach Paris und 1937 in die USA emigrieren, wo er als Dirigent Karriere machte – zuletzt als Musikdirektor der Bostoner Philharmonie.[11] Über das Schicksal seines Bruders Helmuth Wolfes, der als Kapellmeister am »Burgwalltheater« in Dortmund tätig gewesen sein soll, ist bisher ebenso wie über Bruno Ucko nur sehr wenig bekannt.[12]

Ein ähnliches Schicksal wie Wolfes hatte der ebenfalls durch Staatskommissar Schüler bei den Städtischen Bühnen Dortmund »beurlaubte« jüdische Kapellmeister und Korrepetitor Martin Piestreich zu erleiden: In den USA, wo er sich nach seiner Emigration Martin Rich nannte, war er als Dirigent erfolgreich, u. a. an der Metropolitan Opera in New York.[13] – Ebenso von den rassistischen Verfolgungen betroffen war Paul Walter Jacob, der nach dem Krieg, am 7. März 1950, zum Intendanten der Städtischen Bühnen Dortmund gewählt wurde.[14] 1932/33 als Regisseur für Oper und Operette in Essen engagiert, wurde er nach Angriffen durch die NS-Presse am 25. März 1933 von seinen Dienstfunktionen beurlaubt. In der Nacht auf den 1. April 1933 flüchtete er nach Amsterdam und emigrierte später nach Buenos Aires, wo er 1940 Leiter der »Freien Deutschen Bühne« wurde. – Der in Dortmund viele Jahre tätige Opernsänger Armin Weltner ging in die Schweiz, war in Basel engagiert und lehrte nach 1945 Gesang an der Wiener Akademie für Musik und Darstellende Künste. – Die Spuren von Ruth Wolffreim verlieren sich 1936, nachdem sie nach dem Berufsverbot in Dortmund 1934 zwei Jahre als Solistin im Opernensemble des Theaters des Jüdischen Kulturbundes Berlin tätig gewesen war.[15]

---

2. KNIPPING, ULRICH: *Die Geschichte der Juden in Dortmund während der Zeit des Dritten Reiches,* Dortmund 1977, S. 25
3. RE Nr. 60 vom 11.3.1933 (»Ehret die deutschen Meister!«), s.a. KLOTZBACH, KURT: *Gegen den Nationalsozialismus. Widerstand und Verfolgung in Dortmund 1930-1945,* Hannover 1969, S. 105
4. RE Nr.63 vom 15.3.1933 (»Aufführung der Meistersinger«)
5. RE Nr. 62 vom 14.3.1933 (»Staatskommissar Schüler säubert«)
6. Vgl. hierzu auch DUSSEL, KONRAD: *Ein neues, ein heroisches Theater? Nationalsozialistische Theaterpolitik und ihre Auswirkungen,* Bonn 1988, S. 175
7. So hieß es in der *Dortmunder Zeitung* vom 2.1.1933: »Felix Wolfes, unser Operndirektor selbst, verschmähte es nicht, sich mit der musikalischen Einstudierung zu befassen.«
8. Schreiben der ehem. Dortmunder Jüdin ESTHER SACHS aus Jerusalem vom 23.3.1980 an den Verfasser
9. Bei FRITZ VOLKMANN; vgl. StadtADO Slg. *Widerstand und Verfolgung im Öffentlichen Dienst,* Dossier F. Wolfes
10. HANS PFITZNER (1869-1949), 1908-1918 Dirigent und Opernleiter in Straßburg, 1919-1929 Leiter einer Meisterklasse an der Akademie der Künste in Berlin, danach Professor an der Akademie der Tonkunst in München, war der entschiedenste Vertreter der deutschen musikalischen Romantik des 20. Jahrhunderts. Er trat in der Aufführung romantischer Werke für einen betonten Nationalismus ein (z.B. »Palestrina, die Kantate von deutscher Seele«, 1921)
11. KNIPPSCHILD, DIETER: *Felix Wolfes,* in: BOHRMANN, HANS (Hrsg.): *Biographien bedeutender Dortmunder,* Bd. 2, Dortmund 1998, S. 151 ff.
12. HELMUTH WOLFES (Jg.1901) wird wie sein Bruder FELIX im nationalsozialistischen Lexikon der Juden in der Musik aus dem Jahr 1940 aufgeführt; vgl. dazu WEISSWEILER, EVA: *Ausgemerzt! Das Lexikon der Juden in der Musik und seine mörderischen Folgen,* Köln 1999, S. 333
13. Schreiben von MARTIN RICH an das Stadtarchiv Dortmund vom 15.4.1985, StadtADo, Slg. *Widerstand und Verfolgung im Öffentl. Dienst*
14. NAUMANN, UWE (Hrsg.): *Ein Theatermann im Exil: P. Walter Jacob,* Hamburg 1985, S. 39 ff.; LAUSCHKE, KARL, in: *Biographien bedeutender Dortmunder,* Bd. 2, S. 70 ff.; P. W. JACOB, 1905 in Duisburg geboren, wurde 1957 zum Generalintendanten der Städtischen Bühnen Dortmund ernannt. Der enge Freund von NELLY SACHS, deren Mysterienspiel »Eli« er in Dortmund uraufführen ließ, musste 1962 Dortmund verlassen.
15. RISCHBIETER, HENNING (Hrsg.): *Theater im »Dritten Reich«. Theaterpolitik – Spielplanstruktur – NS-Dramatik,* Leipzig 2000, S. 125

III. Das Ende einer Glanzzeit

Bereits vor 1933, zur Zeit der Intendanz von Richard Gsell (ab 1927), war es in Dortmund zur Diskussion um die Erhaltung des Stadttheaters und seiner Sparten gekommen. Schon in der Festschrift zum 25-jährigen Bestehen der Städtischen Bühnen 1929 äußerte der damalige Bürgermeister sowie Kultur- und Theaterdezernent Dr. Paul Hirsch – später selbst von antisemitischen Anwürfen und rassistischer Verfolgung betroffen – ernste Sorge um das Theater, das aber die Krise überstehen müsse und »nicht verzweifeln« dürfe. Diese mahnende Schlagzeile stellte der Theaterdezernent der Broschüre zum 25-jährigen Bestehen des Stadttheaters voran und schloss mit dem Appell »Vorwärts trotz alledem.«[16]

Dortmund hatte in den 1920er Jahren im Verhältnis zu Bochum, wo Saladin Schmitt ab 1919 eine großartige Theatertradition begründet hatte, aufgeholt. Unter der Theaterintendanz von Johannes Maurach und Karl Schäffer sowie insbesondere ab 1927 unter Richard Gsell waren anspruchsvolle Aufführungen inszeniert wie auch zeitgenössische Stücke in Szene gesetzt worden, so beispielsweise Goethes »Faust I« und »Faust II« im Jubiläumsjahr 1929 oder Berlioz' »Die Trojaner«, Rehfischs/Herzogs »Affäre Dreyfus«, Brechts »Heilige Johanna«, Klabunds »Kreidekreis« oder das Antikriegsstück »Karl und Anna«[17] von Leonhard Frank. Unter der Leitung von Gsell hatte sich gerade das Schauspiel aus seiner provinziellen Erstarrung gelöst und auch den vernachlässigten Sparten Oper und Ballett war wieder zu neuem Leben verholfen worden. Zahlreiche künstlerische Disziplinen wurden so wieder zum Anziehungspunkt hervorragender Dramaturgen, Chorleiter, Sänger, Schauspieler und Tänzerinnen. Durch die stärkere Einbeziehung des Musikdirektors Wilhelm Sieben, ab 1927 auch Operndirigent, gewann Dortmund an künstlerischem Profil.

Spätestens im Krisenjahr 1929 war aber auch deutlich geworden, dass sich Dortmund mit seinem Dreispartentheater übernommen hatte, denn die verheerenden wirtschaftlichen Rahmenbedingungen bestimmten letzten Endes auch den Kulturetat der Stadt. Als weitgehend monostrukturierte Industriestadt extrem von der Schwerindustrie abhängig, war diese wiederum durch die ab 1929 anhaltende Wirtschaftskrise stark in Mitleidenschaft gezogen. Innerhalb von zweieinhalb Jahren hatte in den Leitsektoren der Dortmunder Wirtschaft jeder zweite Arbeiter seinen Arbeitsplatz verloren und in der inzwischen auf mehr als 550 000 Einwohner angewachsenen Großstadt reichte das Steueraufkommen des Jahres 1932 nicht mehr aus, um auch nur die Kosten des Wohlfahrtsetats auszugleichen.[18]

Mangels finanzieller städtischer Mittel wurden 1932/33 wieder Theaterfusionen diskutiert; so 1932 die mit Bochum und Essen. Die wirtschaftlich schwierige Lage einer Industriestadt, in der zwei Drittel der Berufstätigen aus der Arbeiterschaft stammten, stellte ein städtisch betriebenes Theater immer mehr in Frage. Es kam zu Etatkürzungen, die wiederum Kündigungen nach sich zogen. Wie der nach 1945 amtierende Chefdramaturg der Städtischen Bühnen Dortmund, Arthur Mämpel[19], schilderte, war Ende 1932 »die Oper oft schlecht vorbereitet und das Neue kam überstürzt heraus. Das Burgwalltheater schloss ebenfalls seine Pforten. (...) Was unter den drückenden Etatsorgen und den damit verbundenen Einschränkungen die Künstler geleistet haben, überschritt zuweilen die Grenzen des noch Vertretbaren. Künstler wie Hans Schanzara und Armin Weltner waren in Oper, Operette und sogar Schauspiel beschäftigt. Und Felix Wolfes leistete bei der Orchesterreduzierung, die zur besonderen Pflege der Spieloper zwang, Unerhörtes.«[20]

Intendant Gsell versuchte den sich verringernden personellen und finanziellen Ressourcen entgegenzusteuern. So gelangen ihm noch 1932 – auf dem Höhepunkt der Wirtschaftskrise – zum Goethe-Zentenarium, den Feiern zu Goethes 100. Todestag, mit den »Geschwistern« und den »Mitschuldigen« zwei glanzvolle Neuinszenierungen. Letztlich zwangen den engagierten Intendanten nicht wirtschaftliche oder künstlerische, sondern politische Umstände zur Aufgabe: Am 23. Mai 1933 beschloss der Dortmunder Magistrat, der inzwischen neu »gewählten« Stadtverordnetenversammlung die Schließung des Theaters und die Auflösung des Orchesters vorzuschlagen; zu einer Entscheidung kam es jedoch nicht. Gsells Vertrag als Intendant wurde infolge der Intervention von NSDAP-Gliederungen und der NS-Presse nicht mehr verlängert.

Gsell hatte am Ende der Weimarer Republik eine »fortschrittliche Bühne« repräsentiert und viele beachtliche Erfolge verzeichnet; sein Vertrag wäre mit der Spielzeit 1932/33 ohnehin ausgelaufen und hätte einer neuen Verlängerung bedurft. Diese war von dem noch übergangsweise amtierenden, demokratisch gewählten, inzwischen aber »abgesetzten« Magistrat auch angestrebt worden. Eine 1933 erfolgte vermeintliche Bewerbung von Oskar Walleck[21], der 1925–1931 als Oberspielleiter sowohl das Dortmunder Schauspiel als auch die Oper zu enormen Leistungen geführt hatte, auf den frei gewordenen Dortmunder Intendantenposten wurde bereits im Vorfeld von »der Dortmunder Kreisleitung der NSDAP und ihren berufenen Sachwaltern« abgelehnt.[22] Von der zehnköpfigen Gruppe, bestehend aus Intendant sowie Bühnen- und Musikvorständen des Dortmunder Stadttheaters, mussten nach der Spielzeit 1932/33 mit neun Personen – allerdings bei unterschiedlichen Hintergründen – auffällig viele Akteure ihre bisherige Wirkungsstätte verlassen.[23]

Das Jahr 1933 beendete auch in Dortmund eine große, nie wiederkehrende Zeit des Theaters, das seine beeindruckendsten Höhepunkte und Inszenierungen in der Weimarer Republik gefeiert hatte.

IV. Theater im Dienst der Propaganda

Mit der Machtübernahme der Nationalsozialisten waren tief greifende Veränderungen der Kulturpolitik, der Theaterkultur und der Theaterspielpläne verbunden. Die Werke missliebiger Autoren und Komponisten wurden eliminiert, sei es, weil die Autoren »jüdisch« waren, als »politisch unzuverlässig« galten, oder ihre ästhetische Konzeption dem »gesunden Volksempfinden« widersprach. »Kunst dem Volke« hieß eine der Propagandalosungen des Nationalsozialismus. Der schon zur Tradition gewordene Gedanke des Volkstheaters, der seit der Gründung der Berliner »Freien Volksbühne« 1890 und insbesondere in den 1920er Jahren der Weimarer Zeit verbreitet war, wurde bewusst verfälscht und der Propaganda unterstellt. Das »Zeitstück« übernahm die Aufgabe, für die »neuen Werte«, für Nationalismus, Militarismus und gehorsame Untertanengesinnung zu werben.

Eine Selbstzensur von Theaterstücken fand quasi im vorauseilenden Gehorsam relativ früh statt, so dass die Theaterspielpläne schon

15.11.1939

---

16. *Das Theater*, Festschrift zum 25-jähr. Bestehen der Städt. Bühnen zu Dortmund (1929)
17. DASCHER, OTTFRIED: *Kunst und Gesellschaft in Dortmund und die Galerie Utermann 1853–1945*, in: *150 Jahre Utermann*, Dortmund 2003, S. 41; vgl. auch APPEL, PAUL-HERBERT: *Dortmund Theater im Wandel der Zeit*, in: *Theater einer Industriestadt. 50 Jahre städtische Bühnen Dortmund*, Dortmund 1954, S. 34 und MÄMPEL, ARTHUR: *500 Jahre Tradition – 75 Jahre im kommunalen Auftrag*, in: *75 Jahre Städtisches Theater in Dortmund 1904–1979*, Dortmund 1979, S. 71f.
18. Infolge der Weltwirtschaftskrise war die Arbeitslosenzahl in Dortmund von 20 000 (1928) auf 77 000 im Mai 1932 angestiegen; vgl. Statist. Vierteljahresbericht 1928, Nr. 4; Veröff. d. Statist. Amtes: *Wirtschaftslage u. Arbeitslosigkeit seit 1929, 1933*, S.5.
19. Der umfangreiche schriftliche Nachlass von DR. ARTHUR MÄMPEL befindet sich im Stadtarchiv Dortmund. Mämpel selbst scheint nicht ganz frei gewesen zu sein von »nationalsozialistischer« Beeinflussung. So gerierte er sich als »Dichter« in einer vom Stadttheater herausgegebenen Schrift (Stadttheater Dortmund, Heft 13, 1. April 1934) unter der Rubrik »*Westfälische Dichter der Gegenwart*«, wo es u.a. heißt: »Laß mich nicht säumig hier auf der Erde sitzen! Teilhaben laß mich am stürmischen Weltenflug...«.
20. StadtADo Best. 481 (Nachlass Mämpel), Nr. 171
21. OSKAR WALLECK war 1933 Intendant des Coburger Landestheaters; Coburg galt als eine der ersten Hochburgen der NSDAP.
22. RE Nr. 73 vom 27.3.1933 (»Spiel im Dunkeln – Um die Neubesetzung der Intendantenstelle«)
23. DUSSEL: *Ein neues, ein heroisches Theater?*, S. 174

ab Anfang März 1933 nationalsozialistisch »gleichgeschaltet« waren. Dabei spielten die NS-Presse und lokalen NS-Machthaber die Aufpasser. Mit der Arbeitsaufnahme der Reichsdramaturgie als Zensurinstanz Anfang 1934 wurde die Zensur offiziell und bürokratisiert. Was die Spielpläne anging, verfuhr man durchaus flexibel, wobei sich ein Grundmuster – Oper, Operette, klassisches Schauspiel sowie jeweils pro Spielzeit drei tendenziöse »Zeitstücke« gemäß nationalsozialistischer Ideologie – erkennen ließ.

Auf Reichsebene wurde die Indienststellung des Theaters für die nationalsozialistische Ideologie symbolhaft am 20. April 1933 – Hitlers Geburtstag – mit der Uraufführung des »dem Führer« gewidmeten Ruhrkampfdrama »Schlageter« von Hanns Johst gefeiert. Auch das Dortmunder Theater sollte nach Vorstellung der nationalsozialistischen Stadtführung künftig keine Experimentierstätte »solcher Dichterlinge sein, die eine politische Tendenz zur Weltanschauung ausbauen wollten«.[24] Auf dem Spielplan standen nun ebenfalls – wie in anderen Städten – Schauspiele nationaler Tendenz wie »Schlageter«, Zerkaulens »Jugend von Langemarck« oder Kaysers »Es brennt an der Grenze«.[25]

Die noch von Gsell für 1933 angekündigte Inszenierung »Seltsames Zwischenspiel« von Eugene O'Neill war vom Spielplan abgesetzt worden. Als Hitler am 9. Juli 1933 anlässlich des NSDAP-Gautreffens und der Massenkundgebung der SA-Westfalen vor dem Dortmunder Stadttheater die Parade seiner Gefolgschaften abnahm, war Dortmund bereits fest in nationalsozialistischer Hand. Und einige Jahre später hieß es bezeichnend in einer Broschüre der Dortmunder Stadtverwaltung zur Spielzeit 1936/37 im Stadttheater: »Wir kämpfen mit Adolf Hitler für eine ewige, reine, deutsche Kunst. (...) Wir anerkennen das Schöne, das Erhabene und Heitere, das Ideale und Menschliche, nur das Unzulängliche anerkennen wir nicht. Unsere Ziele liegen in der Höhe. Richard Wagner, Mozart, Schiller, Goethe leuchten uns voran. Der Norden verlangt nach Geltung.«[26]

Die deutschen »Klassiker« im Schauspiel (Schillers »Wallenstein«; Goethes »Götz von Berlichingen«, Lessings »Minna von Barnhelm«), Richard Wagner (»Die Meistersinger von Nürnberg«, »Parsifal«, »Der fliegende Holländer«) und Mozart (»Don Giovanni«, »Figaros Hochzeit«) in der Oper, Johann Strauss (»Der Zigeunerbaron«, »Die Fledermaus«) und Franz Lehár (»Zarewitsch«) in der Operette bestimmten den Spielplan 1936/37, in dem mit dem »Marsch der Veteranen« von Friedrich Bethge im Schauspiel lediglich ein rein ideologisches Tendenzstück anzutreffen war. Die relativ einseitige Betonung von Oper und Operette, die in Dortmund – unterbrochen von Gsells Schwerpunkt auf den Schauspiel – Tradition besaß, passte nicht unbedingt in die theaterpolitische NS-Konzeption, da man dem Schauspiel eine stärkere kulturpolitische und aufklärerische Wirkung einräumte als der Oper, die man eher der »festlichen Repräsentation« zuordnete.

V. Die (General-)Intendanten 1933–1944

Intendant war zu diesem Zeitpunkt Dr. Georg Hartmann, der in der Zeit von 1929 bis 1933 als Intendant am Breslauer Opernhaus und ab 1934 als stellvertretender Intendant und ab 1935 gleichzeitig als Operndirektor in Dortmund beschäftigt war. Dessen Vorgänger Bruno Bergmann (1933–1935) war ein ausgewiesener Parteigänger der Nationalsozialisten gewesen, der sich an die Maxime: »Äußerste Sparsamkeit, peinlichste Sauberkeit und hingebendste Pflichttreue« gehalten hatte.[27]

Georg Hartmann wird nachgesagt, dass er als einer der fantasiereichsten Opernregisseure in Dortmund die große Oper reaktiviert und auch dem Stadttheater insgesamt wieder das gewünschte Ansehen verschafft habe. Eine parteipolitische Bindung an den Nationalsozialismus ist bei ihm nicht auszumachen, auch wenn er auf ausdrücklichen Wunsch des Staatskommissars der Reichskulturkammer, Hinkel, als Operndirektor nach Dortmund geschickt worden war.[28] Hartmann verlegte den Schwerpunkt seiner Inszenierungen weiterhin auf die Oper, zumal im Bereich des Schauspiels in der Region des »Westens«, wie die Nationalsozialisten den Kulturraum Westfalen/Ruhrgebiet zu bezeichnen pflegten, das Bochumer Ensemble unter der Leitung von Saladin Schmitt eine unangefochtene Spitzenposition behauptete. Mit Beethovens »Fidelio«, seiner ersten Dortmunder Inszenierung, hatte sich Hartmann in die vorderste Reihe der westdeutschen Regisseure gespielt.[29]

Im Dezember 1936 wurde die Dortmunder Intendantenstelle neu ausgeschrieben, weil Hartmann ab April 1937 zur Duisburger Oper wechselte. Neuer »Generalintendant« – der Titel wurde aus früheren Zeiten reaktiviert – wurde 1937 (und blieb es bis Ende 1944) Peter Hoenselaers, Operettensänger, NSDAP-Parteimitglied und SA-Sturmbannführer[30] – also »mit hohen Funktionen seiner Zeit ausgestattet«, wie es in der Jubiläumsschrift zum 75-jährigen Bestehen des Theaters in Dortmund etwas unreflektiert umschrieben wird.[31]

Das Gewicht, das in Dortmund zuvor der Oper zugebilligt worden war, wurde nach dem Antritt des neuen Generalintendanten Hoenselaers gleichmäßig auf alle Sparten verteilt: In der Spielzeit 1938/39 kam 29-mal Schillers Klassiker »Wilhelm Tell« und 18-mal der »Reiter« von Heinrich Zerkaulen, einem der neuen national(sozialistisch)en Dichter, auf die Bühne. An Operetten standen »Der Zarewitsch« (26-mal) und der »Graf von Luxemburg« (18-mal) im Vordergrund des Publikumsinteresses, das durch organisierte Gruppenbesuche von »Deutscher Arbeitsfront« (DAF) und »Kraft durch Freude« (KdF) gesteigert wurde. Jüdischen Bürgern war inzwischen infolge einer amtlichen Bekanntmachung der Reichskulturkammer vom 12. November 1938 der Besuch von »Darbietungen der deutschen Kultur« verboten. Der Zugang zu Theatern, Kinos, Konzerten und sonstigen Veranstaltungen kultureller Art war ihnen damit unmöglich gemacht worden.[32]

Je nach Anlass wurden in Dortmund wie überall im »Dritten Reich« politische Tendenzstücke wie »Der Sturz des Ministers« von Eberhard Wolfgang Möllers (1937/38) oder – nach der Annektierung Polens durch das NS-Regime – »Veit Stoß« von Hermann Heinz Ortner (1941) aufgeführt. Beziehungsreicher Hintergrund des »Veit-Stoß«-Stücks war die gewaltsame Entfernung des Veit-Stoß-Altars aus der Marienkirche in Krakau und dessen Überführung nach Nürnberg, wo das Theaterstück anlässlich des Reichsparteitags der NSDAP am 19. Januar 1941 Uraufführung hatte.[33] Der Dortmunder Generalintendant Hoenselaers sah in dem Werk ein »Bekenntnis zur deutschen Kunst«, die im Gegensatz zur Kirche »Roms und Wittenbergs« unvergänglich sei.

Insgesamt gesehen kann während der Zeit des Nationalsozialismus jedoch durchaus von einer Pflege der deutschen Klassik gesprochen werden – sie galt sogar als nützliches Propagandaelement. Schillers »Wilhelm Tell«, sein »Wallenstein« und Goethes »Faust I« zählten neben Lessings Lustspielklassiker »Minna von Barnhelm« zu den meistaufgeführten Theaterstücken im »Dritten Reich«. Lessings Schauspiel »Nathan der Weise«, das gegen religiöse, weltanschauliche und rassische Unterdrückung ankämpfende Hohelied der Humanität, Toleranz und Völkerverständigung, war dagegen verboten.[34] Es wurde am 6. März 1933 zum letzten Mal in Dortmund[35] und nach dem März 1933 an keiner Spielstätte des Deutschen

---

24. MÄMPEL, ARTHUR: *Theater am Hiltropwall*, S. 11
25. RE Nr. 99 vom 10.4.1933; Gastspiel der Kampfbund-Bühne Münster im Stadttheater Dortmund mit Hans Kaysers Schauspiel
26. Stadttheater Dortmund (Brosch.), Spielzeit 1936/37
27. RISCHBIETER, *Theater im »Dritten Reich«*, S. 126
28. ebenda
29. *75 Jahre Städtisches Theater in Dortmund 1904 bis 1979*, Dortmund 1979, S. 81.
30. RISCHBIETER: *Theater im »Dritten Reich«*, S.127
31. 75 Jahre Städtisches Theater, S. 87.
32. Vgl. Anordnung über die Teilnahme von Juden an Darbietungen der deutschen Kultur vom 12. November 1938
33. RISCHBIETER: *Theater im »Dritten Reich«*, S. 695
34. DREWNIAK, BOGUSLAW: *Das Theater im NS-Staat*, Düsseldorf 1983, S. 169
35. Dortmunder Zeitung Nr. 106 vom 3.3.1933 mit der Ankündigung *»Zum letzten Male«*

Reichs, ausgenommen das Theater des Jüdischen Kulturbundes in Berlin, mehr gespielt. Die meistgespielten Komponisten der NS-Zeit waren Richard Wagner, Verdi und Mozart.[36]

VI. Comedia finita est

Am 1. März 1943 fielen die ersten Bomben auf das Dortmunder Stadttheater, dessen monumentales Äußeres durchaus dem Zeitgeschmack des »Dritten Reichs« entsprochen hatte. Bis dahin war der Dülfer'sche Bau weitgehend von Veränderungen oder Zerstörungen verschont geblieben, sieht man einmal von einer nationalsozialistisch motivierten »Purifizierung« von 1937 ab, als der Jugendstilschmuck des Auditoriums bis auf wenige Reste beseitigt worden war.[37] Behelfsmäßig wurde mit dem noch vorhandenen Ensemble im Theaterfoyer des Dülferbaus, im Olympiatheater, im Corso und im so genannten Neuen Theater (Casino) weitergespielt.[38]

Am 1. September 1944 wurden aufgrund einer Anordnung des Propagandaministeriums alle Theater geschlossen. Bei einem der schwersten Bombenangriffe auf Dortmund – am 6. Oktober 1944 – wurde dann schließlich der Rest des Großen Hauses »am Boden zerstört«. Das Dortmunder Stadttheater hatte nach fast genau 40 Jahren Theaterbetrieb aufgehört zu existieren.

---

36. DREWNIAK: *Das Theater im NS-Staat*, S. 328
37. KLEIN, DIETER: *Martin Dülfer. Wegbereiter der Deutschen Jugendstilarchitektur*, München 1981, S. 72 f.
38. StadtADo, Best. 481, Nr. 148

In der Volkstümlichkeit

einer Einrichtung liegt das Geheimnis ihres Erfolges. Das deutsche Theater in bestem Sinne volkstümlich zu machen, ist Aufgabe jeder Bühnenleitung. Ziel muß es dabei sein, die künstlerische Leistung der Bühne stetig zu steigern, auf Bewährtem aufzubauen und weltanschaulich und künstlerisch die vom Führer vorgezeichnete große Linie zu wahren.

„Die Kulturdenkmäler der Menschheit waren noch immer die Altäre der Besinnung auf ihre bessere Mission und höhere Würde". Diese Worte Adolf Hitlers sind richtungsweisend.

Das Theater ist die Weihestätte der Besinnung, ob es ernste oder heitere Kunst darbietet, es ist stets die Stätte des Besonderen und Einmaligen. Das Theater umfaßt die Gemeinschaft des Volkes in Andacht vor der Nation! In diesem völkischen Gedanken wurzelt seine künstlerische Arbeit, diese Arbeit wird ihr Ziel darin sehen, das ganze Volk – oder im engeren Sinne: die ganze Stadt – mit sich zu beschäftigen. Gelingt uns das, dann wird solche Liebe zum Volk ganz von selbst bewirken, daß das Volk seine Bühne lieben lernt! Und warum? Weil sie ihm mehr bietet, als Unterhaltung und Belehrung.... Besinnung! Alles am Theater zwingt zur Besinnung in der Gemeinsamkeit der Gedanken! Und das ist seine weihevollste Mission.

Dortmund, im April 1937

Hoenselaers

Generalintendant des Stadttheaters Dortmund

Programmatischer Beitrag des ersten Generalintendanten Peter Hoenselaers im Sinne der NS-Kulturpolitik in den Blättern des Stadttheaters »Die Pause« (Nr. 12/1937)

SA-Aufmarsch vor dem Stadttheater am
9. Juli 1933, angeführt vom Stabschef der SA,
Ernst Röhm. In der Mitte des Bildes
vor der Hakenkreuzfahne Adolf Hitler

Bei der Probenarbeit im Chorsaal trugen 1937
einige Mitglieder anscheinend Parteiabzeichen.
Am Flügel Chordirektor Dr. Hans Paulig

Bombenangriffe zerstörten 1943 und 1944 den Dülfer'schen Theaterbau am Hiltropwall

März 1945: Das zerstörte Stadttheater, dessen Ruine noch bis 1960 erhalten blieb

Sigrid Karhardt

Auferstanden aus den Trümmern
Die Interimszeit des Dortmunder Theaters nach dem Krieg

La Commedia e finata – »Das Spiel ist aus.« So mögen es die ersten Überlebenden des Theaterensembles empfunden haben, die sich nach Kriegsende vor ihrem zerbombten Theater am Hiltropwall einfanden. 1945 lag die einst blühende Halbmillionenstadt Dortmund in Schutt und Asche, ihr Theater war eine Ruine, über der tapfer die noch erhaltene Quadriga die Stellung hielt.

I. Der Wiederbeginn

Aus allen Himmelsrichtungen, aus der Evakuierung und der Gefangenschaft kehrten die Mitglieder des Ensembles, die den Krieg überlebt hatten, zurück, versammelten sich vor den Trümmern ihres Theaters – und beschlossen, trotz aller widrigen Umstände weiterzumachen. Weil sich der damalige, inzwischen legendäre Generalmusikdirektor Wilhelm Sieben politisch immer zurückgehalten hatte, konnte er schon Ende 1945 mit dem Aufbau seines Orchesters beginnen. Die alten Katakomben unter dem Theater dienten zunächst als Probenraum.

Die ersten Konzerte des noch längst nicht wieder vollständigen Orchesters fanden bereits Anfang 1946 statt. Bei einem der ersten im Hoesch-Verwaltungsgebäude an der Rheinischen Straße wurde die 6. Sinfonie von Ludwig van Beethoven aufgeführt, erinnert sich Oboist Werner Schütte, der 1942 von Sieben engagiert worden war, mit seinen Kollegen viele nächtliche Brandwachen am Theater gehalten hatte und in den letzten Kriegsjahren noch eingezogen wurde. Beethoven in dieser Zeit – das bedeutete Lichtblick, Hoffnung, Schicksalswende.

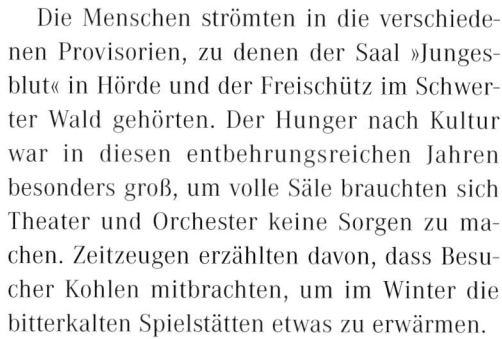

Die Menschen strömten in die verschiedenen Provisorien, zu denen der Saal »Jungesblut« in Hörde und der Freischütz im Schwerter Wald gehörten. Der Hunger nach Kultur war in diesen entbehrungsreichen Jahren besonders groß, um volle Säle brauchten sich Theater und Orchester keine Sorgen zu machen. Zeitzeugen erzählten davon, dass Besucher Kohlen mitbrachten, um im Winter die bitterkalten Spielstätten etwas zu erwärmen.

Margrit Eckardt, Sekretärin von Wilhelm Sieben, sah ihren Chef immer nur stehend, weil er im dicht gedrängten Provisorium der Verwaltung an der Lindemannstraße kein eigenes Zimmer und folglich keinen Platz zum Sitzen hatte. Abends wurden die Glühbirnen herausgedreht, weil sie sonst am nächsten Tag bestimmt nicht mehr dagewesen wären. »Was damals an Kunst geboten wurde, war trotz der schwierigen äußeren Umstände umwerfend. Vielleicht lag es daran, dass sich alle in den Nachkriegsjahren so sehr danach sehnten«, sagt Margrit Eckardt über die Zeit, in der man lange Fußmärsche für Konzerte in Kauf nehmen musste, in der es aber bald auch schon großartige Auftritte eines Sergiu Celibidache, Hans Knappertsbusch und einer Elly Ney sowie bemerkenswerte Opernaufführungen im Theater an der Lindemannstraße gab.

Konsequent, wie er immer gelebt und gearbeitet hatte, entschloss sich Sieben, ein großartiger Musiker, der sein Orchester mitzureißen vermochte, 1952 zum Abgang und setzte allen Bitten und Verführungskünsten zumindest um weitere Gastspiele ein unmissverständliches »Nein« entgegen, obwohl er noch bis ins hohe Alter äußerst vital war.

Willem Hoenselaars
Direktor/Intendant
1945–1947

Erster Nachkriegs-Intendant wurde Willem Hoenselaars, der gleich nach dem Zweiten Weltkrieg die vor dem Nichts stehende Spielgemeinschaft um sich versammelt hatte und als deren Leiter und Regisseur fungierte. Trotz großer technischer Schwierigkeiten, zu denen das Fehlen von Nägeln und Leinwand oder das Ausbleiben des versprochenen Holzes gehörten, kamen in der Spielzeit 1945/46 Premieren wie »Der Tor und der Tod« von Hugo von Hofmannsthal, »Der Weibsteufel« von Karl Schönherr, »Die lustigen Weiber von Windsor« von Otto Nicolai, »Was ihr wollt« von William Shakespeare und »Susannes Geheimnis« von Ermanno Wolf-Ferrari heraus. »Dieses Kind machte seine ersten Gehversuche ohne die passenden Schuhe. Trotzdem haben wir ihm auf die Beine geholfen«, schrieb der Intendant in einem Rückblick auf diese denkwürdige erste Nachkriegs-Spielzeit.

Weil die zahlreichen Provisorien wie beispielsweise auch der Brammann'sche Saal in Marten auf Dauer unzumutbar waren, entschloss sich die Stadt, die Aula der Pädagogischen Akademie zum »Theater an der Lindemannstraße« herzurichten, was – unter großen Verzögerungen und ständigen Terminverschiebungen – schließlich auch gelang. Eröffnet wurde am 17. September 1947 mit Mozarts »Zauberflöte«, die Dr. Herbert Junkers inszenierte, der – wie bei einem neuen Haus nicht unüblich – den bisherigen Intendanten ablöste: Hoenselaars, der dem »Kind das Laufen« beigebracht hatte, widmete sich fortan den Aufgaben des Schauspieldirektors und Darstellers.

Eine Mischung aus Klassikerpflege und Gegenwartstheater bestimmte den Spielplan. »Kabale und Liebe« von Friedrich Schiller, »Wiener Blut« von Johann Strauß (Sohn), »La Traviata« von Giuseppe Verdi, »Im weißen Rössl« von Ralph Benatzky, »Hänsel und Gretel« von Engelbert Humperdinck und – als Spitzenleistung des Schauspiels mit Besucherrekord – »Des Teufels General« von Carl Zuckmayer. In Hoenselaars' Inszenierung »Der Hauptmann von Köpenick«, ebenfalls von Zuckmayer, findet sich ein Name, der in die Theatergeschichte eingehen sollte: Rolf Boysen spielte den Hauptmann von Schlettow. Während seines Dortmunder Engagements wurde er oft und gern auf der Bühne gesehen, u. a. als Wurm in »Kabale und Liebe«, als Valerio in »Leonce und Lena« von Georg Büchner oder als Fliegerleutnant Hartmann in »Des Teufels General«.

Nach der Währungsreform 1948 legten die Städtischen Bühnen ein erstes Abonnement auf, das außerordentlich dankbar angenommen wurde. Die Zahl der Abonnenten stieg in den ersten Spielzeiten von 1600 auf 2200. Obwohl neben dem Theater an der Lindemannstraße mit dem Süd-Theater am Rheinlanddamm eine zweite Spielstätte eingerichtet wurde, in dem auch Hermine Körner in Stefan Zweigs »Legende eines Lebens« gastierte, waren die Raumverhältnisse dem großen Besucherinteresse nicht mehr gewachsen. Schon bald nach der Eröffnung mit der »Zauberflöte« 1947, die es auf über 50 Vorstellungen und Gastspiele in Duisburg brachte, entstanden Pläne für ein neues Theater in unmittelbarer Nähe zum zerstörten Dülfer'schen Bau am Hiltropwall. Das Theater sollte von der Lindemannstraße wieder zurück ins Stadtzentrum.

II. Der neue Mann: P. Walter Jacob

Erneut drehte sich das Intendanten-Karussell: So wie drei Jahre zuvor Dr. Junkers beim Einzug in das Theater Lindemannstraße Willem Hoenselaars abgelöst hatte, kam 1950 mit Paul Walter Jacob auch für ihn ein Nachfolger.

Jacob war ein Allround-Theatermann, der noch bei Leo Blech das Dirigieren gelernt hatte, der Schauspieler war, Bücher schrieb und genauso große Hoffnungen auf Dortmund setzte wie die Stadt auf ihn. 1933 hatte er vor dem Naziterror fliehen müssen, war schließlich in Buenos Aires gelandet, wo er die »Freie Deutsche Bühne« leitete. »...als durch Gewalt und Terror erzwungene Pause, als Vakuum in der deutschen Kunstentwicklung wird das ‚Dritte Reich' in die Geschichte eingehen«, schrieb er über diese Zeit, die für ihn – trotz seines En-

Dr. Herbert Junkers
Intendant
1947–1950

gagements in Argentinien – oft quälend und frustrierend gewesen war. »Ein Mensch ohne Privatleben und ohne Ruhe, das bin ich tatsächlich geworden«, heißt es in einem Brief aus dem Jahr 1949. Trotzdem war diese Zeit für das Überleben des deutschsprachigen Theaters und der Künstler immens wichtig. Jacobs Inszenierungen von Stücken wie Franz Werfels »Jacobowsky und der Oberst« und Zuckmayers »Des Teufels General« mit Jacob als Harras sind Theatergeschichte.

Nach dem Kriegsende war bei P. Walter Jacob (wie sein Name sich eingeprägt hat) wie bei vielen ins Exil getriebenen Künstlern und Intellektuellen die Hoffnung gewachsen, man könne nach der Befreiung vom Faschismus wieder nach Deutschland zurückkehren, werde dort gebraucht. Schon im Frühjahr 1945 begann Jacob die Möglichkeiten der Rückkehr für sich und sein Ensemble zu sondieren. Aber er und viele andere Exil-Künstler mussten schnell erfahren, dass ihre Hoffnung, sie würden in der Heimat erwartet und mit offenen Armen empfangen, Illusion war. Ihnen stand ein langer, mühevoller und mit vielen Enttäuschungen gepflasterter Weg bevor.

Jacob bewarb sich zunächst vergeblich an verschiedenen deutschen Stadttheatern. Im Juni 1949 flog er zurück nach Buenos Aires, um seine ganze Kraft wieder der »Freien Deutschen Bühne« zu widmen, an der in dieser Spielzeit auch Viktor De Kowa auftrat. Im Dezember war er bereits wieder in Europa und wenige Monate später hatte er sein Ziel erreicht: Am 7. März 1950 wurde er zum neuen Intendanten der Städtischen Bühnen Dortmund gewählt.

Im Westen und besonders im Ruhrgebiet war er kein Unbekannter, denn er hatte bereits am Essener Theater gearbeitet. In seinem neuen Amt als Dortmunder Theaterchef entfaltete er bald seine Talente. Er war ein Intendant, der sein Haus gut nach außen repräsentierte, zugleich ein handfester Regisseur, ehrgeiziger Dirigent und markanter Schauspieler. Eben aus der Emigration zurückgekehrt, war er voller Tatendrang und Ideen. Sein Spielplan zeugte von einer Vielfalt, die es den Besuchern ermöglichte, die gesamte Musik- und Theaterliteratur kennen zu lernen.

Am 12. September 1950 wurde das neue Haus am Hiltropwall mit Beethovens »Fidelio« eröffnet – ein Ereignis, das überregional weithin beachtet wurde. Inmitten einer Trümmerwelt, die viele Städte zum großen Teil noch immer waren, wurde auch ein eher bescheidenes neues Theater zum viel beachteten Lichtblick. Wilhelm Sieben am Pult der Dortmunder Philharmoniker übernahm den musikalischen Part der Eröffnungspremiere, P. Walter Jacob zusammen mit Bühnenbildner Harry Breuer den szenischen. Die Raumausnutzung und der großzügige Bühneneindruck des verhältnismäßig kleinen Hauses wurden gelobt. Für die Qualität der »Fidelio«-Aufführung und ihre Beliebtheit beim Publikum spricht, dass sie bis 1962 im Spielplan blieb und 78 Aufführungen erlebte. Das neue Haus war vorrangig für die Oper gedacht, während das Theater an der Lindemannstraße dem Schauspiel zur Verfügung stand. Später erhielt das Sprechtheater außerdem die Bühne am Ostwall.

Der Intendant muss in jener Zeit wohl oft bis an die Grenzen des Machbaren gegangen sein. Im Aufholen des zwei Jahrzehnte Versäumten wählte er keinen bequemen Weg: Lebendiges Theater mit einem entscheidenden Anteil von Wiedergutmachung an Werken, die im »Dritten Reich« verboten gewesen waren, prägten seine Ära, die zwölf Jahre dauern sollte. Jacobs Ehrgeiz, seinem Publikum auch die großen Klassiker nahe zu bringen, war dabei manchmal schwer in Einklang zu bringen mit den räumlichen und wohl auch personellen Voraussetzungen.

Trotz mancher Kritik vollzog sich im alten Opernhaus und auf den Sprechtheater-Bühnen ein interessantes Stück Dortmunder Theatergeschichte. Schon in der ersten Spielzeit brachte Jacob »Lohengrin« als erste Wagner-Oper nach langer Zeit auf die Bühne, die im Grunde zu klein dafür war. Der Wagner-Enthusiast Jacob, der auch ein Buch über Richard Wagners Opernschaffen geschrieben hat, führ-

P. (Paul) Walter Jacob
Generalintendant
1950–1962

te selbst Regie und dirigierte zugleich. Bühnenbildner Breuer gelang es, die Illusion einer großen Bühne zu schaffen.

Ein Jahr später eröffneten »Die Meistersinger« die Spielzeit; Jacob dirigierte »nur«, die Inszenierung übernahm Peter Funk. Karl Leibold als Beckmesser und Ernst Günther als Hans Sachs wurden begeistert gefeiert. Leibold war der besondere Publikumsliebling, dessen Krönung seines langen Wirkens in Dortmund die Titelrolle in Ferruccio Busonis »Doktor Faust« wurde. Jacob ging damals systematisch daran, die wichtigen Opern, die zwischen den Kriegen herausgekommen waren, auf ihren Aussagewert für die Gegenwart zu überprüfen. Dabei stieß er auch auf »Doktor Faust«, der in seiner Inszenierung ein großer Erfolg und von vielen anderen Bühnen nachgespielt wurde. Für Leibold war der Faust die letzte Rolle – wenige Monate nach der Aufführung erlag er 46-jährig einem Herzschlag.

Zu Jacobs Entdeckungen gehörte auch Hans Pfitzners Oper »Das Herz«, die er als erste Nachkriegsaufführung herausbrachte – wenn auch nicht so erfolgreich wie den »Doktor Faust«. Aber solche Experimente waren notwendig, fanden Anerkennung. Das lässt sich auch für die Oper »Der Kreidekreis« von Alexander von Zemlinsky, für »Don Gil von den grünen Hosen« von Walter Braunfels und Felix von Weingartners »Dame Kobold« sagen.

In einer Kritik in den »Ruhr Nachrichten« vom 30. September 1952 wurde P. Walter Jacobs »beifällig begrüßte Neuinszenierung« des »Rosenkavaliers« von Richard Strauss gewürdigt: »Jacob wandte sich mit Takt und Geschmack vor allem den feinen Elementen zu und erfüllte die Forderung des Dichters (Hofmannsthal) völlig abgehend vom Trivialen und Konventionellen«, heißt es darin. In einer Besprechung über einen denkwürdigen Theaterabend im März 1953, an dem Beaumarchais' »Ein toller Tag« Premiere hatte, schrieb Kritiker Otto Königsberger u. a.: »Nachträglich mutet das geradezu unheimlich an: Während wir im Theater an der Lindemannstraße saßen, die Drolerien, den frechen Witz des Figaro belachend, ist Stalin gestorben. (...) Welch dämonischer Kommentar der Wirklichkeit zu einem so heiteren Theaterabend.«

Der Spielplan des Schauspiels war bemerkenswert vielseitig, reichte in der Spielzeit 1952/53 von »Die Fußballwette« von Arnold Ridley bis zu den »Ratten« von Gerhart Hauptmann (1862–1946), dessen 90. Geburtstag damit und mit einem Gastspiel von »Vor Sonnenuntergang« im Capitol mit Werner Krauss gefeiert wurde. Zur »Fußballwette« bemerkte Königsberger: »Erfolgsmäßig war es ein Meisterschaftsspiel, durchaus der wackeren Borussen würdig, die Wilhelm Hoenselaars, der Regisseur, persönlich begrüßte, obwohl sie natürlich nicht alle da waren...«

In der Spielzeit 1954/55 wurde das 50-jährige Bestehen der Städtischen Bühnen gefeiert – mit vielen Reden der Politiker und einem besonderen Spielplan. Außer »Fidelio« wurde eine Fülle großer Opern aufgeführt. Modest Mussorgskys »Boris Godunow«, Verdis »Aida« und »Macht des Schicksals«, Wagners »Lohengrin« und »Die Meistersinger von Nürnberg«, Georges Bizets »Carmen« sowie Erich Wolfgang Korngolds »Die stumme Serenade« als Uraufführung gehörten dazu. Die Operette wurde ebenfalls sorgsam gepflegt: Paul Abrahams »Blume von Hawaii« erreichte ab 1953 insgesamt 155 Aufführungen, wurde im Lauf der Spielzeiten und Jahre zu einem Kultstück. Das Schauspiel brachte neben bewährten Klassikern wie Shakespeares »Romeo und Julia« oder »Othello« und Schillers »Räubern« auch das »Feuerwerk« von Paul Burkhard und »Der grüne Kakadu« von Arthur Schnitzler.

P. Walter Jacob erhob in jenen Jahren das »Theater der Menschlichkeit« zum Leitmotiv, das kritische Stücke der Gegenwart zum festen Bestandteil im Spielplan des Erwachsenen- und des Kindertheaters machte. Dieses so genannte Kindertheater, das in der Spielzeit 2002/03 seinen 50. Geburtstag feiern konnte, war ein Lieblingsobjekt von Jacob, wurde von ihm und dem damaligen Organisationsleiter Helmut Heinrichs liebevoll gepflegt. Am Dortmunder Theater gab es nicht nur – wie an den meisten Bühnen üblich – das obligatorische »Weihnachtsmärchen«, sondern einen richtigen Spielplan. Schauspielerinnen und Schauspieler des Ensembles spielten auch für die Kinder. Jacob führte die erste Kindertheater-Vormiete in Deutschland ein, die es gleich auf 6210 feste junge Gäste brachte.

Die breit gefächerte Mischung aus Tradition und Experiment zog auch in den anderen Sparten das Publikum an: 23 272 Abonnenten hatte das Theater 1954, wozu sicherlich auch die Gründung der Volksbühne im Jahr 1950 beigetragen hatte.

Zehn Jahre lang war Rolf Agop mitverantwortlicher Musikchef. Mozart und Wagner galt seine besondere Vorliebe. 1958 konnte er mit großem Erfolg Wagners »Meistersinger« neu herausbringen. Wagners fast in Vergessenheit geratene komische Oper »Das Liebesverbot« erlebte unter Agop in Jacobs Regie und in Anwesenheit von Wieland Wagner eine denkwürdige Wiederentdeckung mit vielen Nachspielaufführungen.

Interessante Aspekte brachten die Auslandskulturtage und die Einführung des Nelly-Sachs-Preises dem Dortmunder Theater, das diese internationalen Ereignisse bei der Spielplangestaltung gern berücksichtigte. Von Nelly Sachs, der ersten Preisträgerin, wurde »Eli« aufgeführt, ein gleichnishaftes Bühnenwerk, das die Leidensgeschichte des jüdischen Volkes erzählt.

III. Die zweite »Halbzeit«

Trotz dieser offensichtlichen Erfolge wurde zunehmend Kritik an der Führung des Hauses laut. Es ging auch um die Frage, ob das Dülfer'sche Theater wieder aufgebaut oder ein Neubau errichtet werden sollte. Die Entscheidung fiel 1955, als die Modelle für einen Neubau im Stadthaus am Neutor ausgestellt wurden. Sie sorgten für heftige Diskussionen. Während im Kleinen Haus am Hiltropwall der Spielbetrieb auf Hochtouren lief, wurden die Ruinen des Dülfer'schen Hauses abgetragen.

Bereits zu diesem Zeitpunkt, als erst Jabobs »Halbzeit« als Intendant erreicht war, zeichnete sich ab, dass mit dem neuen Haus auch ein neuer Theaterchef kommen würde.

Vorerst kämpfte Jacob weiter – auch für einen Neubau des Dortmunder Theaters. Nach seiner Rede am 5. April 1954 vor dem Haupt- und Finanzausschuss wurde der Grundsatzbeschluss zum Bau des neuen Hauses gefasst.

Währenddessen bemühte sich Jacob weiter, seinem Theater den eigenen künstlerischen Stempel aufzudrücken. Auf der Bühne beeindruckte er vor allem in Franz Werfels »Jacobowsky und der Oberst«. Zuschauer und Kritiker waren begeistert. In einer Besprechung von Günter Schab im WDR hieß es: »Als Dortmunds Theaterchef P. Walter Jacob jetzt – in einer Inszenierung des jungen Filmregisseurs Eugen York – die Hauptrolle selbst übernahm, entstanden weitere sehr persönliche Beziehungen (…) zu seinen Stationen einer Irrfahrt. Jacob, der beste Schauspieler seines eigenen Ensembles, hat nämlich nicht nur all das, was er darstellte, auch selbst durchgemacht, als er 1933 in die Emigration ging, sondern er ist der Bühnenleiter, der 1945 auf der Freien Deutschen Bühne von Buenos Aires den Jacobowsky zum ersten Male in deutscher Sprache auf die Szene brachte…«

Die Vielseitigkeit des Intendanten, der auch Kindertheaterstücke schrieb, war sprichwörtlich und führte zu augenzwinkernden Kommentaren wie »Aber tanzen tut er noch nicht«. Für sein Theater arbeitete Jacob unermüdlich und verlangte das auch von seinen Leuten. Es gab Nachmittagsvorstellungen nicht nur an den Sonn-, sondern auch an den Wochentagen. Jacob wollte das Theater für die Berg- und Schichtarbeiter öffnen, die abends arbeiten mussten und keine Zeit hatten, »ihr« Theater zu besuchen.

Sprichwörtlich war auch die Sparsamkeit des Intendanten, der mit einem knapp bemessenen Etat auskommen musste. Nach seinem Ausscheiden soll sich das schon bei seinem Nachfolger Dr. Hermann Schaffner geändert und zumindest einige Jahrzehnte, in denen das Theater großzügig wirtschaften konnte, angedauert haben.

Jacob jedenfalls gehörte nicht zu den Verschwendern: Von den Schauspielerinnen und Schauspielern verlangte er, dass sie moderne Kleidung auf der Bühne selbst stellten. Und die Gagen, die er aushandelte, müssen alles andere als üppig gewesen sein. Als Jacob den renommierten Theatermann Erwin Piscator, mit dem er schon viel zusammengearbeitet hatte, für ein Regie-Gastspiel nach Dortmund holen wollte, lehnte dieser in einem Brief höflich, aber bestimmt ab: »Mit einer solchen Gage kann ich gar nichts anfangen.«

Trotzdem erzählen die Künstlerinnen und Künstler, die Jacob als Intendant erlebten, voller Hochachtung und Begeisterung von ihm. Lieselotte Römp-Panzer, die in dieser Zeit u. a. die Titelrolle in Henrik Ibsens »Nora« spielte, erklärt: »Er hat sein Handwerk von der Pike auf gelernt und verstanden. Er war ein hervorragender Theatermann.« Ihr Mann, der Dirigent und langjähriger Erste Kapellmeister Heinz Panzer, bescheinigt Jacob: »Von den Zehenspitzen bis zum Kopf war er dem Theater verbunden.« Das Phänomenale sei gewesen, dass in jener Zeit trotz bescheidener Finanzen und keineswegs großem Personalaufwand alle sechs Wochen ein neues Stück herausgebracht wurde. Panzer dirigierte damals einen großen Teil der legendären »Blume von Hawaii«-Vorstellungen – wegen der großen Nachfrage manchmal als Nachmittags- und Abendvorstellung und viele Jahre an den besonders beliebten Silvesterabenden mit Einlagen, durch die dann die Operette von Paul Abraham auf vier Stunden Länge kam.

Bühnenbildner Adolf Mahnke nennt als Jacobs große Stärken seine umfassende Bildung und sein gutes Gedächtnis. Und er habe wunderbar Schnurren und Anekdoten erzählen können. Die engen Fesseln des Etats, die auch auf den Ausstattungsetat drückten, bestätigt Mahnke. Trotzdem habe es großartige Aufführungen wie »Schau heimwärts, Engel« von Thomas Wolfe gegeben, in der Jacob wieder selbst mitspielte.

Horst Drewniak, der 1956 als Repetitor an die Städtischen Bühnen kam, Klarinettist und Dirigent war und viele Jahre den Opernchor leitete, schrieb die Bühnenmusik zu »Jacobowsky und der Oberst« und denkt gern an die gute Zusammenarbeit mit Jacob zurück. In der damaligen Zeit war die Zwölftonmusik, die der Intendant und Hauptdarsteller voll mittrug, ein Experiment. Sie wurde in kleiner Besetzung für Holzbläser und Streicher von Orchestermitgliedern gespielt, auf Tonband aufgenommen und trug zum großen Erfolg dieser viel beachteten Aufführung bei.

IV. Abschied nach zwölf Jahren

»Ich hatte so gehofft, in Dortmund eine neue Heimat zu finden«, lautete ein Ausspruch von Jacob, den Lieselotte Römp-Panzer nicht vergessen hat. Aber 1962 ging seine zwölfjährige Intendantenzeit in Dortmund zu Ende. Die Stadt war nicht bereit, den Vertrag zu verlängern. Jacob war verbittert und schied im Groll. »Manches, was uns früher einmal vorschwebte, konnte ich hier doch durchsetzen, wenn vieles auch im guten Willen steckenblieb und es sicher heute kein Vergnügen ist, ein Städtisches oder Staatliches Theater zu führen«, schrieb er einem befreundeten Kollegen.

Nach dem Wichtigsten befragt, das er in seinen zwölf Dortmunder Jahren geleistet habe, nannte er vier Punkte: Den Aufbau des Kindertheater-Abonnements zur Werbung und Bildung der künftigen Theaterbesucher, die Einführung des ständigen Zwei-Häuser-Betriebs mit Schauspiel und Oper, die Internationalen Theater-Kulturwochen (u.a. eine Holländische Woche, eine Woche des Gegenwartstheaters, eine Woche des spanischen Theaters) und die Anregung zu den seit 1957 regelmäßig veranstalteten Auslandskulturtagen der Stadt Dortmund.

Mit dem Ende der Ära Jacob begann auch das Schlusskapitel der Interimszeit nach dem Krieg. Das neue Große Haus und eine neue Epoche kündigten sich an, die eng mit dem Namen Wilhelm Schüchter verbunden ist und sicherlich als glanzvoll bezeichnet werden kann. Mit Dr. Hermann Schaffner aus Kassel wurde 1962 zunächst ein Generalintendant

Heinz Panzer
Kapellmeister
1950–1992

Dr. Hermann Schaffner
Generalintendant
1962-1965

geholt, der die Einweihung des Großen Hauses vorbereiten sollte. Nach Jacob war er der 13. Theaterleiter seit der Gründung des Stadttheaters 1904 – ein schlechtes Omen für Theaterleute, denen man einen Hang zum Aberglauben nachsagt? Jedenfalls gestaltete sich die Zusammenarbeit zwischen Schüchter und Schaffner alles andere als erfreulich, u.a. gab es Querelen über den Eröffnungstermin für das Große Haus. Bereits 1965 trat Schaffner von seinem Amt zurück. Zwischen den beiden »Generälen« war kein Übereinkommen zu erzielen und an eine gute Zusammenarbeit nicht zu denken.

P. Walter Jacob musste mit 57 Jahren noch einmal auf Wanderschaft gehen: Der »Thespiskarren« waren für ihn renommierte Theater, das Fernsehen und der Film. Er war gut beschäftigt, spielte die unterschiedlichsten Rollen. 1962 trat er als Liebenau in der beliebten Fernsehserie »Die Familie Hesselbach« auf, am Stadttheater Mainz spielte er den Zirkusdirektor Knie in Zuckmayers »Katharina Knie«, in dem NDR-Film »Der Prozeß von Carl von O.« über Carl von Ossietzky den Reichsanwalt. Am Staatstheater Wiesbaden war er in der Titelrolle von Shakespeares »Julius Cäsar« zu sehen, im Musical »Robin Hood, der edle Räuber« in der Regie von Helmut Käutner im ZDF als Bischof sowie bei den Ruhrfestspielen 1967 als Blücher in Grabbes »Napoleon oder die hundert Tage«. Bei der Uraufführung von Heinar Kipphardts »In der Sache J. Robert Oppenheimer« in der Regie von Erwin Piscator an der Freien Volksbühne West-Berlin spielte Jacob neben Dieter Borsche in der Titelrolle das Ausschussmitglied Prof. Ward. V. Evans. In der Inszenierung des Schweizer Tourneetheaters von Rolf Hochhuths »Der Stellvertreter« trat Jacob als Kardinal in vielen Städten der Bundesrepublik auf.

Auch nach Dortmund, wo er bis zu seinem Tod eine kleine Wohnung direkt gegenüber dem Theater in dem inzwischen abgerissenen Eckhaus behielt, und an die Städtischen Bühnen kehrte er noch einmal zurück: Wilhelm Schüchter holte ihn u. a. als Regisseur für eine »My Fair Lady«-Inszenierung, und Jacob wurde auch für verschiedenen Rollen verpflichtet.

Mit der Stadt und der Kulturverwaltung kam es einige Jahre nach der Nichtverlängerung seines Intendantenvertrags, die ihn tief getroffen hatte, zu einer Art Versöhnung: 1969 wurde ihm vom Oberbürgermeister der Stadt das Bundesverdienstkreuz verliehen; später folgte auch die Ernennung zum Ehrenmitglied der Städtischen Bühnen. Nachträglich wurden damit Jacobs künstlerische Leistungen anerkannt und gewürdigt.

Seine letzte Rolle war die des Theaterdirektors Striese in »Der Raub der Sabinerinnen« von Franz und Paul Schönthan im Stadttheater Luzern. Die Premiere fand im Juni 1977 statt, einen Monat später starb P. W. Jacob im Alter von 72 Jahren an einem Herzinfarkt – die unermüdliche Wanderschaft als Schriftsteller, Schauspieler, Regisseur, Dirigent und Intendant war zu Ende.

Von Hede Rickert, seiner langjährigen Dramaturgin, gibt es eine bemerkenswerte Schilderung seiner Beerdigung in Hamburg: Weil Theaterferien waren, standen zur Gestaltung der Trauerfreier in einer kleinen Kapelle in Ohlsdorf kaum Künstler zur Verfügung. So musste die Musik aus Busonis »Doktor Faust«, die Jacob sein Leben lang geliebt und sich für seine Beerdigung gewünscht hatte, vom Band gespielt werden. Es war die Interpretation des Dortmunder Orchesters aus der von Jacob geleiteten Aufführung. Hede Rickert entschloss sich spontan zu einer Abschiedsrede für »den alten Jacob«, die von der Wertschätzung und dem Humor, die beide verbunden hatte, erzählt:

»Herr Jacob, Sie waren ein so ausgezeichneter Regisseur, aber diese Inszenierung ist ganz, ganz schlecht. Ein Theatermann wie Sie stirbt nicht während der Theaterferien.«

Postkartenansicht des
»Schauspielhauses« (1950–1966)
im »Theater in der
Lindemannstraße«, der Aula
der Pädagogischen Akademie,
der Hauptspielstätte der
Städtischen Bühnen nach 1947

Am 12. November 1950 wurde
mit einem Festakt und Beethovens
»Fidelio« das neue Theater am
Hiltropwall als Opernhaus eröffnet.

6. Oktober 1945:
Im St. Michaels-Bau in Aplerbeck
erste Nachkriegsaufführung
der Städtischen Bühnen
(Direktion Willem Hoenselaars)
mit »Der Tor und der Tod«
von Hugo von Hofmannsthal.

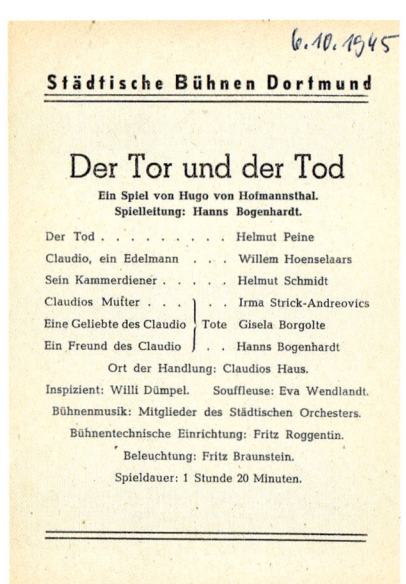

Städtische Bühnen Dortmund

Der Tor und der Tod

Ein Spiel von Hugo von Hofmannsthal.
Spielleitung: Hanns Bogenhardt.

Der Tod	Helmut Peine
Claudio, ein Edelmann	Willem Hoenselaars
Sein Kammerdiener	Helmut Schmidt
Claudios Mutter	Irma Strick-Andreovics
Eine Geliebte des Claudio } Tote	Gisela Borgolte
Ein Freund des Claudio }	Hanns Bogenhardt

Ort der Handlung: Claudios Haus.

Inspizient: Willi Dümpel.   Souffleuse: Eva Wendlandt.
Bühnenmusik: Mitglieder des Städtischen Orchesters.
Bühnentechnische Einrichtung: Fritz Roggentin.
Beleuchtung: Fritz Braunstein.
Spieldauer: 1 Stunde 20 Minuten.

Intendant Dr. Herbert Junkers lädt zur Spielzeiteröffnung 1949/50 mit Mozarts »Figaro« und Shakespeares »Hamlet« in das Theater in der Lindemannstraße.

Ermanno Wolf-Ferrari »Susannes Geheimnis« 7. Mai 1946 (Bramann'scher Saal)

Musikalische Leitung: Hans Trippel
Bühne: Ottwil Sieberg

von links: Hans Becker, Karl Leibold und Ruth Görshop in der Titelrolle

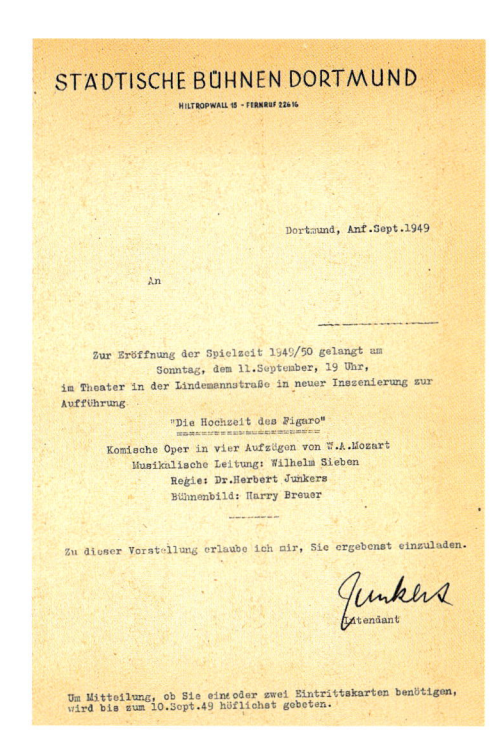

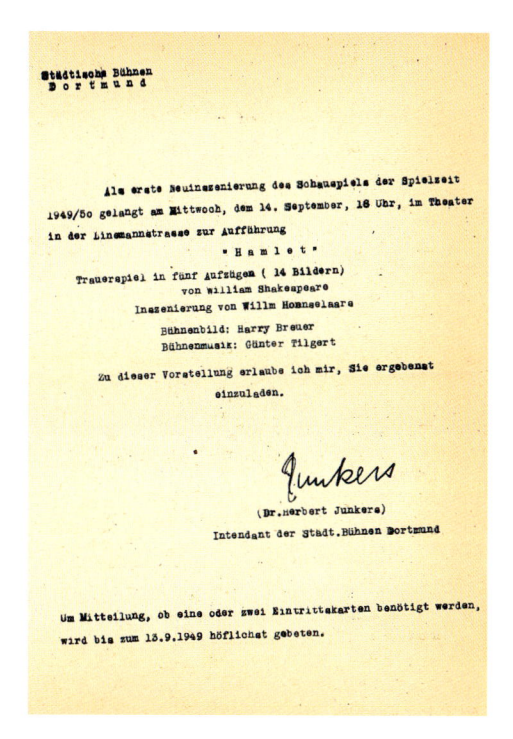

Carl Zuckmayer
»Der Hauptmann
von Köpenick«
Spielzeit 1948/49
Theater in der
Lindemanstraße

Inszenierung:
Willem Hoenselaars
Bühne: Harry Breuer
Kostüme:
Friedrich Schmidt
Elisabeth Voß

Mitte: Erich Buschardt
(Wilhelm Voigt)

Arthur Miller
»Der Tod des
Handlungsreisenden«
Erstaufführung
Spielzeit 1950/51

Inszenierung:
Hesso Huber
Bühne: Harry Breuer
Kostüme:
Alice Maria Schlesinger

P. Walter Jacob
(Willy Loman)
Leonie Dielmann (Linda)

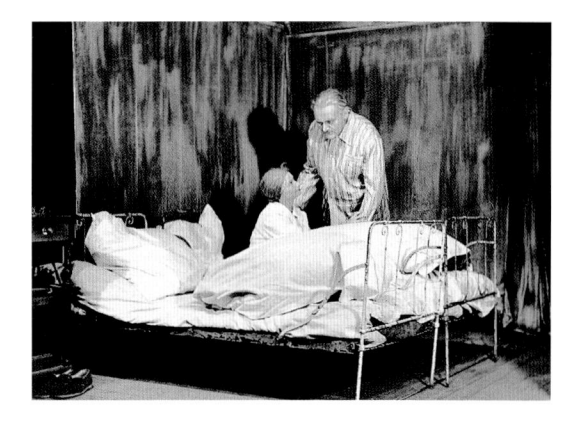

25-jähriges Bühnenjubiläum des
Schauspielers, Regisseurs und ehemaligen
Intendanten Willem Hoenselaars (Mitte)
umgeben von Intendant P. Walter Jacob
(rechts) und den Kollegen *(von links)* Impa
Strick, Axel Therfenn, Lo Schäfer, Helmut
Schmidt sowie dem jungen Rolf Boysen
(undatiert, Anfang der 1950er Jahre)

Ludwig van Beethoven
»Fidelio«
Eröffnungspremiere des
neuen Theaters (Opernhaus)
am 12. November 1950
Im Spielplan bis 1962

Musikalische Leitung: Wilhelm Sieben
Inszenierung: P. Walter Jacob
Bühne: Harry Breuer
Kostüme: Alice Maria Schlesinger

oben von links:
Hedi Klein (Leonore)
Will Ribbert (Rocco)
Ursula Hilpert (Marzelline)

»Fidelio«, Szene aus dem 2. Akt, Hermann Butzbach (Florestan)

Johann Wolfgang von Goethe
»Faust«
1. und 2. Teil an einem Abend
20. Juni 1952

Inszenierung: Friedrich Siems
Bühne: Adolf Mahnke

von links: Irene Hansmann (Gretchen)
Sepp Bommer (Faust)
Rolf Sebastian (Mephisto)

Richard Wagner
»Die Meistersinger von Nürnberg«
23. September 1951

Musikalische Leitung: P. Walter Jacob
Inszenierung: Peter Funk
Bühne: Arno Bosselt

Ernst Günther (Sachs)
Walter Fritz (Stolzing)
Ruth Görshop (Eva)

139

Georges Bizet
»Carmen«
Spielzeit 1952/53

Ensembleszene aus dem 4. Akt

Ferrucio Busoni
»Doktor Faust«
Erstaufführung 17. Juni 1953

Musikalische Leitung:
Filip Razlag
Inszenierung: P. Walter Jacob

Karl Leibold
in der Titelrolle

Bühnenbildentwurf von Hans Ulrich Schmückle zu »Doktor Faust«

Gerhart Hauptmann
»Die Ratten«
Spielzeit 1952/53

Inszenierung:
Willem Hoenselaars

Bühnenbildentwurf von
Harry Breuer

Ernst Krenek
»Leben des Orest«
Spielzeit 1954/55

Musikalische Leitung:
Rolf Agop
Inszenierung:
P. Walter Jacob
Bühne: Hans-Ulrich
Schmückle

Szene: Tod der Elektra,
Gerhard Kleinen
(Orest)

Gerhart Hauptmann
»Die Ratten«

Elisabeth Goebel (Frau John)
Sepp Bommer (John)

Luftaufnahme von 1966 mit dem neuem Opernhaus an der Ecke Hansastraße/Hiltropwall (vorn), dahinter das Kleine (Schauspiel-)Haus von 1950

Der Zuschauerraum (1170 Plätze) mit den gestaffelten zwei Ranglogen

Treppenaufgang zum oberen Rangfoyer mit der »Milchstraßen«-Wanddekoration

Nächtliche Fassade des Opernhauses zur Hansastraße

Renate Kastorff-Viehmann

Das Große Haus – ein Kunststück *Der Dortmunder Theaterneubau von 1966*

Obwohl seit der Eröffnung im März 1966 fast 40 Jahre vergangen sind, ist das Große Haus der Städtischen Bühnen Dortmund immer noch eine der prägnantesten Architekturen in Dortmund. Der Neubau sollte nicht nur das Schauspiel, die Oper und Operette sowie das Ballett aufnehmen, sondern selbst Kunst sein: Ein feierlicher Ort im Zentrum der Industriestadt, jedoch ein Haus ohne Pathos, das zwar Bilder kennt und bildhaft »spricht«, aber frei ist von Ornamenten. Es entstand ein Bau, der sich in die Tendenzen der internationalen Moderne der Nachkriegsjahre einreiht und der sich in der Ausstattung gleichzeitig zu einer Kunst bekennt, die Formen des Alltags, Verfahren des Handwerks und Materialien der Industrialisierung – Stahl und Beton – als Anlass und Gegenstand nimmt.

Das Große Haus ist Kunst – innen wie außen, in der Architektur ebenso wie in der Raumgestaltung, einsichtig für Besucher und Betrachter, bei Tag wie bei Nacht. Zum Großen Haus gehören die Foyers, das Zuschauerhaus, ein Verwaltungsgebäude, Werkstätten, das bühnentechnische Gebäude, der Vorplatz und eigentlich auch die Tiefgarage. Sie wurden in einem Zeitraum von sieben Jahren – 1958 bis 1965 – realisiert.

I. Die Kuppel

Vor dem geistigen Auge der Dortmunder ist das Bild des Theaters mit der eindrucksvollen Schalenkonstruktion der Kuppel über dem Zuschauerraum präsent. Eine Kuppel bezeichnet immer etwas Besonderes, erweckt Gefühle und Assoziationen. In Dortmund gibt es keine Kuppel, die sich wie im Barock weit sichtbar über den monumentalen Palast- oder Kirchenbau erhebt, sondern eine, die sich duckt und mehr einem Zelt gleicht – und die nicht für die Ewigkeit gebaut scheint.

Konstruktiv handelt es sich bei der Kuppel um eine vor dem bühnentechnischen Gebäude frei stehende, auf drei Punkten aufgelagerte, vorgespannte Betonschale von 8,5 cm Dicke, gespannt zwischen drei Betonbogen. Die Randelemente bzw. -bogen ruhen auf Widerlagern; die Bogen sind 70 cm breit, ihre Konstruktionshöhe variiert zwischen 100 cm am Scheitel und 140 cm im Auflagerbereich. Der Kreis, den man um die Auflagerpunkte schlagen kann, hat einen Durchmesser von 62,36 m.

Die Kuppel herzustellen war eine bautechnische Meisterleistung. Berechnet wurde die Schale vom Dortmunder Statiker Karl Wüst. Bevor das Wagnis eingegangen wurde, sie zu bauen, gab es statische Untersuchungen an einem Modell im Maßstab 1:40. Geometrisch handelt es sich um einen Ausschnitt aus der gekrümmten Oberfläche eines Rotations-Ellipsoiden. Bei einer Scheitelhöhe von 16,90 m wölbt er sich über eine Grundfläche von 1800 qm. Eingedeckt ist die Kuppel des Dortmunder Theaters mit dreieckigen Kupferplatten, die sich wie ein rautenförmiges Schuppenmuster über die Wölbung legen.

Spannt man die Auflagerpunkte der Schale zu einem gleichseitigen Dreieck zusammen, zeigt eine Spitze in Richtung Hansastraße – die entsprechende Vertikale steht im rechten Winkel zur Außenwand des bühnentechnischen Gebäudes, die Grundlinie läuft parallel dazu. Im ersten Entwurf der Architekten Rosskotten und Tritthart, den sie 1954 zum Wettbewerb um den Dortmunder Theaterneubau eingereicht hatten, war die Kuppel geometrisch unbestimmt, konstruktiv nicht ausgearbeitet und architektonisch weniger durchdacht: Sie hätte sich irgendwie an das bühnentechnische Gebäude anlehnen müssen und sich über einen Zuschauer- und Foyerbau mit quadratischem Grundriss gespannt. Vom Vorplatz aus hätte man nicht auf die Spitze eines parabolisch aufgewölbten Dreiecks geschaut, sondern auf eine große, ganzflächig verglaste Hauptfront, über die dann die Kuppel wie eine Kappe gezogen worden wäre. Verständlich, dass die Architekten – für ihren Entwurf mit dem 1. Preis ausgezeichnet – einiges an Begründungsaufwand aufbieten mussten, um die Mitglieder des zuständigen Ratsausschusses zu überzeugen. Aber alle wollten die Kuppel – also wurde sie gebaut.

II. Städtischer Kontext und Foyers

Gemessen an Zweck und Bedeutung stellt sich das Große Haus im städtebaulichen Kontext eher zurückhaltend dar, ist keine Dominante in der Stadt. Den Wall von Westen kommend, ist es leicht zu übersehen. Der siebengeschossige Querriegel des bühnentechnischen Gebäudes fällt im städtischen Kontext nicht sonderlich ins Auge – und verdeckt Kuppel und Foyers. Allein die Aufbauten für Bühne und Hinterbühne weisen auf den Zweck des Gebäudes hin. Auch denjenigen, die sich aus der Stadt über die Hansastraße oder von Osten über den Wall nähern, drängt sich das Theaterensemble nicht auf – denn es ist aus dem unmittelbaren Kreuzungsbereich der Hauptstraßen herausgerückt, optisch wie baulich.

Man könnte von einer architektonischen Inszenierung sprechen, würde der Bau selbst monumental oder theatralisch wirken. Aber er erscheint trotz seiner prägnanten Form zurückhaltend: Um den eingeschossigen Bau des Eingangsfoyers zu betreten, muss der Opernbesucher zunächst einen gegenüber dem Straßenniveau leicht vertieften, rechteckig angelegten Vorplatz überqueren. Obwohl nicht massiv gemauert, sondern bis auf das breite, obere Brüstungsband ganzflächig verglast, fungiert das Eingangsfoyer als Sockel, über dem sich unvermittelt die kuppelförmige Schalenkonstruktion erhebt. Sie überdacht den längs gestuften, vom Grundriss her sechseckigen Baukörper des Zuschauerraums und die den Zuschauerraum erschließenden oberen Foyers.

Diese oberen Foyers sind licht und hell – ganz im Gegensatz zum gedrückt wirkenden, niedrigen Eingangsfoyer. Es ist durch eine Wandscheibe aus unregelmäßig zugeschnittenen, geätzten Stahlelementen, die sich mit angeschliffenen Glasscheiben abwechseln, von der Fensterfront am Vorplatz abgeschirmt. Fast erscheint es so, als sollten Theaterbesucher und -besucherinnen zunächst über den Weg vom Vorplatz in den Eingang und dann in das untere Foyer auf das Theater eingestimmt werden, um dann aus dem Dunkel ins Helle aufzusteigen.

Derart vorbereitet, sind sie bereit zu heiterer wie ernster Kunst – vorgeführt im farbenfrohen Zuschauerraum mit violettem Teppich (der sich auch in den Foyers findet) und roten Polstern auf weißer Bestuhlung. Dort können sie im Parkett, auf dem Rang und in den Ranglogen Platz nehmen, die sich wie weiße Pilze im Raum erheben (letztere wurden erstmals 1949-51 in der Royal Festival Hall in London gebaut). Die Farbigkeit verliert sich im Außenraum: Vom Kupfergrün der Kuppel abgesehen, dominiert außen Betongrau in unterschiedlichen Abstufungen – als Wandbekleidung wie als Bodenbelag.

Das flache Dach des weitläufigen Eingangsbaus liegt wie eine große Terrasse vor den oberen Foyers. Daraus ausgeschnitten ist nur der »Steinerne Garten«, der – ähnlich einem Atrium – selbst wieder vom Rechteck des Eingangsbaus umschlossen ist. Wenn das Publikum an schönen Abenden während der Pausen dort unten oder auf der Terrasse unter freiem Himmel flaniert, ist nicht nur die Trennwand zwischen innen und außen für Minuten aufgerissen, sondern auch die zwischen Alltag und Theater.

Erst am Abend tritt das Theater hervor. Verantwortlich dafür sind nicht allein die Besucher, die ein kleines Schauspiel bieten, sondern vielmehr die Lichtarchitektur. Denn die die oberen Foyers abschließenden Wandkonstruktionen sind vollständig verglast. Sind die Foyers beleuchtet, erstrahlt der Bau bei Dunkelheit wie eine bekuppelte Laterne. Licht in der Dunkelheit rührt ans Gemüt. Die romantische Wirkung wird durch die sog. Milchstraße noch verstärkt, eine Lichtplastik aus hunderten von farblosen Leuchten unterschiedlicher Größe, die sich wie Seifenblasen vor der Wand des oberen Foyers ausbreiten. Ganz leicht wirkt dann die Kuppel. Ganz spielerisch wird hier mit dem Licht gearbeitet.

III. Additive Baugruppe

Fast zufällig – additiv – scheint das Ensemble der Bauten zusammengefügt: Es besteht aus dem Zuschauerraum und den Foyers unter der Kuppel, aus dem bühnentechnischen Gebäude mit der Haut aus eigenwilligen, skulpturalen Betonsteinen mit plastisch ausgearbeiteten Dreiecksmotiven, das Bühne, Hinterbühne und Seitenbühnen umschließt, aus den Werkstatträumen, aus dem sich entlang des Walls anschließenden, sachlich aufgefassten Kleinen Haus, aus der an eine Schnecke erinnernden Zufahrt zur Tiefgarage und dem modernen Verwaltungsgebäude entlang der Kuhstraße.

Jeder Bereich des Dortmunder Theaters ist für sich erkennbar – und nach funktionalen Gesichtspunkten entwickelt. Verbindend wirkt die antimonumentale Haltung: Zwar gibt es Wege- und Sichtachsen, aber in der Architektur herrschen weder Symmetrie noch Achsialität. Nicht Quadrat und Kreis sollten optisch die Geometrie bestimmen, sondern das Dreieck. Nicht die Tektonik ist formbestimmend und prägend, sondern Baukörper und Oberfläche: Materialien unterschiedlicher Textur umschließen wie eine »Haut« Wand und Schale. Gemeinsam »erzählen« die einzelnen Bauten eine Geschichte über moderne Architektur der 1950er und 60er Jahre. Solche additiven Baugruppen, durch die Wahl unterschiedlicher Materialien für die (Wand-)Verkleidungen in ihrer Vielgestaltigkeit noch betont, waren typisch für Theaterbauten der 1950er Jahre.

IV. Der Wettbewerb

Von Seiten der Bauverwaltung war unter Federführung von Baurat Boehme unmittelbar nach dem Krieg 1948–1950 das Kleine Haus am Hiltropwall als äußerst zurückhaltender, sparsamer Theaterbau verwirklicht worden. Damit wurde erstens die Diskussion über eine Rekonstruktion des Dülfer'schen Hauses beendet und zweitens der Kern zu einer additiven Baugruppe gelegt. Dortmund verfügte mit dem Kleinen Haus zwar wieder über eine respektable Städtische Bühne, aber Größe und Ausstrahlung waren in keiner Weise mit dem alten Theaterbau vergleichbar. Deshalb entschied sich der Rat schon 1954 für einen Wettbewerb zum Neubau des Großen Hauses. Es war nicht nur eine Frage des Prestiges, nicht bloß ein Resultat der Eigendynamik des Wiederaufbaus – die Entscheidung drückte auch Erwartungen aus, die damals mit Kunst und Kultur verbunden wurden: Sie erschienen nicht nur als gegebene Instanzen, um zu bilden und in eine von politischen Verwicklungen unberührte geistige Sphäre zurückzufinden, sondern auch geeignet, um einen neuen Gemeinschaftsgeist zu entwickeln.

Das Preisgericht unter Vorsitz des Hannoveraner Stadtbaurats Rudolf Hillebrecht entschied sich im Frühjahr 1955 für den von der Arbeitsgemeinschaft Heinrich Rosskotten und Edgar Tritthart vorgelegten Entwurf. Der zweite Preis ging an den Architekten Gerhard Graubner, zu dessen Team auch der spätere Dortmunder Stadtbaurat Philipp Otto Gellinek gehörte. Graubner zeichnete u. a. für den Wiederaufbau des Bochumer Schauspielhauses verantwortlich, das 1954 eingeweiht worden war. Sowohl Hillebrecht als auch Graubner und Rosskotten gehörten zu den im Wiederaufbau gut beschäftigten, seit den 1920er bzw. 30er Jahren gut vernetzten deutschen Architekten.

Das Große Haus wurde in Etappen realisiert: Erst die Werkstätten, dann das bühnentechnische Gebäude und die Tiefgarage, zum Schluss das Zuschauerhaus; dazwischen – 1964 – wurde noch ein Wettbewerb zur Gestaltung des Vorplatzes ausgeschrieben. Zwar lassen sich Vorbild und Einwirkung internationaler Architektur (und Architekten), wie sie in Deutschland vor allem über die ab 1947 erschienene Fachzeitschrift »Baukunst und Werkform« vermittelt wurden, in Gestaltung und Ausstattung des Theaterneubaus nachvollziehen. Aber im Zeitraum von mehr als zehn Jahren, der zwischen der Entscheidung für den Neubau und der Einweihung verstrich, konnten auch Anregungen zeitgenössischer Theater- oder Versammlungsbauten aufgenommen werden.

Rosskotten und Tritthart selbst waren als Architekten für die 1957 der Bestimmung übergebene Rhein-Main-Halle in Wiesbaden verantwortlich – ein relativ flacher, nach außen ungegliederter, äußerst funktionalistisch aufgefasster Bau, jedoch ebenfalls mit skulptural wirkenden Betonsteinen mit Dreiecksmotiv an der Nordfassade. Charakteristisch und in gewisser Weise Vorbild für das Dortmunder Große Haus ist auch der weiträumige, atriumartige Innenhof der Rhein-Main-Halle, um den sich die ganzflächig verglasten Foyers legen. Ranglogen, als Ausdruck eines egalitären Anspruchs, finden sich in der weiteren Region erstmals im 1957 eröffneten Theater in Köln (Architekt Wilhelm Riphahn).

V. »Sprechende« Architektur

Als die Entscheidung zum Bau des Großen Hauses getroffen wurde – kaum zehn Jahre nach Kriegsende –, waren die Erinnerungen an das »Dritte Reich« noch wach: an pathetische Partei-Inszenierungen, an gigantische Aufmarschachsen (die auch in Dortmund entstehen sollten), an monumentale Bauten in Menschen verachtenden Dimensionen. Was lag näher, als sich bei einer hervorragenden, gleichzeitig für die 1950er Jahre typischen Bauaufgabe – dem Stadttheater – für ein Gebäudeensemble zu entscheiden, das funktionalistisch, vielgestaltig und antimonumental entwickelt war. Und dass sich nicht als Tempel erhabener Kunst darstellte, den der oder die Einzelne – sich seiner oder ihrer Unbedeutendheit bewusst – nur mit Ehrfurcht betritt. Ganz im Gegenteil: Es wurde ein Haus, das keine Schranken zwischen dem Alltag in der Stadt und der Kunst auf der Bühne aufbaut, das einem neuen, demokratischen Denken in der Stadt gewidmet war, das sich schon optisch der Einwohnerschaft öffnet, das die Dortmunder als »ihr« Haus begreifen und vor dem sie sich zu unterschiedlichsten Anlässen versammeln konnten. Der herausragenden Zweckbestimmung entsprechend brauchte es jedoch auch eine prägnante Form mit Symbolcharakter: Es ist die Schale über dem Zuschauerhaus, die alle Blicke auf sich zieht und das Bild vom modernen Stadttheater in der modernen Industriestadt prägt.

In der sehr informativen Festschrift »Städtische Bühnen Dortmund« (herausgegeben vom Baudezernat), die 1966 anlässlich der Eröffnung des Großen Hauses erschien, findet sich eine erste Deutung der Kuppel: Der nach 1945 amtierende Chefdramaturg der Städtischen Bühnen, Arthur Mämpel, verglich sie mit einem Bogen, der sich sinnbildlich von der Gegenwart in die Geschichte spannt. Die mächtigen, bogenförmigen Randelemente mögen ihn zu dieser Interpretation veranlasst haben. Zudem ähnelt – mit etwas Fantasie gesehen – die Kuppel über dem Großen Haus der Kappe eines gotischen Gewölbes – allerdings nicht himmelwärts aufstrebend, sondern in die Horizontale gekippt und im Unterschied zur mittelalterlichen Architektur weit mehr auf den Außenraum als auf den Innenraum bezogen.

Der sinnbildliche Vergleich »hinkt« jedoch; die symbolische Geste von Schale und Bogen war viel mehr auf die damalige Gegenwart denn auf die Vergangenheit bezogen: Kuppeln und Schalen erzählten von den Möglichkeiten der Moderne, von einer besseren Gesellschaft, antithetisch gegen die erdrückende Monumentalität der Staatsbauten gesetzt, die in dem 1945 vorausgegangenen »Jahrzehnt des Teufels« von totalitären Regimen in ganz Europa errichtet worden waren.

Die besondere Form der Kuppel, ermöglicht durch die moderne Spannbeton-Technologie, war keineswegs einzigartig: In Deutschland wurde sie durch die prägnante Kuppel der Kongresshalle in Berlin populär. Der Erste, der hyperbolische Paraboloide konstruierte, war der spanisch-mexikanische Architekt Félix Candela. Die ineinander geschobenen Schalen des Operhauses in Sidney (Architekt Jørn Utzon) sind zum weltweit bekannten Symbol der australischen Metropole geworden. Auch Le Corbusier griff in seinen Entwürfen mehrfach auf die vorgespannte Betonschale zurück. Sie veranschaulicht nicht nur das moderne Gewölbe, sondern ermöglicht auch freie, einprägsame Bauformen in großen Dimensionen und Spannweiten. Man konnte sie als dynamisch und organisch begreifen – im Gegensatz zur starren, unbeweglichen Tektonik von Mauer und Skelettkonstruktion.

Leichte Schalenkonstruktionen waren nach dem Zweiten Weltkrieg modern. Über die technologische Neuerung hinausgehend, aber damit ideell wie praktisch verbunden, entwickelte sich die Schale zum globalen Symbol für eine menschlichere Gemeinschaft. Für öffentliche Gebäude mit besonderer – kultureller – Zweckbestimmung reserviert, machte sie eine neue, zeitgemäße Monumentalität anschaulich. Der Schweizer Architekturwissenschaftler Siegfried Giedion, über Jahrzehnte Sekretär des CIAM (Congrès Internationaux d'Architecture Moderne), schrieb in den 1940er Jahren über »Architektur und Gemeinschaft«. Er dachte über die Aufgaben der Architektur nach der Katastrophe des Krieges nach und bezeichnete Kunst und Architektur als ausgezeichnete Mittel, Individuen zu neuer Gemeinschaft zu bewegen und zu Menschlichkeit zurückzuführen. Diese Gemeinschaft benötige Symbole und eine in ihrer Zeichenhaftigkeit »sprechende« Architektur: Die konvexe Schale symbolisiere die sich beschützend über den Menschen neigende Hand, die nach oben offene, konkave Schale hingegen die geöffnete Hand, die sich ohne Arg und unbewaffnet, nur leicht gekrümmt, dem Gegenüber entgegenstreckt. Giedions Zeitgenossen aus den 1940er und 50er Jahren verstanden diese »Sprache«.

VI. Ein »Stück Kunst«

Das Große Haus wurde bei seiner Einweihung im März 1966 in Dortmund enthusiastisch gefeiert. Aber die Fachwelt nahm wenig Notiz von dem Neubau. Die Tendenzen im Theaterbau hatten sich gewandelt; anstelle der additiv angelegten Anlagen strebte man inzwischen die organische Integration unterschiedlicher Bereiche des Theaters in einem zusammenfassenden Baukörper an. Die so bezeichneten romantischen Formen, die dem Idealismus der Nachkriegszeit entsprachen, waren überholt. Gesucht wurden neue Lösungen. Zudem ist den Architekten der Dortmunder Kuppel ein gewisser Hang zum Formalismus nicht abzusprechen: Rosskoten und Tritthart gelang es nicht, die Geometrie der Schale in die Architektur des Zuschauerraums zu übertragen.

Ungefähr zeitgleich mit dem Großen Haus in Dortmund wurden die Doppelscheibe des Thyssen-Hochhauses in Düsseldorf (Architekten Helmut Hentrich und Hubert Petschnigg), das Rathaus in Bensberg (Architekt Gottfried Böhm) und der Kanzlerbungalow in Bonn (Architekt Sep Ruf) ihrer Bestimmung übergeben. In unserer Erinnerung sind sie als repräsentative Bauten der Bundesrepublik Deutschland aus den 1960er Jahren präsent. In Dortmund überragte schon wenige Jahre später das plastisch durchgebildete Volkswohl-Hochhaus (1970-1973, Architekt Harald Deilmann) den benachbarten Theaterkomplex. Ähnlich anderen Gebäuden in Dortmund, die den Willen zu neuer Gemeinschaft und zum Wiederaufbau nach 1945 dokumentier(t)en, läuft er Gefahr, vom Zeitgeist übergangen und von moderneren Bauten in den Schatten gestellt zu werden. Was dagegen helfen mag, ist darauf zu beharren, dass es sich bei dem Dortmunder Theaterneubau um ein Stück Kunst handelt.

Wilhelm Schüchter
Generalmusikdirektor 1963–1974
und Intendant des Musiktheaters
von 1966–1974

Sonja Müller-Eisold

Zwischen Schüchter und Dew *Die Dortmunder Oper 1966 bis 2001*

Als Wilhelm Schüchter am 1. März 1966 zum künstlerischen Leiter der Oper auf Lebenszeit berufen wurde – zeitgleich mit der Eröffnung des Großen Hauses –, hatte er als Generalmusikdirektor schon drei Jahre lang das Philharmonische Orchester mit Härte und musikalischer Konsequenz zu einem homogenen Klangkörper und Eliteensemble geformt. Der Vollblutmusiker und suggestive Orchestererzieher setzte auf Qualität, forderte Höchstleistungen und übertrug diesen Anspruch auch auf die Oper. Dank seiner internationalen Beziehungen brachte er bedeutende Künstler nach Dortmund. Der Wunsch, den Dr. Rudolf Schroeder zum 75-jährigen Jubiläum des herrenlosen Orchesters an den Schluss seines Festvortrags stellte, wurde glückliche Wirklichkeit: »Möge eine spätere objektive und fachkundige Geschichtsschreibung in ihre Chronik eintragen können: Der auf Rolf Agop folgende städtische Generalmusikdirektor war der beste, den Dortmund bekommen konnte.«

Die Ära Schüchter wurde eine große Zeit für das Musiktheater, geprägt von einem Erzmusiker, der sich sehr schnell als Publikumsmagnet erwies. Als Gastdirigent in Verdis »Otello« macht er auf sich aufmerksam, noch im Kleinen Haus stand er beeindruckend am Pult von Verdis »La Traviata«, leitete mit italienischem Brio »Cavalleria rusticana« und »Bajazzo«.

Schüchters explosives Temperament und sein bisweilen undiplomatisches Vorgehen bei der Mitsprache um Neuverpflichtungen brachten ihn freilich bald in Konflikt mit dem ab 1962 amtierenden Generalintendanten Dr. Hermann Schaffner. Zäh erkämpfte Schüchter sich immer mehr Einfluss in Opernfragen. Es kam zwischen den beiden »Generälen« zu Spannungen in der Vorbereitung zur Eröffnung des Großen Hauses – und bei »Figaros Hochzeit« bereits zur offenen Krise. Nach einem Meinungsstreit um das Eröffnungsdatum im Großen Haus (3. März 1966), bei dem sich Schüchter durchsetzte, warf Schaffner schließlich 1965 das Handtuch. Schüchter wurde für acht Jahre die allein herrschende Persönlichkeit im Musiktheater.

Legendär sind die Premieren der Eröffnungswoche im Großen Haus: Für den Start des 40-Millionen-Baus am Hiltropwall vereinigte Schüchter ein international bekanntes Ensemble. Unvergesslich geblieben ist »Der Rosenkavalier« von Richard Strauss als Eröffnungspremiere mit Elisabeth Grümmer als Feldmarschallin, Kurt Böhme als Ochs, Teresa Zylis-Gara als Octavian, Liselotte Hammes als Sophie und Benno Kusche als Faninal. Ita Maximowna stattete die Bühne opulent aus, Werner Kelch inszenierte effektvoll. Schüchter ließ die Strauss'sche Musik enthusiastisch, in hinreißender Süße leuchten. In Mozarts »Zauberflöte« sang Anneliese Rothenberger eine zauberhafte Pamina und als Neuentdeckung Meredith Zara als Königin der Nacht glockenreine, brillante Koloraturen. Auch Verdis »Troubadour« mit italienischen Sängerstars blieb im Gedächtnis, die von Hans Swarowsky geleitete Hindemith-Oper »Mathis der Maler« bediente respektvoll die klassische Moderne, ein von Heinz Panzer dirigierter und von Günter Roth inszenierter »Zigeunerbaron« von Johann Strauß mit der gebürtigen Dortmunderin Margit Schramm als Saffi machte ebenfalls Furore.

Für weitere Inszenierungen holte Schüchter immer wieder erfahrene Gastregisseure nach Dortmund: Hans Hotter, Hans Hartleb, Giancarlo del Monaco, Paul Hager, Ladislav Stros. Als Hausregisseur leitete Werner Wiekenberg den gesamten Opernbetrieb und inszenierte vor allem im Bereich der Spieloper (u. a. »Così fan tutte«, »Don Pasquale«, »Waffenschmied«, »Martha«, »Zar und Zimmermann«, »Der Barbier von Sevilla«). Als Dirigenten fungierten Hans Feldigl und Heinz Panzer.

I. Ausgewogener Spielplan

Schüchters Spielplanpolitik kam dem Publikum entgegen. Unmissverständlich nahm er öffentlich zur Dortmunder Theatersituation Stellung. »Ein experimentierfreudiger Spielplan geht auf Kosten des Besuches. Ich verzichte gern auf die zweifelhafte Ehre eines überregionalen Uraufführungsruhmes. Sollten die Verantwortlichen der Stadt von mir solche Wettläufe um den Ruhm verlangen, würde ich im gleichen Augenblick meine Position als künstlerischer Leiter der Oper zur Verfügung stellen. Man sollte es gar nicht zu künstlerischen Krisen kommen lassen. Auf jeden Fall sind sie zu überwinden...«

Dennoch verschloss sich Schüchter dem Neuen nicht. In dezenter Dosierung suchte er auch hier Qualität zu bieten. 1966/67 kam es nach einem erfolgreichen Start mit Richard Wagners »Der fliegende Holländer« in der Regie von Hotter und mit Howard Vandenburg, Maria van Dongen, Günther Morbach und Eberhard Katz als Solisten zur Uraufführung einer Auftragskomposition der Stadt Dortmund: »Eli« von Walter Steffens nach einem Text der jüdischen Dichterin Nelly Sachs. Daneben fanden sich Repertoire-Stücke wie Smetanas »Die verkaufte Braut«, Verdis »Macht des Schick-sals«, Puccinis »Madame Butterfly« auf dem Programm.

In der Spielzeit 1967/68 erarbeitete Schüchter Wagners »Lohengrin« mit Katz in der Titelpartie. Der aus dem Siegerland stammende und über Jahrzehnte in Köln engagierte Solist, ein stimmgewaltiger und darstellerisch überzeugender Tenor, verkörperte auch in der Folgezeit in Dortmund die tragenden Wagner-Partien (Tannhäuser, Tristan, Siegmund).

1968 kletterten die Zuschauerzahlen um das Doppelte auf stolze 213 000. Schüchter richtete Gala-Abende ein wie z. B. die Mozart-Woche im März 1970 oder im April 1971 – Aufführungen mit prominenten Gästen wie Anneliese Rothenberger, Kurt Böhme, Felicia Weathers, Francisco Lazaro und Anja Silja.

In der Spielzeit 1969/70 stand Verdis »Aida« am Beginn. Es folgten Webers »Freischütz« mit Katz und Erika Uphagen, später Wagners »Tristan und Isolde« mit Katz, Jutta Meyfarth und Hotter als König Marke. Schüchter musizierte einen entpathetisierten, von weitem symphonischem Atem erfüllten Wagner. Katz begeisterte mit strahlenden Höhen und vorbildlicher Deklamation. Das »Neue« kam zu Wort in »Elektronische Liebe«, »Kommentar zu Phädra« und »Trauer muss Elektra tragen«.

Die Spielzeit 1970/71 startete mit einem Höhepunkt: Janáčeks »Jenufa« mit Annemarie Leber in der Titelpartie und Joy McIntyre als Küsterin. Eigenwillig inszenierte Ladislav Stros Bizets »Carmen« mit einem von Andrej Kucharsky erschütternd gestalteten Don José, das bewährte Team Hartleb/Hill/Schüchter setzte Verdis »Rigoletto« in Maßarbeit auf die Bühne, ideal besetzt mit Guillermo Sarábia und May Sandoz, als Hauptdarsteller von Bartóks »Blaubarts Burg« leisteten Joy McIntyre und Dieter Behlendorf Außerordentliches. Neben Lortzings »Zar und Zimmermann« stand ein weiterer heiterer Beitrag auf dem Programm: die Ausgrabung von Donizettis »Lucrezia Borgia«.

Hartleb inszenierte 1971/72 Alban Bergs »Wozzeck«, von Schüchter grandios ausgedeutet. Ebenso glanzvoll bot er Verdis »La Traviata« und Wagners »Tannhäuser« mit Eberjard Katz, Erika Uphagen, Joy McIntyre und Günter Wewel. Beifallsstürme ernteten auch »Cavalleria rusticana« und »Der Bajazzo« unter Panzer und Mozarts »Così fan tutte« in der Regie von Wiekenberg und mit Schüchter am Pult.

Hans Feldigl
Kapellmeister vor allem in der Ära Wilhelm Schüchter

Das Theater verzeichnete eine Platzausnutzung von 96%. Umso absurder erschien der Versuch der Politik, ausgerechnet dem Musiktheater mit Sparmaßnahmen zu drohen. Eine Studie des Kulturdezernenten stellte zur Debatte, das Theater als eigene Ensemblebühne zu schließen, das Orchester aufzulösen und mit Gastspielen zu arbeiten. Schüchter ging mit seinem Ensemble auf die Straße, verteilte Flugblätter für den Erhalt des Theaters und setzte sich an die Spitze eines Demonstrationszugs durch die Stadt. Auch deshalb wurde das so genannte Spielhoff-Papier vom Rat der Stadt schließlich abgelehnt.

In dieser unruhigen Zeit plante Schüchter Wagners »Ring des Nibelungen«. Er begann mit der »Walküre«, die Inszenierung übernahm Gastregisseur Paul Hager. Eberhard Katz (Siegmund) und Elisabeth Lachmann (Sieglinde) und vor allem Schüchter selbst wurden nach der Premiere mit demonstrativen Ovationen und Sprechchören gefeiert. »Ein Glückstreffer in der Krise«, hieß es in der Presse. Erfolgreiches neues Musiktheater war vertreten mit »Der Besuch der alten Dame« von Gottfried von Einem nach dem gleichnamigen Text von Friedrich Dürrenmatt mit Katz als Bürgermeister und Joy McIntyre in einer ihrer Paraderollen, imponierend musikalisch von Schüchter durchgearbeitet. Eine sehr moderne, antiamerikanische Inszenierung von Puccinis »Madame Butterfly« durch Giancarlo del Monaco machte von sich reden; schon im Vorfeld waren die Wellen in der Presse hochgeschlagen. Bei der Premiere wurde Andrej Kucharsky als Linkerton ausgebuht, die Aufführung heftig diskutiert. Ein Carl-Orff-Abend mit »Die Kluge« und »Carmina burana« fand dagegen begeisterte Aufnahme.

1973/74 brillierte May Sandoz als »Lucia di Lammermoor« in einer Inszenierung, für die einige auswärtige Besucher sogar mehrmals anreisten. Außerdem gab es Verdis »Otello« in glänzender Besetzung mit Kucharsky, Lachmann, van Ginkel, Wewel und Manfred Jung.

Nach einer Erkrankung im Frühjahr 1974 starb Wilhelm Schüchter am 27. Mai unerwartet. Chefdisponent Dieter Geske übernahm die kommissarische Leitung des Theaters. »Wir verloren unseren künstlerischen Vater«, erklärte er in der Trauerfeier am 6. Juni.

II. Das Team Hager/Janowski

In der Spielzeit 1974/75 startete das Musiktheater mit einer aufwändigen »Turandot«-Inszenierung unter der Leitung des Gastdirigenten Olivero de Fabritiis, in der Regie von Wolfgang Weber und mit einem Bühnenbild von Hainer Hill. Die Titelpartie sang Joy McIntyre, Andrej Kucharsky imponierte als Kalaf, Elisabeth Lachmann als Liù. Dennoch: Schüchters Tod hatte die Musikwelt erschüttert und eine Lücke aufgerissen – es mussten möglichst rasch ein neuer Generalintendant und ein neuer Generalmusikdirektor (GMD) gesucht und gefunden werden. Diesmal arbeiteten die Politiker der Stadt schnell: Paul Hager und Marek Janowski traten 1975 ihr Amt an. Janowski war in seiner präzisen, musikalisch lauteren Art ein würdiger Nachfolger Schüchters, ein Garant für weiterführende Qualität. Hager, ein leidenschaftlicher Theatermann, erarbeitete sich eine völlig neue Position als eigenwilliger Inszenator. Schon im Jahr zuvor hatte er als Gast mit Schüchter einen Wagner-»Ring« geplant und mit »Walküre« begonnen. Beim »Rheingold« im Februar 1975 stand dann Hans Wallat als Gast am Pult und gab einen erstklassigen Beweis für profilierte Wagner-Interpretation. Vollendet wurde der »Ring« 1976/77 mit »Siegfried« und »Götterdämmerung«. Die alljährlichen »Ring«-Zyklen mit Franz Ferdinand Nentwig, Manfred Jung, Dieter Behlendorf, Peter Jagasich, Linda Karén, Uta-Maria Flake, Elisabeth Glauser, Rober Schunk, Günter Wewel, Joy McIntyre, Ingild Horysa, Jon Andrew, Berit Lindholm und Peter Meven traten sozusagen an die Stelle der von Schüchter präsentierten Opern-Gala-Abende.

In den folgenden Jahren gab es grandiose Arbeiten des Zweier-Teams Hager/Janowski zu erleben. Hager dachte in weiten künstlerischen Dimensionen, inszenierte mit großer Geste und leichter Hand. Janowski schöpfte

Paul Hager
Generalintendant
1975–1983

den prächtigen Orchesterklang der Philharmoniker aus, kontrastreich, differenziert, überzeugend – ein moderner Dirigent mit Fantasie und Präzisionswillen. So begeisterten Strauss' »Die Frau ohne Schatten«, »Elektra« mit Joy McIntyre in der Titelrolle und Andrej Kucharsky als Aegisth, Wagners »Die Meistersinger von Nürnberg« mit Peter Meven als Hans Sachs sowie Dieter Behlendorf, James McCray, Peter Jagasich, Uta-Maria Flake und Elisabeth Glauser in weiteren Partien. Erinnert sei hier auch an Verdis »Falstaff«, Beethovens »Fidelio« und Wagners »Parsifal« mit Robert Schunk. Der Spielplan bot ferner Alban Bergs »Lulu«, Wolfgang Fortners »Bluthochzeit«, George Gershwins »Porgy and Bess«, Albert Lortzings »Undine« und Peter Tschaikowskys »Eugen Onegin«. Letzte gemeinsame Arbeit des Duos Hager/Janowski war der Doppelabend mit Puccinis »Gianni Schicchi« und Maurice Ravels »Die spanische Stunde«. Dann stieg Janowski überraschend aus: Er bat aus persönlichen Gründen um Entlassung aus seinem Vertrag.

III. Ein neuer GMD

Ebenso überraschend schnell war der Nachfolger gefunden: Hans Wallat, GMD in Mannheim. Das neue Team bescherte zum 75-jährigen Bestehen des Theaters 1979 Strauss' »Rosenkavalier«. Es hatte auch weiterhin beachtliche Erfolge: mit Puccinis »La Bohème«, einer heiteren »Fledermaus« mit der jungen Waltraud Meier als Orlofsky. Die heute weltbekannte Mezzosopranistin sang in Dortmund auch die Dorabella in Mozarts »Così fan tutte« und eine hervorragende Eboli in Verdis »Don Carlos« mit Dieter Schweikart als König Philipp. Im Rahmen eines landesweiten Hindemith-Zyklus wurde 1980 »Cardillac« (die Urfassung von 1926) in der Regie von Gerlinde Fulle und unter dem Dirigat von Wallat aufgeführt. Behlendorf imponierte in der Partie des Goldschmieds, der sich von seinen Werken nicht trennen kann und die Käufer tötet, um sich erneut in ihren Besitz zu bringen. Waltraud Meier sang die Dame. Allerdings kam das Werk nach dem romantischen Stoff von E. T. A. Hoffmann dann nie wieder auf den Spielplan. In den Jahren 1981/82 präsentierten Hager und Klaus Weise als Gast »Boris Godunow« mit Karl Ridderbusch, zusammen mit Matthias Husmann am Pult inszenierte Hager Hindemiths »Mathis der Maler«. In Verdis »Rigoletto« machten Franz-Josef Kapellmann in der Titelpartie sowie Michael Cooney als Herzog und Elisabeth Werres als Gilda Furore. Strawinskys »The Rake's Progress« beeindruckte ebenso wie ein »Falstaff« von Verdi mit Thomas Tipton, Nentwig und Lachmann. Eine aufwändige Auslandstournee führte das Musiktheater u. a. in die englische Partnerstadt Leeds.

Bei der Einstudierung von Wagners »Lohengrin« 1983 kam es dann zu Missklängen wegen der Umbesetzung der Tenorpartie. In der Premiere gab es für Hager harsche Buh-Rufe. Es war seine letzte Inszenierung. Bei den Proben zu Tschaikowskys »Pique Dame« (mit Martha Mödl als Gräfin) brach er auf der Bühne zusammen. Er starb am 12. April 1983.

Wieder war es Dieter Geske, der das Schiff als kommissarischer Kapitän weiter und sicher durch die Spielzeit führte. Aus diesem Intermezzo ist eine im Rahmen der Auslandskulturtage mit der Tschechoslowakei von Boris Pilato erstellte »Rusalka« von Antonín Dvořák mit Brenda Quilling in lebendiger Erinnerung.

IV. Die Ära Fechner

Nach der Interimszeit kam Horst Fechner aus Kiel. Das Intendantenkarussell stand nun für weitere zehn Jahre still – eine glückliche Zeit des erfolgreichen Neuaufbaus. War die Ära Schüchter vorrangig von der Energie und Qualität eines Musikers geprägt, die Epoche Hager von interessanten Regieleistungen eines leidenschaftlichen Theatermanns getragen, stand mit Fechner nun ein hervorragend planender Manager-Intendant an der Spitze des Dreisparten-Theaters. Ihm ging der Ruf voraus, marode Theater wieder in Gang bringen zu können – in Coburg und Kiel hatte er sich als erfolgreicher Theatersanierer bewiesen.

Dieter Geske
Kommissarischer Intendant des Musiktheaters 1974/75 und Generalintendant 1984/85

Fechner plante auf lange Sicht und ließ sich auch von einem Angebot aus Mannheim nicht weglocken. Allerdings erlaubte sein Vertrag ihm nicht, selber zu inszenieren.

Fechner erwies sich als ein Mann der leisen Töne, des Ausgleichs. Probleme löste er gütlich. Heute ist er stolz darauf, während seiner Amtsjahre nicht einen einzigen Prozess geführt zu haben. Aber er kann auch stolz darauf sein, in den Jahren 1992–94 das bestausgelastete Haus in Deutschland geleitet zu haben.

In der Oper setzte er auf drei Schwerpunkte: einen Mozart-Zyklus, die Musikdramen von Richard Wagner und die Opern von Richard Strauss. Daneben pflegte er die große italienische Oper (Verdi, Puccini, Bellini, Rossini) und Werke des 20. Jahrhunderts. Als Regisseur und Oberspielleiter holte er Heinz Lukas-Kindermann.

Wichtig war für Fechner die Verpflichtung eines Ensembles, mit dem er seinen Spielplan weitgehend eigenständig bewältigen konnte. Selber als Sänger ausgebildet, hatte er ein gutes Ohr für junge, unverbrauchte, zukunftsweisende Stimmen. Auf Wettbewerben engagierte er sie, gab ihnen die Chance, sich zu entwickeln, ließ sie behutsam wachsen, forderte, aber überforderte nicht. Er gab ihnen auch Gelegenheit, andernorts zu gastieren. So motivierte er das Ensemble nach dem Motto: »Wenn sie fröhlich sind, sind sie leistungsfähiger.« Viele Sänger starteten von Dortmund aus eine bedeutende Karriere: Wolfgang Schmidt, der hier seinen ersten Siegfried sang, Jane Henschel, international gefragter Mezzo, Franz-Josef Kapellmann, Oskar Hillebrandt, Petra Lang, Jukka Rasilainen, Raimo Sirkiä, Johann Martin Kränzle, Alexander Marco-Burmester, Cynthia Makris, Alexander Fedin...

Fechner setzte sich aber auch stärker für die zeitgenössische Oper ein. 13 Titel gingen in seiner Amtszeit als Uraufführung oder Erstaufführung über die Dortmunder Bühne. Hervorzuheben sind die Oper »Brot und Spiele« (1988/89) von Günther Wiesemann über einen Text von Max von der Grün, »Die letzte Reise des Edgar Allan Poe« von Dominick Argento (1991/92), Udo Zimmermanns »Die weiße Rose« mit Beate Frey und Markus Müller als Sophie und Hans Scholl sowie die Uraufführung von »Sekunden und Jahre des Caspar Hauser« von Reinard Febel (1991/92). In der Spielzeit 1992/93 inszenierte Pet Halmen die Oper »Die Judenbuche« von Walter Steffens nach der gleichnamigen Novelle von Annette von Droste-Hülshoff mit Thomas Harper in der Hauptpartie, am Pult stand Laurent Wagner. 1993/94 wurde spektakulär durch die Uraufführung der Oper »Der Rattenfänger«, komponiert von Wilfried Hiller nach einem Text von Michael Ende. Lukas-Kindermann stellte das Werk als zeitkritische Parabel unserer immer hektischer werdenden Industriegesellschaft unerhört plastisch auf die Bühne, Laurent Wagner dirigierte. Der Klezmer-Virtuose Giora Feidman war der magische Zauberer mit der gläsernen Klarinette, Martha Mödl gastierte in der Männerrolle des korrupten und homosexuellen Abts.

Die klassische Moderne war vertreten mit »König Roger« von Karol Szymanowski, »Wozzeck« von Alban Berg, »Die Liebe zu den drei Orangen« von Sergej Prokofjew in einer hochinteressanten Inszenierung von Georges Delnon und »Aufstieg und Fall der Stadt Mahagonny« von Brecht/Weill.

Fechner ging mit seinem Ensemble auch aus dem Theater hinaus – ins Museum, in die DASA (Deutsche Arbeits-Schutz Ausstellung), in die Waschkaue Eving, er kooperierte mit anderen Bühnen und produzierte Opern für Kinder: Neufassungen von Mozarts »Der Schauspieldirektor«, »Belmonte und Konstanze« nach »Die Entführung aus dem Serail« und »Die unwiderstehliche Tauschbarkeit der Liebe« nach »Così fan tutte«.

Den Platz am Pult nahm zunächst Klaus Weise ein, der zusammen mit Fechner aus Kiel gekommen war. Gemeinsam mit Lukas-Kindermann präsentierte er gleich zu Beginn der Spielzeit 1985/86 Wagners »Der fliegende Holländer« mit Luana de Vol als Senta und Oskar Hillebrandt, im folgenden Jahr Verdis »Otello« mit dem jungen Wolfgang Schmidt in der Titel-

Horst Fechner
Generalintendant
1985–1995

Heinz Lukas-Kinderman
Oberspielleiter der Oper
1985–1995

partie sowie Strauss' »Arabella« in der Inszenierung von Lukas-Kindermann. Doch Weise war ein unruhiger Geist, er verließ Dortmund vorzeitig. In der Saison 1990/91 »half« Siegfried Köhler aus und führte den Betrieb weiter. 1991 wählte die Stadt Moshe Atzmon zum neuen Generalmusikdirektor. Der weltweit gefragte Konzertdirigent hatte nur wenig Opernerfahrung, setzte sich jedoch intensiv ein. Er dirigierte (zum ersten Mal) Wagners »Siegfried« mit straffen Tempi und nuanciertem Klanggeschehen; er traf einen vorsichtigen und durchsichtigen Mozart-Ton im »Don Giovanni« und in der »Zauberflöte«, leitete dramatisch und von Wohlklang beseelt Verdis »La Traviata« mit Sonia Zlatkova und Alexander Fedin und die von Lukas-Kindermann auf ein Traumschiff verlegte Mozart-Oper »Così fan tutte« sowie Verdis »La Traviata«.

Nach der Premiere von Puccinis »La Bohème« wurden kritische Stimmen an seinem Dirigat laut und im Juni 1994 scheiterte Atzmon bei der Einstudierung von Strauss' »Rosenkavalier« mit vielen Rollen-Debütanten (Rachel Gettler als Marschallin, Robert Holzer als Ochs, Sonja Borowski-Tudor und Melanie Kreuter als Octavian und Sophie). Vier Tage vor der Premiere legte Atzmon sein Dirigat nieder und bat wenig später um vorzeitige Entlassung aus seinem Vertrag.

Hans Wallat aus Düsseldorf sprang ein und verhalf dem »Rosenkavalier« in der Inszenierung von Lukas-Kindermann zu einem glänzenden Erfolg. In der B-Premiere sang Elisabeth Lachmann die Feldmarschallin und wurde im Anschluss nach 26-jähriger Zugehörigkeit zum Dortmunder Opernhaus zur Kammersängerin ernannt. Sie ist die beständigste Künstlerin des Hauses: Eine Sopranistin mit zuverlässiger, kultivierter Stimme und eine ausdrucksvolle Gestalterin, wurde sie von Schüchter als Anfängerin nach Dortmund geholt und gehört noch heute zum Ensemble. Alle großen Frauenpartien ihres Fachs hat sie verkörpert – erfolgreich, mit musikalischem Verantwortungsbewusstsein und großer Wandlungsfähigkeit.

Viele musiktheatralische Höhepunkte sind aus der Fechner-Zeit in Erinnerung geblieben. Dazu gehört auch das Lieblingsprojekt des Intendanten, Wagners »Ring des Nibelungen«, mit dem Fechner in der Spielzeit 1989/90 begann. Inszeniert von Lukas-Kindermann wurde »Rheingold« ein erster Erfolg – mit Weise am Pult und Henschel, Hillebrandt und Kapellmann als Solisten. Ein Jahr später folgte »Die Walküre« mit Thomas Fulton als Dirigent, dann »Siegfried« mit Atzmon am Pult sowie Schmidt und Lisbeth Balslev in den Hauptrollen. Erst 1994 konnte der »Ring« nach zweijährigem Aufschub mit der »Götterdämmerung« vollendet werden. Anton Marik übernahm das Dirigat für Atzmon, Mark Lundberg sang den Siegfried als unbekümmerten Naturburschen, Lia Frey-Rabine war eine stimmstarke Brünnhilde, Zelotes Edmund Toliver gab einen Furcht einflößenden Hagen.

Die Vielfalt des Fechner'schen Spielplans erwies sich als glücklich. Standardwerke der großen Oper entzückten das Publikum. »Lucia di Lammermoor«, von Giancarlo del Monaco auf die Bühne gestellt, wurde mit Makris und Fedin ein großer Triumph. Weiter gab es »Die verkaufte Braut«, »Carmen«, »Fürst Igor« »Hoffmanns Erzählungen« , »Fidelio«, italienische Spitzenwerke wie »Otello«, »Nabucco«, »Der Troubadour«, »La Traviata«, »Rigoletto«, »Tosca« und den »Barbier von Sevilla«. Beim Publikum besonders beliebt waren Gala-Vorstellungen von Verdis »Rigoletto« und »La Traviata« sowie Puccinis »La Bohème«.

1995 verließ auch Heinz Lukas-Kindermann Dortmund, um in Trier das Amt des Intendanten anzutreten. Viele seiner eigenwilligen, eindrucksvollen Inszenierungen sind künstlerische Marksteine der Ära Fechner. Mit seiner letzten Inszenierung ging er an einen außergewöhnlichen Spielort: das Harenberg City-Center. Über mehrere Etagen hinweg bot er die deutsche Erstaufführung der Oper »An der schönen blauen Donau« von Franz Hummel, ein aufrüttelndes Stück über das tragische Schicksal der Regensburger Lehrerin und Idealistin Elli Maldaque.

V. Ein innovativer Theatermann

Nach der Pensionierung von Horst Fechner wurde John Dew 1995 zum neuen Intendanten gewählt; Mitbewerber Ulrich Andreas Vogt (heute Intendant des Konzerthauses Dortmund), Vorsitzender der mitgliederstarken Theater- und Konzertfreunde sowie Wunschkandidat vieler Dortmunder Opernfans, unterlag nur knapp. Dew, zuvor Oberspielleiter in Bielefeld, hatte in der Spielzeit 1985/86 mit einer höchst provokanten Inszenierung von Strauss' »Salome« viele Besucher entsetzt. Dennoch war man gespannt, denn Dew durfte – und sollte – wieder selbst Regie führen. Und er brachte ein eigenwilliges Konzept mit: Er wollte ein ganzes Theater als »Gesamtkunstwerk« gestalten. In einem Fernseh-Interview erklärte er: »Ich will keine Skandale, ich will Opern ins Heute bringen.«

Kompromisslos setzte er seine Vorstellungen durch. Er startete eine auf fünf Jahre angelegte Reihe »Französische Oper« und begann mit »Die Jüdin« von Jacques Fromental Halévy. Es wurde ein glänzender Einstand mit Jayne Casselman und Wolfgang Millgramm in den Hauptpartien. Dew holte die Tragödie von der Jüdin Rachel, die am Ende in den Flammen stirbt, aus der Zeit des Konstanzer Konzils im 15. Jahrhundert in die Gegenwart – als Fanal gegen den Hass. Marik, der 1994 ins Amt des GMD berufen wurde, stand am Pult, Heinz Balthes und José Manuel Vazquez besorgten die Ausstattung. Dieses Team sollte sich auch in der Zukunft immer wieder bewähren, zunächst in der folgenden Inszenierung von Richard Strauss' »Elektra«, die Dew sehr konzentriert, klug und bilderstark auf die Bühne brachte – mit Lia Frey-Rabine in der Titelrolle, Gregory Frank als Orest, Thomas Harper als Ägisth und einer ausdrucksstarken Anne Gjevang als Klytämnestra. Das Duo Dew/Marik bescherte vorrangig in der Reihe der französischen Opern unvergessene Produktionen.

Im Februar 1996 schockierte Dew das Publikum mit der deutschen Erstaufführung der nach seiner Idee entstandenen Oper »Harvey Milk« von Stewart Wallace über einen 1978 ermordeten kalifornischen Stadtrat und Schwulenrechtler. Es wurde ein grellbunter, optisch wirksamer Appell für die Rechte von Minderheiten und erregte auch außerhalb von Dortmund Aufsehen. Die Presse allerdings sprach von »Peinlichkeit« und deutlichen Längen der Musik, die »zwischen Requiem und musicalesker Szenerie changiert«, von »Hollywood-Kitsch und Trauerapotheose«. – In derselben Spielzeit gab es bereits den zweiten Beitrag zur französischen Reihe: »Le Roi Arthus« als deutsche Erstaufführung in Zusammenarbeit mit dem Theater Montpellier. Der Wagner-Verehrer Ernest Chaussons vertonte das Thema von Tristan und Isolde in spätromantisch-lyrischem Zauber; eindrucksvoll sangen Jayne Casselman, Kor-Jan Dusseljee und Hannu Niemelä. Publikumsfreundlich wurden eine neue »Cavalleria rusticana« und »Der Bajazzo« aufgelegt. Ulrich Peters inszenierte das »Doppel« sehr aktionsreich: Niemelä war als Tonio von baritonaler Größe, weiterhin beeindruckten Harper, Ks. Millgramm, Renate Pribert-Zimny und Susanne Schimmack.

Die Spielzeit 1996/97 eröffnete mit Wagners »Parsifal«. Bühnenbildner Heinz Balthes führte auch Regie, entwarf fesselnd schöne, schlüssige Bilder. Unter Mariks musikalischer Leitung betörten große Sängerleistungen: erschütternd Niemelä als Amfortas, Gregory Frank überragend als Gurnemanz, groß und innig Casselman als hochdramatische Kundry, Karl-Heinz Lehner ein abgrundtiefer Titurel – und Millgramm als strahlender Titelheld. Als Offerte an das Publikum gab es Verdis »Macht des Schicksals«, von Gerhard Hess sehr stark modernisiert; »Die lustigen Weiber von Windsor« mit Ks. Andreas Becker als Falstaff; eine mit den Rezitativen von Hector Berlioz versehene Fassung von Carl Maria von Webers »Der Freischütz«, von Wolfgang Mehring als Psychodrama in Szene gesetzt.

Dew betreute die Uraufführung von »La Belle et la Bête«, bekannt vor allem durch Jean Cocteaus berühmten Kinofilm über das Märchen der französischen Erzieherin Jeanne Marie Leprince de Beaumont von 1756. Aus

John Dew
Generalintendant
1995–2001

dem Soundtrack des Films entwickelte der Komponist Philip Glass eine eigene Orchesterpartitur für die Dortmunder Philharmoniker. Dew erzählte die Geschichte als Akt der Selbstfindung und des Erwachsenenwerdens. Das Libretto lieferte Bernhard Hellmich, Mei Hong Lin steuerte die Tänze bei. Eine weitere französische Oper folgte: »Padmâvatî« von Albert Roussel. Die glitzernde Märchenstory um die indische Maharani Padmâvatî kam 75 Jahre nach der Uraufführung als deutsche Erstaufführung heraus. Die Ballette von Mei Hong Lin trugen dem exotischen Kolorit des Stoffs Rechnung. Dews farbenprächtige Bilder wurden musikalisch mit Orchesterglanz (Marik am Pult) und den Sängern Susanne Schimmack und Norbert Schmittberg gefüllt.

Auch die Spielzeit 1997/98 wartete mit einigen Highlights auf. Als Uraufführung gab es »Kniefall in Warschau«, eine Oper über Willy Brandt. Philipp Kochheim schrieb das Libretto über einige Lebensstationen des SPD-Politikers, der Potsdamer Komponist Gerhard Rosenfeld die Musik, Alexander Rumpf dirigierte. Gleich dreimal kommt Brandt ins Bild: als junger Mann (Sven Ehrke), als Bundeskanzler mit der bewegenden Geste des Kniefalls, von Niemelä ergreifend dargestellt, und als gereifter Mann auf sein Leben zurückblickend (William Killmeier). Dew brachte auch Zeitgenossen Brandts auf die Bühne, einige von ihnen saßen leibhaftig im Publikum. – Der vierte Beitrag zur französischen Oper waren »Die Trojaner« von Hector Berlioz, als eindrucksvolles Spektakel mit glutvollen Massenszenen inszeniert, von Marik mit Klangrausch dargelegt, in den Hauptpartien Casselman (Cassandra), Borowski-Tudor (Dido) und Schmittberg (Aeneas). In Erinnerung blieb auch »Die Königin von Saba«.

In der folgenden Spielzeit stellte Claus Guth Verdis »Otello« als Fallstudie psychologischer Bedrängung mit den Solisten Jill-Maria Marsden, Millgramm und Niemelä vor. Danach kam »Macbeth« von Ernest Bloch heraus, eine von Dew wiederentdeckte Rarität, zeitlos und symbolkräftig gedeutet, von Alexander Rumpf dirigiert. Das Stück hält sich streng an Shakespeare, die Verdüsterung der Seelen spiegelt sich in differenzierten Klangbildern. – Als Uraufführung offerierte Dew drei Kurzopern nach japanischen Nô-Theater-Texten von Alexander Goehr. Kochheim inszenierte die rätselhaften Geschichten mit ostasiatischem Kolorit und holte die Zuschauer auf die Bühne in Tuchfühlung zu den Akteuren. In »Kantan« bot Hannes Brock eine ausgezeichnete Charakterstudie, es folgten »Die Seidentrommel« und »(Un)fairer Tausch«. – Neu für Deutschland war auch »Dr. Ox's Experiment« von Gavin Bryars, das auf einer Erzählung von Jules Verne basiert; erwähnenswert auch Christoph Willibald Glucks Oper »Orpheus und Eurydike«, die Dew flott und bunt auf die Bühne stellte und die mit alten Instrumenten den »originalen« Klang wiedergab.

Eine Wiederentdeckung gab es im Dezember 1999: »Der arme Heinrich« von Hans Pfitzner. Dew transferierte die mittelalterliche Legende in die Zeit der Opernentstehung – Fin de siècle, Gründerzeit und Jugendstil – und nahm eigenmächtige, teils absurde Eingriffe in die Story vor, zeichnete seine Version jedoch mit sensibler Personenregie. Die ausladende spätromantische Musik war bei dem engagierten Alexander Rumpf gut aufgehoben. Mit viel Leidensfähigkeit umriss Schmittberg die Titelfigur, Michaela Kaune zeigte sich als opferbereite Agnes. – Die französische Reihe war mit »Dinorah« von Giacomo Meyerbeer vertreten. Dew brachte die komische Oper in einer eigenen Fassung als handfeste Posse mit glänzenden Belcanto-Arien. – Als deutsche Erstaufführung gab es die Fußball-Oper »Der Cup« von Mark-Anthony Turnage, ein Stück mit britisch-schwarzem Humor über Helden und Verlierer. In ergreifender Zwölftonstrenge erklang die Oper »Das Tagebuch der Anne Frank« von Grigori Frid, ein starkes Zweifrauenstück in bezwingender Darstellung. Das herkömmliche Repertoire war vertreten mit Wagners »Tristan und Isolde«, von Dew als Psychodrama aus dem Mythos in unsere Welt geholt, von dem jungen Nachwuchspultstar Michael Hofstetter

Albrecht Döderlein
Geschäftsführender
Direktor seit 2001

dirigiert, mit John Pierce und Jayne Casselman in den Hauptpartien; dazu noch Verdis »Aida«, Mozarts »Entführung aus dem Serail«, Smetanas »Die verkaufte Braut« sowie eine sehr vitale »Fledermaus«.

Zum Ende der Spielzeit 2001 sollte Dew Dortmund verlassen; sein Vertrag wurde nicht verlängert. Das Publikum hatte ihm seinen Goldgräbereifer und das Wandeln auf operngeschichtlichen Seitenpfaden ebenso wenig gedankt wie die oft überzogenen modernen Inszenierungen. Er holte zwar viel überörtliche Presse ins Haus, aber nicht den traditionellen Zuschauerkreis. Dennoch blieb er seiner Linie treu und verwirklichte auch in seiner letzten Saison kühne Pläne: Als »Abschiedsgeschenk« der französischen Reihe gab es an zwei aufeinander folgenden Tagen »Louise« und »Julien« von Gustave Charpentier. Es war ein spektakulärer Schlussakzent. Selbst in Frankreich wurden diese beiden Opern nie im »Doppelpack« aufgeführt. Für die farbige Musik zeichnete Axel Kober in bewährter Manier verantwortlich. Effektvolle Bühnenbilder von Thomas Gruber und die Kostüme von José Manuel Vazquez – die beiden gaben so manchem Opernabend der Dew-Ära optische Gestalt – blieben in Erinnerung.

Als letzte Tat in Sachen neues Musiktheater gab Dew eine Oper an den estnischen Komponisten Erkki-Sven Tüür in Auftrag. Es war ein musiktheatralischer Versuch über das Holocaust-Thema. Titelfigur ist der schwedische Diplomat Raoul Wallenberg, der in Budapest 100 000 ungarische Juden vor der Deportation rettete und sich unter Einsatz seines eigenen Lebens der schrecklichen Vernichtungslogistik der Nationalsozialisten entgegenstellte. 1947 wurde er in sowjetischer Gefangenschaft, der Spionage verdächtigt, erschossen. »Wallenberg« ist Denkmal, Mahnmal und ein bitterböses Stück über unsere Zeit, ergreifend und erschütternd dargestellt. Kochheim inszenierte, Rumpf stand am Pult, Niemelä übernahm noch einmal unerhört beeindruckend eine bedeutende Titelpartie – auch er verließ Dortmund am Ende der Spielzeit.

Christine Mielitz
Operndirektorin
seit 2002

Enttäuscht darüber, dass seine Vorhaben so wenig Gefallen gefunden hatten, schied John Dew, ein innovativer Theatermann, aus Dortmund. Mit ihm ging auch GMD Marik, der neue Aufgaben in Köln übernahm. Wieder war Neues gefragt – wieder herrschte Aufbruchstimmung.

VI. Neue Leitungsstruktur

Die Stadt entschied sich für eine neue Leitungsstruktur des Dortmunder Theaters: Anstelle des bisherigen Generalintendanten bildet seit der Spielzeit 2001/02 der neue Geschäftsführende Direktor Albrecht Döderlein zusammen mit den Direktoren der künstlerischen Sparten die Theaterleitung. Bis zur Neubesetzung der vakanten künstlerischen Leitungspositionen für Oper und Orchester übernahm der ehemalige GMD Hans Wallat nochmals die Leitung des Philharmonischen Orchesters. Als kommissarischer Operndirektor verantwortete Albrecht Faasch in dieser so genannten Interimssaison den Spielplan des Musiktheaters, der im Opernhaus mit der Rockoper »Tommy« begann und publikumswirksamen Titeln wie »Tannhäuser« und »La Bohème« seltener aufgeführte Werke wie Jules Massenets »Werther« und Umberto Giordanos »Andrea Chénier« gegenüberstellte.

Zur Spielzeit 2002/03 übernahm mit Christine Mielitz eine international renommierte Regisseurin des Musiktheaters das Amt der Operndirektorin; neuer GMD wurde der aus den USA stammende Dirigent Arthur Fagen. Am Pult des bald darauf in »Dortmunder Philharmoniker« umbenannten Orchesters eröffnete er im Herbst 2002 das neue Konzerthaus Dortmund. Der Konkurrenz des durch Konzerthaus und das Festival der RuhrTriennale erweiterten kulturellen Angebots stellt sich Mielitz, indem sie mit den Neuinszenierungen ihres Hauses – beginnend mit ihrer eigenen Einstandsinszenierung der »Meistersinger« – das Dortmunder Opernhaus wieder stärker im Bewusstsein des Publikums der Stadt und der Region verankern will – eine spannende und künstlerisch fruchtbare Herausforderung.

Richard Straus
»Der Rosenkavalier«
Eröffnungspremiere des neuen Opernhauses am 3. März 1966

Musikalische Leitung: Wilhelm Schüchter
Inszenierung: Werner Kelch
Ausstattung: Ita Maximowna

Gäste: Elisabeth Grümmer (Marschallin), Kurt Böhme (Baron Ochs), Teresa Zylis-Gara (Octavian), Benno Kusche (Faninal), Liselotte Hammes (Sophie)

Szene aus dem 2. Akt

Wolfgang Amadeus Mozart
»Die Zauberflöte«
Spielzeit 1965/66

Musikalische Leitung: Wilhelm Schüchter
Inszenierung: Werner Kelch
Ausstattung: Ita Maximowna

Schlussbild mit Liselotte Hammes (Pamina), Günther Morbach (Sarastro), John Gillas (Tamino)

▷
Richard Wagner
»Lohengrin«
23. September 1967

Musikalische Leitung: Wilhelm Schüchter
Inszenierung: Hans Hotter
Ausstattung: Hainer Hill

Karl Ridderbusch (König Heinrich), Eberhard Katz (Lohengrin), Maria van Dongen (Elsa), Howard Vandenburg (Telramund), Joy McIntyre (Ortrud)

Szene aus dem 3. Akt

Walter Steffens/
Nelly Sachs
»Eli«
Uraufführung
5. März 1967

Musikalische Leitung:
Wilhelm Schüchter
Inszenierung:
Hans Hartleb
Ausstattung:
Hainer Hill

Igor Strawinsky
»Oedipus Rex«
27. März 1968

Eberhard Katz
(Oedipus)

Giacomo Puccini
»Madame Butterfly«
27. Januar 1973

Musikalische Leitung:
Hans Feldigl
Inszenierung:
Giancarlo del Monaco
Ausstattung:
Dominik Hartmann

Maria Cleva
(Cio-Cio-San),
Christiane Zinkler
(Suzuki)

Richard Wagner
»Die Walküre«
3. Februar 1974

Musikalische Leitung: Wilhelm Schüchter
Inszenierung: Paul Hager
Ausstattung und Projektionen:
Hainer Hill

oben: Eberhard Katz (Siegmund),
Elisabeth Lachmann (Sieglinde)

rechts: Peter van Ginkel (Wotan),
Joy McIntyre (Brünnhilde)

Elisabeth Lachmann (Liù),
Andreas Becker (Timur)

Giacomo Puccini
»Turandot«
21. September 1974

Musikalische Leitung:
Olivero de Fabritiis
Inszenierung:
Wolfgang Weber
Ausstattung: Hainer Hill

Richard Strauss
»Die Frau ohne Schatten«
27. September 1975

Musikalische Leitung:
Marek Janowski
Inszenierung:
Paul Hager
Bühne:
Hans Schavernoch

Joy McIntyre (Färberin)

161

Richard Wagner
«Die Meistersinger
von Nürnberg"
17. September 1977

Musikalische Leitung:
Marek Janowski
Inszenierung: Paul Hager
Bühne: Hans Schavernoch
Kostüme: Lore Haas

2. Aufzug mit
Peter Meven (Sachs)

Igor Strawinsky
»The Rake's Progress«
2. April 1978

Musikalische Leitung:
Hiroshi Wakasugi
Inszenierung: Paul Hager
Ausstattung: Lore Haas/
Hans Schavernoch

William Reeder
(Rakewell), Elisabeth
Glauser (Goose), Dieter
Behlendorf (Shadow)

Richard Wagner
»Parsifal«
Wiederaufnahme
4. April 1982

Musikalische Leitung:
Hans Wallat
Inszenierung:
Paul Hager
Ausstattung:
Lore Haas / Hans Schavernoch

Waltraud Meier (Kundry),
Horst Hoffmann (Parsifal)

Giuseppe Verdi
»Don Carlos«
3. Oktober 1982

Musikalische Leitung:
Elio Boncompagni
Inszenierung: Paul Hager
Bühne: Wolfram Skalicki
Kostüme: Amrei Skalicki

Waltraud Meier (Eboli),
Franz-Josef Kapellmann (Posa)

Peter I. Tschaikowsky
»Pique Dame«
7. Mai 1983

Musikalische Leitung: Hans Wallat
Inszenierung: Gerlinde Fulle
(Paul Hager war während
der Proben plötzlich verstorben.)
Bühne: Wolfram Skalicki
Kostüme: Amrei Skalicki

Martha Mödl als Gräfin *(links)*

Richard Strauss
»Die schweigsame Frau«
4. Oktober 1983

Musikalische Leitung: Hans Wallat
Inszenierung: Peter Ebert
Bühne: Hans Schavernoch
Kostüme: Lore Haas

Dieter Schweikart (Sir Morosus),
Michael Cooney (Henry Morosus)

Walter Steffens / Peter Schütze
»Die Judenbuche«
Uraufführung
31. Januar 1993

Musikalische Leitung:
Laurent Wagner
Inszenierung und Ausstattung:
Pet Halmen

▷
Günther Wiesemann /
Max von der Grün
»Brot und Spiele«
Uraufführung
15. April 1989

Musikalische Leitung:
Anton Marik
Inszenierung:
Guido Huonder
Bühne: Gerd Herr
Kostüme: Karin Seydtle

Kurt Weill / Bertolt Brecht
»Aufstieg und Fall
der Stadt Mahagonny«
11. April 1987

Musikalische Leitung: Anton Marik
Inszenierung: Igor Folwill
Ausstattung: Heidrun Schmelzer

Cynthia Makris (Jenny),
Jane Henschel (Begbick)

Richard Strauss
»Salome«
2. März 1986

Musikalische Leitung: Klaus Weise
Inszenierung: John Dew
Ausstattung: Gottfried Pilz

Cynthia Makris (Salome),
Oskar Hillebrandt (Jochanaan)

Plakatentwürfe von
Michael Mathias Prechtl
für den Dortmunder
Zyklus »Der Ring
des Nibelungen«
(1990–1994)

Inszenierung: Heinz
Lukas-Kindermann
Bühne: Dieter Schoras

Richard Wagner
»Die Walküre«
23. September 1990

Musikalische Leitung:
Thomas Fulton
Kostüme: Susanne Dieringer

Jane Henschel (Fricka),
Oskar Hillebrandt (Wotan)

Richard Wagner
»Das Rheingold«
12. Mai 1990

Musikalische Leitung:
Klaus Weise
Kostüme: Vera Sobat

Richard Wagner
»Götterdämmerung«
18. September 1994

Musikalische Leitung:
Anton Marik
Kostüme:
Dirk von Bodisco

Wilfried Hiller/
Michael Ende
»Der Rattenfänger«
Uraufführung
26. September 1993

Musikalische Leitung:
Laurent Wagner
Inszenierung:
Heinz Lukas-Kindermann
Ausstattung:
Hans Georg Schäfer

Martha Mödl
(Abt Lambert, *links*),
Karen Stone
(Bruder Fuchsgesicht)

Richard Strauss
»Der Rosenkavalier«
11. Juni 1994

Musikalische Leitung:
Hans Wallat
Inszenierung:
Heinz Lukas-Kindermann
Ausstattung:
Susanne Thaler

Sonja Borowski-Tudor
(Octavian),
Rachel Gettler
(Marschallin)

Jerry Herman
»La Cage aux Folles«
24. Oktober 1992

Musikalische Leitung:
Klaus Wilhelm
*Inszenierung
und Choreografie:*
Janez Samec
Bühne:
Wolfgang O'Kelly
Kostüme:
José Manuel Vazquez

Hannes Brock
(Albin-Zaza)

Jacques Fromental Halévy
»Die Jüdin«
27. September 1995

Musikalische Leitung: Anton Marik
Inszenierung: John Dew
Bühne: Heinz Balthes
Kostüme: José Manuel Vazquez

Jayne Casselman (Rachel),
Wolfgang Millgramm (Eléazar)

Stewart Wallace
»Harvey Milk«
Europäische Erstaufführung
24. Februar 1996

Musikalische Leitung: Daniel Kleiner
Inszenierung: John Dew
Bühne: Thomas Gruber
Kostüme: José Manuel Vazquez

Lorenz Minth (Titelpartie)

▷
Hector Berlioz
»Les Troyens« (Die Trojaner)
21. September 1997

Musikalische Leitung: Anton Marik
Inszenierung: John Dew
Bühne: Thomas Gruber
Kostüme: José Manuel Vazquez

Norbert Schmittberg (Aeneas),
Jayne Casselman (Kassandra),
Sonja Borowski-Tudor (Dido)

Gerhard Rosenfeld
»Kniefall in Warschau«
Uraufführung
22. November 1997

Musikalische Leitung:
Alexander Rumpf
Inszenierung: John Dew
Bühne: Thomas Gruber
Kostüme:
José Manuel Vazquez

Hannu Niemelä
(Willy Brandt)

Richard Wagner
»Die Meistersinger von Nürnberg«
27. Oktober 2002

Musikalische Leitung: Arthur Fagen
Inszenierung: Christine Mielitz
Bühne: Stefan Mayer
Kostüme: Caritas de Wit

3. Aufzug mit Elena Nebera (Eva),
Chor und Extrachor

Wolfgang Amadeus Mozart
»Don Giovanni«
15. Dezember 2002

Musikalische Leitung:
Arthur Fagen
Inszenierung:
Beverly Blankenship
Bühne: John Lloyd Davies
Kostüme: Elisabeth
Binder-Neururer

Karl-Heinz Lehner
(Don Giovanni)

Leoš Janáček
»Jenufa«
29. März 2003

Musikalische Leitung:
Arthur Fagen
Inszenierung:
Christine Mielitz
Ausstattung:
Christian Rinke

Rebecca Blankenship
(Küsterin, *Mitte)*,
Cornelia Dietrich
(Alte Buryia, *rechts)*,
Herren des Chores

Richard Strauss
»Der Rosenkavalier«
2. November 2003

Musikalische Leitung:
Arthur Fagen
Inszenierung:
Beverly Blankenship
Bühne:
John Lloyd Davies
Kostüme: Elisabeth
Binder-Neururer

von links:
Eun-Joo Park (Sophie),
Heike Susanne Daum
(Leitmetzerin),
Maria Hilmes (Octavian)

Rainer Wanzelius

Gute Zeiten, nicht ganz so gute Zeiten *1965 bis 2004*
Vier Jahrzehnte des Dortmunder Schauspiels

Geschichte, also auch Theatergeschichte, ist nicht mit der Frage verbunden: Was bleibt in Erinnerung? – zumindest nicht nur oder auch nur vorrangig. Geschichte, wenn sie denn geschrieben wird, fragt nach dem Warum des Erinnerns – warum dieses erinnert wird und jenes nicht. Und danach, ob es des Erinnerns wert ist, was da erinnert wird. Im Wesen der Geschichte liegt, wenn sie geschrieben wird, dass sie sich selbst hinterfragt.

Das gilt im Großen wie im Kleinen, und so gilt es auch für die Geschichte eines Theaters, das immer ein wenig darunter gelitten hat, dass es ein kleines ist. Die Geschichte des Dortmunder Schauspiels ist, in Grenzen, über viele Jahre auch eine solche Leidensgeschichte. Ist oder ist gewesen.

I. Sich selbst vergessende Gattung

Theater ist nicht »wie im wirklichen Leben«. Theater ist viel lebendiger. Das wirkliche Leben ist gleichgültig, das Theater nicht. Das Theater will, es sollte wollen – zumindest könnte es, sonst sollte es die Finger vom eigenen Tun lassen. Theater hat Ziele – zu haben. Das Leben setzt sich gegen seine Geschichte zur Wehr (vergebens), das Theater treibt die ihre voran (gar nicht immer vergebens).

Theatergeschichte ist darum nicht nur mit der Frage verbunden, was warum des Erinnerns wert ist, sondern auch, mit welchen Mitteln und mit welcher Kraft es versucht hat, seine Ziele zu formulieren und zu erreichen (versuchsweise, im Experiment, im Theaterlabor). Wen hat es, was hat es und – vor allem – wie hat es verändert? Und auch: Wie hat es sich selbst verändert?

Hinterfragen wir unsere Erinnerungen an diese so eindringliche wie flüchtige, sich zugleich willig selbstvergessende Gattung, blenden wir in unsere privaten »Theaterbiografien« zurück – was ist es, was geblieben ist?

Sicher, etwas will nicht weichen. Ein Haufen (ein Scherbenhaufen?) hoffentlich schöner Bilder. Erinnerungen an beeindruckende Räume. Sprache; die Sprache mehr als das Gesprochene. Menschen, die sprechend und spielend in ihren Bann ziehen, die einen mehr als andere: die großen und die nicht ganz so großen (nicht ganz so toll besetzten) Schauspieler. Poesie. Ein nicht für möglich gehaltener Zauber. Bewegung: eine Rage, ein Sog, ein Groove. Das Eröffnen eines Gedankens. Licht. Innewerden der Übereinstimmung von Gefühlen. Oder ein Zurückgestoßen-, ein Auf-sich-selbst-geworfen-Werden. Wut. Und manchmal, mitten im Theater, beim Gucken, ein Traum von einem besseren Theater.

Aber oft stehen die erinnerten Bilder ohne Kontexte da, die Stücke ohne Titel, die Rollen ohne die Namen von Schauspielern, die Schauspieler ohne Rollen. Schönes, Schönheit, aber nur vereinzelt. Gesichter, aber auch Gesichtsverlust. Unsere Erinnerung als Gesichtverlieren. Oder vergleichen wir unsere individuellen Biografien, unsere Bilder miteinander. Der Theatermacher bewahrt andere Erinnerungen als der aufmerksamste und fleißigste Theaterbesucher. Und ganz gleich, ob dank Interesses oder mittels Abonnement an dieselben Spielpläne gefesselt, vielleicht über Jahre hinweg – was die einzelnen Besucher aus denselben Jahren in denselben Theatern jeweils hinübergerettet haben ins Heute, ist

Rolf Schneider
Künstlerischer Leiter des Schauspiels
1962–1965

Gert Omar Leutner
Schauspieldirektor/Intendant des Schauspiels
1966–1975

Andreas Weißert
Oberspielleiter
1975–1980

anders, ganz anders. Es klaffen Welten. Wie unterschiedlich wir doch wahrnehmen, erinnern – und vergessen (in Räumen, in denen so viel von diesem Wahrnehmen, Erinnern, Vergessen gehandelt wird)...

Und dennoch: Etwas ist geblieben. Warum aber dieses, etwas anderes nicht? Wo sind die Spuren? Welcher Art? Sind es nur flüchtige Bilder? Wie hat es geprägt, dieses Theater? Was hat es bewirkt? Und was angerichtet? Was zerstört? Wenn es nie etwas zerstört, wenn es nicht einmal Trümmer hinterlassen hat – was hat es dann falsch gemacht, dieses Theater, ehe es zur Erinnerung wurde? – Ja, was?

II. Eine Geschichte der Inkontinuität
Da platzt dann mitten in solche Konfusion und Ratlosigkeit hinein diese mit Nachdruck und beharrlich vorgetragene Bitte, sich zu erinnern, mich zu erinnern, und zwar öffentlich und eines feierlichen Anlasses wegen – welch ein Schrecken!

Eine Geschichte des Dortmunder Schauspiels ab 1965, nur zum Teil selbst miterlebt – und wenn miterlebt, dann doch immer nur von außen, nur selten mit einem klärenden Blick hinter die Kulissen –, ist sie schreibbar, wenn man mehr beschreiben möchte als nur das faktisch Nachvollziehbare, das sich in Daten und Listen ausdrückt von Stücken und Aufführungen oder in Haushalts- und Besucherzahlen? Wenn man nicht nur festhalten möchte, wann der eine ging, sondern auch, warum der andere kam – mit welchen Zielen er die Arbeit begonnen hat und was aus seinen Zielen geworden ist?

Die Geschichte des Dortmunder Schauspiels ist eine unsichere Geschichte – das immerhin ist gesichertes Wissen. Sie ist eine Geschichte der Inkontinuität, der Brüche und Widersprüche. Das zumindest unterscheidet sie, macht sie einzig. Einzelnes und Genaueres erfährt man indes nur noch mühsam. Und genau das ist der Grund, dieser Bitte dann doch zu folgen: Neugierde. Der Wunsch, zu ordnen und einzuordnen. Also Papiere geblättert, Listen abgegriffen. Nachgefragt und neu geordnet.

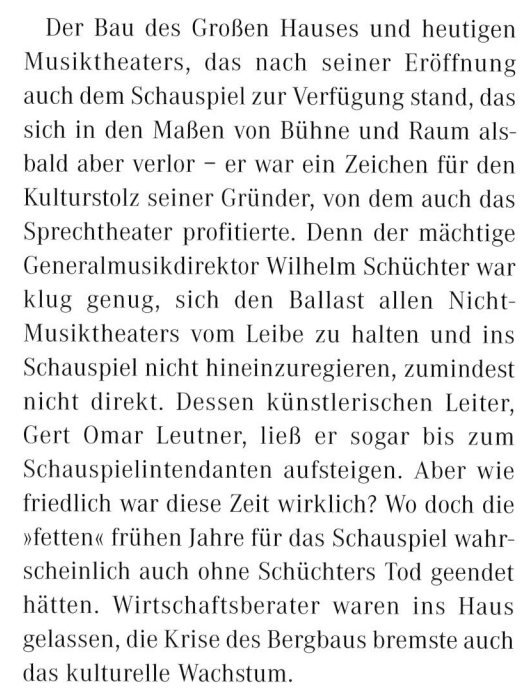

Der Bau des Großen Hauses und heutigen Musiktheaters, das nach seiner Eröffnung auch dem Schauspiel zur Verfügung stand, das sich in den Maßen von Bühne und Raum alsbald aber verlor – er war ein Zeichen für den Kulturstolz seiner Gründer, von dem auch das Sprechtheater profitierte. Denn der mächtige Generalmusikdirektor Wilhelm Schüchter war klug genug, sich den Ballast allen Nicht-Musiktheaters vom Leibe zu halten und ins Schauspiel nicht hineinzuregieren, zumindest nicht direkt. Dessen künstlerischen Leiter, Gert Omar Leutner, ließ er sogar bis zum Schauspielintendanten aufsteigen. Aber wie friedlich war diese Zeit wirklich? Wo doch die »fetten« frühen Jahre für das Schauspiel wahrscheinlich auch ohne Schüchters Tod geendet hätten. Wirtschaftsberater waren ins Haus gelassen, die Krise des Bergbaus bremste auch das kulturelle Wachstum.

Eines ist bereits an dieser Stelle, an der von den Jahren 1967 bis 1974 die Rede ist, festzuhalten: Man könnte über das Dortmunder Musiktheater schreiben, ohne viele Gedanken an das Schauspiel und erst recht an das Kinder- und Jugendtheater zu verschwenden. Umgekehrt geht das nicht. Die Stellung des Dortmunder Schauspiels definiert sich immer über dessen Verhältnis zur Oper.

Paul Hager, der mit dem Verwaltungsdirektor Karlheinz Engels eine Doppelspitze bildete, war ebenfalls ein Mann der Oper. Und für das Schauspiel zeichnete ab 1975 nur noch ein Oberspielleiter verantwortlich: erst Andreas Weißert (bis 1980), dann Roland Gall (bis 1984). Erstaunlich jedoch, welch guter Ruf dieser Ära nacheilt. Hager arbeitete ganz offensichtlich einvernehmlich sowohl mit Weißert als auch bis zu seinem Tod mit Gall. Zumindest Weißert verließ Dortmund in Frieden und auf eigenen Wunsch. Die Tatsache, dass es nicht »kracht«, ist übrigens nicht in jedem Fall auch schon Ausdruck guter Zusammenarbeit und erst recht keine Garantie für das künstlerische Niveau solcher Kooperation.

Womöglich vereint ja die Gefahr. Schüchter hatte 1972 die erste, Hager 1982 eine zweite

175

große Krise zu meistern: der eine die Diskussion um die Schließung der Oper nach den Ideen des Kulturdezernenten Alfons Spielhoff (verwunderlich übrigens, dass diese erste große Spardebatte ausgerechnet die Oper betraf), der andere den Versuch der Schließung des Schauspiels, der allerdings von einer breiten Öffentlichkeit und dann sehr schnell auch von den politischen Gremien zurückgewiesen wurde. Druck von außen – das zeigt ja tatsächlich die internationale Politik – kann inneren Zusammenhalt stärken und vielleicht gilt das auch einmal für Theaterarbeit. Bleibt nur die Frage: War der Opernmann Hager nicht letztlich doch bereitet, das Schauspiel zu opfern?

Mit Guido Huonder (ab 1985) gewann das Schauspiel Autonomie zurück, die jedoch nicht lange währen sollte. Denn als der Opernregisseur John Dew anklopfte (1995), forderte er eine Generalintendanz, die sich, ganz im Gegensatz zur Generalintendanz seines nicht inszenierenden Vorgängers Horst Fechner, auch als künstlerische Einheit verstehen sollte; Huonder-Nachfolger Jens Pesel musste nach gerade einmal drei Jahren den Hut nehmen.

Dews Theater war als spartenübergreifendes Gesamtkunstwerk gemeint, in dem der Oberspielleiter (!) des Schauspiels, Wolfgang Trautwein, eine untergeordnete Rolle spielte. Als die Zusammenarbeit Dew/Trautwein 1998 zerbrach, hatte nur die Oper eine künstlerische Glanzzeit erlebt.

Der Ist-Zustand (seit 2001) sieht Musiktheater, Schauspiel, Orchester, Kinder- und Jugendtheater sowie Ballett-Compagnie unter das gemeinsame Dach einer geschäftsführenden Direktion (Albrecht Döderlein) gestellt. Für die Oper zeichnet Christine Mielitz als Direktorin, für das Schauspiel Michael Gruner als Direktor, für das Orchester Arthur Fagen als Generalmusikdirektor, für das Kinder- und Jugendtheater Andreas Gruhn verantwortlich. Das Schauspiel ist also erneut in eine autonome Phase eingetreten. Es bedankt sich mit Erfolgen.

Dies alles beschreibt aber nicht, was »eigentlich« geschehen ist und geschieht: auf den Bühnen nämlich. Im Gegenteil, es erweckt sogar den Eindruck, dass hier Theatergeschichte als Geschichte der Strukturen, der Existenzsicherung, des Überlebenskampfes, als Geschichte seiner Krisen in Erinnerung gehalten werden soll. Als seien die Bedingungen, unter denen ein Bühnenprodukt entsteht, von größerem Interesse und darum erinnerungswerter als das Produkt selbst.

Tatsächlich gibt das so vielfach geknotete Netz der Arbeitsbedingungen, der Spiel- und Inszenierungsvoraussetzungen, der Ermutigungen und Auflagen, der kulturpolitischen Landschaft und des geistigen Klimas Aufschluss über so manchen Triumph und über so manches Scheitern eines Stücks, einer Spielzeit und auch einer ganzen Ära – das Erreichen oder Verfehlen des Ziels erklärt sich über den Weg oder besser die Wege zu diesem Ziel oder von diesem Ziel weg. Woran's denn gelegen hat, ist eine berechtigte Frage.

Theater hat mit künstlerischen Auffassungen unterschiedlicher Personen zu tun, aber auch mit Charakteren und Temperamenten eben dieser Menschen. Und es hat damit zu tun, wie vereinbar miteinander nicht nur eben diese künstlerischen Auffassungen, sondern auch die Charaktere und Temperamente sind. Die Geschichte der Intendanz John Dews ist auch eine Geschichte des Scheiterns einer Freundschaft.

Regietheater versteht sich hierarchisch, bei allen kollektiven Selbsterkundungen, die es gegeben hat. Wenn kein Machtzentrum gesetzt ist, bildet sich eines heraus. Anders als in gewöhnlichen Arbeitsprozessen verschiebt es sich häufig – oftmals von Stück zu Stück, von Regie zu Regie. Das Publikum hat in der Regel wohl eine Ahnung von diesen Voraussetzungen und den von ihnen abhängigen Prozessen, meist aber kein festes Wissen über sie. Das Theater gibt sich als eine »schwarze Schachtel«, die ungern in sich hineinblicken lässt, auch wenn es sich der Aufklärung verschreibt. Ein Nach-außen-Dringen solch interner Reibungen, die zum Theateralltag gehören, aber zu fundamentalen Reibungsverlusten führen

Roland Gall
Oberspielleiter
1980–1984

können, ist nicht angesagt – Betriebsunfall. Der Außenstehende wiederum möchte dabei sein – verständlich; aber er wird es nicht. Klatsch und Wahrheitsliebe liegen hier so herrlich nah beieinander.

III. Reibungsgeschichte(n)

Keine Theaterarbeit ohne Reibungen. Ohne enorme innere Spannung, inneren Druck. In Dortmund fing das, historisch gesehen, an, noch ehe der Grundstein für das neue Große Haus gelegt war und es wird auch vorher selten anders gewesen sein. Wilhelm Schüchter verdrängte Dr. Hermann Schaffner, der Generalmusikdirektor den amtierenden Intendanten. Sie waren noch keine Woche beieinander, da fetzte es schon, und zwar gründlich.

Aber das sind Personalien im Vergleich zu dem Druck, den nicht die handelnden Personen in ihren Arbeitsprozessen mit- oder gegeneinander aufbauen, der also nicht auf der, sondern um die Bühne entsteht und der so viele Gesichter hat. Öffentlicher oder halböffentlicher Druck, der mit Strukturen und Ressourcen einhergeht, die außerhalb des Theaters liegen, also mit wirtschaftlicher Entwicklung und mit dem Wandel der Gesellschaft und in der Politik, mit kollektiven Erwartungen und Sehnsüchten, mit Ablehnung und Anfeindung, mit Zeitgeist und – dann doch wieder – mit privater Vorliebe. Das Verhältnis der Politiker zur Kultur und eben auch zur Theaterkultur ist nicht nur von Notwendigkeiten geprägt, sondern auch vom privaten Erfahrungshorizont der Entscheidungsträger, von ihrem Bildungsstand, der vielleicht eine kulturelle Argumentation nur in verkürzter Form zulässt.

Doch solche Faktoren bestimmen den Geist, der in den Kommunen herrscht – und nicht nur dort –; sie bestimmen ihn tatsächlich »entscheidend« mit. Dieser Geist der Kommunen und der Geist der Theaterhäuser, die in ihnen beherbergt sind – auch sie ergeben ideale Reibungspotenziale! Die genannten Krisen sind nur das offene Feuer, der Schwelbrand dauert weiter.

Dass in der Kommune Dortmund der Geist von einem kaufmännischen und einem technischproduktiven Leistungsverhalten – und -denken – genährt wird bzw. von der ganz eigenen Dynamik, die diese Mischung erzeugt, muss hier nicht analysiert werden. Man hat ein Theater, um es zu haben. Dass man hineingeht, hat auch mit Besitzpflege zu tun. Vielleicht nicht zu allererst, aber eben auch.

Natürlich, die Kunst reibt sich an jeder Haltung, die mittels der Politik die Strukturen vorgibt, die Kunst erst ermöglichen. Oder die sie behindern, nicht nur emotional. So etwas ist wie ein Naturgesetz.

Dennoch ist immer wieder einmal wahrer Opfer zu gedenken. Auch Dortmund hat sie erlebt: die schwierigen Interregnien – Zwischenspielzeiten, deren Melangen aus Auflösungserscheinung und Euphorie des Neubeginns jene »Theaterhelden« hervorbringen, die das Ruder kommissarisch in die Hand nehmen, weil der Vorstellungsbetrieb, weil die »Show« ja weitergehen muss, die ihre Sache auch noch gut machen und die doch wissen: Es ist nur für eine Spielzeit, vielleicht für zwei, dann werden sie das Zepter zurückgeben müssen; man wird ihnen danken – und sie vergessen. Hier seien sie einmal nicht vergessen.

IV. Übermächtige Nachbarschaft

Das Dortmunder Schauspiel, beobachten wir es in seinem gegenwärtigen Zustand, ist von neuem Stolz getragen. Die Großkritik fährt nicht immer nur am Hiltropwall vorbei. Einladungen zu Festivals belegen, dass die Arbeit auch unter Kollegen geachtet und vor allem auch außerhalb der Stadt wahrgenommen wird. Die Zuschauer kehren zurück – sicher auch, weil ihnen Komödie so geboten wird, dass sie sich ihres Besuchs nicht zu schämen brauchen: also intelligent. Das Sprechtheater schreibt wieder schwarze Zahlen, das heißt, es verbraucht nicht mehr an Subvention, als es erhält.

Und dennoch: Selbst Erfolgsbilanzen spiegeln ein altes Problem – jenen Minderwertigkeitskomplex, mit dem das Schauspiel eine

Jost Krüger
Künstlerischer Leiter des Schauspiels 1984/85 und Schauspieldirektor 1991/92

Guido Huonder
Schauspieldirektor 1985–1991

Ehe geschlossen zu haben scheint. Zum einem ist es und bleibt es – im Binnenverhältnis und aus der Sicht der Politik – die kleinere Sparte, der weniger glänzende Glanz, das ärmere Kind. Das, dem man immerhin schon mal zu verstehen gibt, dass es auch ganz ohne es gehen könnte. Das hat gesessen, damals. Immer noch blicken sie nach oben; das Damoklesschwert baumelt wohl nur noch als Gedanke, aber es baumelt. Dabei liegen die Ursprünge des Komplexes noch weiter zurück. Immer wieder erleben wir die Sprechbühne, den Blick fixiert auf den Palast des Musiktheaters, auf der Suche nach dem Hort – dem festen Ort, der Heimat und Sicherheit bedeutet.

Und noch etwas lässt das Dortmunder Schauspiel so unnötig klein, so ohnmächtig erscheinen: die schier übermächtige Nachbarschaft jenseits der Stadtgrenze. Beim bloßen Gedanken an das Bochumer Schauspiel macht sich der Dortmunder Mime klein und bescheiden, als könne einer nicht stark sein, solange andere stärker sind. Zum Psychogramm des Dortmunder Schauspiels gehört (immer noch), dass es ein Bochumer Schauspiel gibt. Das ist eine Feststellung, kein Vorwurf, keine Häme. Aber nur aus dieser komplexen Struktur der Erfahrungen heraus lässt sich die Befindlichkeit am Hiltropwall erklären. Ändern wird sich das nur langsam und erst, wenn Qualität zur Kontinuität, Erfolg zur Regel wird. Wenn Stabilität einkehrt und Sicherheit die Ensemble-Arbeit trägt. Wenn diese Arbeit anerkannt wird. – Eine Stadt braucht ihr Schauspiel, diese erst recht.

V. Spielplänelesen

Wir sind immer noch bei dem, was um das Theater herum geschehen ist und geschieht. Wir sind noch immer nicht bei dem, was auf der Bühne abgeht und -ging in diesen vier letzten Jahrzehnten. Wir fragen weiter nach dem, was des Erinnerns wert ist und nach dem Warum dieses Wertes, aber wir sprechen immer noch von dem, was in der Erinnerung sekundär sein sollte. Nicht einmal das Warum des Nicht-Erinnerns ist uns klar.

Doch was sagen uns alte Spielpläne und Programmhefte? Wie sollen wir sie lesen, Spielpläne z. B. der Leutner-Jahre? Wie lassen sich einigermaßen verbindliche Analysen erlangen?

Wer will, kann versuchen, aus den Spielplänen Schwerpunkte und Linien, Zielsetzungen und Zeitgeiste, Abgrenzungen und Anpassungen der einzelnen Direktionen und Oberspielleitungen herauszufiltern. Es wird allerdings beim Versuch bleiben, bei ein paar zufällig gewonnenen Erkenntnissen, je nach Fragestellung. Ein festes Profil, ein unverwechselbares Gesicht lässt sich nicht gewinnen. Beim Vergleich mit, sagen wir mal, Münster und Essen dürfte sich mehr Verwandtes herauskristallisieren als Eigenartiges. Wohlgemerkt, das ist eine Vermutung, die ich für die Zeit vor Huonder ausspreche.

Versuchsweise ein Blick auf die Leutner-Ära (1966–75), die auch die Zeit des Kalten Kriegs und der APO gewesen ist – ein Spielplan-Blick: Wir entdecken Pavel Kohouts »Der Krieg mit den Molchen« (1966/67), Rolf Hochhuths »Guerillas« (1970/71) – da dürften auch Friedrich Schillers »Die Räuber« (1967/68) zeitpolitisch interpretiert gewesen sein. Aber sieben Stücke von Bertolt Brecht in dieser Ära, keines von Gerhart Hauptmann – wer erklärt uns das? (Vielleicht erklärt es die Zeit: Die akademische war keine soziale Revolte.) Beruhigend wiederum Leutners Sinn für Tradition: Er gab in diesen Unruhe-Jahren den Dortmundern auch, was sie immer schon wollten: viermal Carl Sternheim. Viermal auch Sean O'Casey. Frohgemut durch die nächste Wirtschaftskrise!

Erfreulich ein anderer Blick – die vorsichtige Beobachtung, dass nicht jeder neue Chef im Schauspiel radikal nur Kontrastprogramme gefahren hat zum Programm seines jeweiligen Vorgängers. Auch Andreas Weißert setzte, nach Hager, auf Brecht: sechsmal (und das in weniger Jahren).

Bochumer Autoren, und dem ist nur mit Stirnrunzeln, vielleicht auch mit Schmunzeln zu begegnen – Bochumer Autoren, gemeint solche, die auf Claus Peymanns Bochumer Schauspielbühne gespielt wurden, hatten in

Jens Pesel
Schauspieldirektor
1992–1995

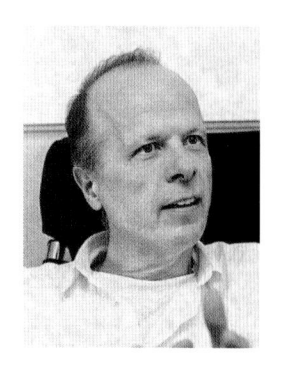

Wolfgang Trautwein
Leitender Regisseur
des Sprechtheaters
1995–1999

Michael Gruner
Schauspieldirektor
seit 1999

Dortmund lange keine Chance. Auch das ist eine Überraschung, aber nur eine kleine. Thomas Bernhard zum ersten, dann aber nicht mehr einzigen Mal unter Guido Huonder, Gerlind Reinshagen bis heute nicht!

Unter Huonder erfolgte erstmals eine Spielplanbelebung, die Europa als Autorenheimat zeigte: Eduardo Arroyo, Caryl Churchill, Enzo Corman, Bernard-Marie Koltès, Pier Paolo Pasolini – in welchem Theater war eine solche Stückelandschaft sonst wohl zu bereisen?

Neue Amerikaner und (immer noch viel zu wenige) junge Deutsche (Daniel Call, Simone Schneider) – auch Trautweins ja gern geschmähte Zeit setzte Schwerpunkte.

Wer diese Rückblicke als statistischen Ballast empfindet, sollte bedenken, dass Theatergeschichte – nicht die erinnerte, aber die zu erinnernde – doch eine Geschichte der Stücke und Aufführungen sein könnte. Für die Krisen und Leitungsfragen, auch für die großen und kleinen Personalien wurde Theater nicht erfunden – auch wenn sie gern in den Vordergrund rücken und manchmal sogar an Inszenierungen erinnern. Und wie anders als durch Spielplanlesen wäre aufgefallen, dass es offiziell rückblickend nie die »Liebesperlen« gegeben hat, diesen Inbegriff des Leichten, Allzu-Leichten. Sie sind seit Jahren, fast ein Jahrzehnt lang ausverkauft, aber ins Spielplanverzeichnis haben sie es nicht geschafft. Ein Schelm, der...

Oder dass in all den 40 Jahren nicht ein Stück von Friedrich Hebbel, gewichtige Literatur also, gespielt worden ist – tatsächlich nicht: Wie das herausfinden als durch pingeliges Nachhalten?

Und Christian Dietrich Grabbe, in Dortmund zuletzt gespielt 1969 und dann nie wieder: »Scherz, Satire, Ironie und tiefere Bedeutung«? Nicht mehr spielbar? Nicht mehr belachbar, also nicht mehr spielenswert? Nicht mehr erinnernswert? – Womit wir wieder am Anfang wären?

Nehmen wir Spielpläne ernst als Ausdruck der Zeit, aber nicht zu sehr. Ein bisschen Zufall spielt ja auch mit im Theater. Wie mancher junge Autor wird wohl schlicht deshalb nicht gespielt, weil sein Werk im Lektürestapel der Dramaturgen ziemlich weit nach unten geraten ist. Und warum das?

Weil die noch neueren Stücke immer obenauf liegen.

Erst mal...

VI. Dank – Anmerkung

Für ihre Gesprächsbereitschaft ist Marlene Appelhans, Heinz Dingerdissen, Karlheinz Engels, Wilhelm Scheer, Dirk Struss, Andreas Weißert u.a. herzlich zu danken. Ihre Auskünfte haben geholfen, den einen oder anderen Fehler dann doch nicht zu machen.

Auf die diesem Text ursprünglich folgende Chronologie der Dortmunder-Schauspiel-Jahre 1965–2004 wurde zugunsten der Gesamt-Chronik am Ende dieses Buchs verzichtet. Gleiches gilt für eine Statistik der gespielten Autoren.

Bertolt Brecht
»Leben des Galilei«
Musik von
Hanns Eisler
Eröffnungspremiere
des Schauspiels
im Opernhaus
4. März 1966

Inszenierung:
Walter Czaschke
Ausstattung:
Ekkehard Grübler
Musikalische Leitung:
Horst Drewniak

▷
Pavel Kohout
nach Karel Čapek
»Der Krieg mit den Molchen«
Deutschsprachige
Erstaufführung 1966/67

Inszenierung: Jaroslav Dudek
Ausstattung: Zbynek Kolár

von links:
Jakob Pois (Sarti)
Fritz Brünske (Galilei)
W. D. Berg
(Kleiner Mönch),
Dierk Hardebeck
(Federzoni)

Friedrich Schiller
»Die Räuber«
19. April 1968

Inszenierung:
Gert Omar Leutner
Bühne: Max Bignens
Kostüme:
Renate Schmitzer

Axel Böhmert (Karl),
Edgar Mandel (Franz)

Szene:
Die böhmischen Wälder

Christian Dietrich Grabbe
»Scherz, Satire, Ironie
und tiefere Bedeutung«
20. September 1969

Inszenierung:
Gert Omar Leutner
Ausstattung:
Hermann Soherr
Kostüme:
August Schnitker

▷

James Saunders
»Michael Kohlhaas«
Deutsche Erstaufführung
5. April 1974

Inszenierung:
Peter Borchardt
Bühne:
Hans Schavernoch
Kostüme: Lore Haas

Heinz Ostermann
in der Titelrolle

Rolf Hochhuth
»Guerillas«
1. Oktober 1970

Inszenierung:
Gert Omar Leutner
Raum:
Hein Heckroth
Kostüme:
Renate Schmitzer

von links:
Sonja Schwarz,
Hildegard Bertram,
Manfred Fürst

Bertolt Brecht
»Der kaukasische
Kreidekreis«
Musik von Paul Dessau
4. Oktober 1975

Inszenierung:
Andreas Weißert
Ausstattung:
Wilfried Sakowitz
Musikalische Leitung:
Hans Feldigl

Gotthold Ephraim Lessing
»Emilia Galotti«
25. November 1975

Inszenierung: Guido Huonder
Bühne: Hainer Hill
Kostüme: Annette Schaad

Ines Burkhardt (Emilia),
Helga Uthmann (Claudia)

▷
Friedrich Dürrenmatt
»Die Physiker«
22. September 1978

Inszenierung:
Thomas Schulte-Michels
Ausstattung: Susanne Thaler

Heinz Ostermann (Newton),
Günter Cordes (Einstein),
Michael Hanemann (Möbius)

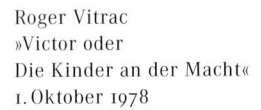

Roger Vitrac
»Victor oder
Die Kinder an der Macht«
1. Oktober 1978

Inszenierung:
Dietrich Hilsdorf
Bühne: Haitger Böken
Kostüme:
Angelika Uhlenbruch

Gabi Dauenhauer
Hartmut Stanke

Bertolt Brecht
»Die Kleinbürgerhochzeit«
21. Februar 1978

Inszenierung: Dietrich Hilsdorf
Bühne: Wilfried Sakowitz
Kostüme: Angelika Uhlenbruch

sitzend von links:
Günther Hüttmann, Helga
Uthmann, Viktor Ziolkowsky
sowie:
Gabi Dauenhauer, Susanne
Liebich, Vera Lippisch,
Konrad Awe, Harald Heinz,
Helmut Löwentraut-Motschull,
Hartmut Stanke

Gerhart Hauptmann
»Die Weber«
18. November 1978

Inszenierung:
Andreas Weißert
Bühne: Hans Schavernoch
Kostüme: Uta Loher

von links:
Claus-Dieter Clausnitzer,
Andreas Weißert,
Ulrich Heimerdinger,
Felicitas Wolff

Samuel Beckett
»Warten auf Godot«
30. Mai 1980

Inszenierung: Andreas Weißert
Bühne: Haitger Böken

Jürgen Mikol (Estragon),
Hartmut Stanke (Wladimir),
Paul Schmidkonz (Pozzo),
Boris Burgstaller (Lucky)

Harald Mueller
»Die Trasse«
Uraufführung
19. September 1980
Auftragswerk der Dortmunder Bühnen

Inszenierung: Roland Gall
Musikalische Leitung: Heinrich Huber
Bühne: Frank Chamier

von links:
Gudrun Landgrebe,
Christl Welbhoff,
Konrad Awe, Edgar Mandel, Günter Cordes,
Erwin Brunn, Felicitas Wolff, Heinz Weismantel,
Ruth Kessler,
Rudolph Lauterburg,
Ines Burkhardt

Alfred Jarry
»Ubu«
10. Oktober 1985

Inszenierung: Guido Huonder
Musikalische Leitung: Heinrich Huber
Bühne: Gerd Herr
Kostüme: Andrea Schmidt-Futterer

William Shakespeare
»Hamlet«
15. November 1986

Inszenierung: Guido Huonder
Ausstattung: Gerd Herr
Kostüme: Brigitte Otto

Helga Uthmann (Gertrud)
Ines Burkhardt (Hamlet)
Edgar Mandel (Polonius)

Hermann Broch
»Die Erzählung
der Magd Zerline«
Museum für Kunst
und Kulturgeschichte
19. Dezember 1987

Helga Uthmann (Zerline)

Anton Tschechow
»Platonow«
Eingeladen zum
Theatertreffen Berlin
30. Januar 1988

Inszenierung: Annegret Ritzel
Bühne: Gerd Herr
Kostüme: Katharina Eberstein

vorn:
Ines Burkhardt

Heinrich Huber / Jost Krüger
»Liebesperlen«
Uraufführung
31. Dezember 1989

Ensemble »Liebesperlen II«:
Nicole Averkamp, Tanja Kuntze,
Anja Niederfahrenhorst, Günter
Burchert, Heinrich Huber,
Christian Tasche, Jürgen Uter

William Shakespeare
»König Lear«
2. November 1991

Inszenierung:
Guido Huonder /
Katja Wolff
Ausstattung:
Francis Biras

Helga Uthman (Lear),
Jürgen Mikol (Narr)

Johann Wolfgang von Goethe
»Faust«
29. Januar 1994

Inszenierung:
Jens Pesel
Ausstattung:
Jorge Villareal
Musik:
Heinrich Huber

von links:
Claus-Dieter Clausnitzer
(Faust),
Sylvie Rohrer (Margarete),
Helmut Rühl (Mephisto)

Anja Kirchlechner (Käthchen)
in »The Black Rider«

Robert Wilson/Tom Waits/
William Burroughs
»The Black Rider«
8. Oktober 1994

Inszenierung, Raum, Licht:
Michael Simon
Musikalische Leitung:
Volker Griepenstroh
Choreografie:
Ron Thornhill
Kostüme:
Anna Eiermann

Michael Fuchs (Wilhelm)

Daniel Call
»Wetterleuchten«
Uraufführung
10. April 1997

Inszenierung: Angela Brodauf
Ausstattung:
Georgia Zervoulakos De La Forge

von links:
Helga Uthmann,
Iris Atzwanger,
Ines Burkhardt

Nach dem DOGMA-Film von
Mogens Rukov
und Thomas Vinterberg
»Das Fest«
Uraufführung
9. September 2000

Inszenierung:
Burkhard C. Kosminski
Ausstattung:
Florian Etti

Claus-Dieter Clausnitzer
(links stehend),
Felix Römer (rechts)

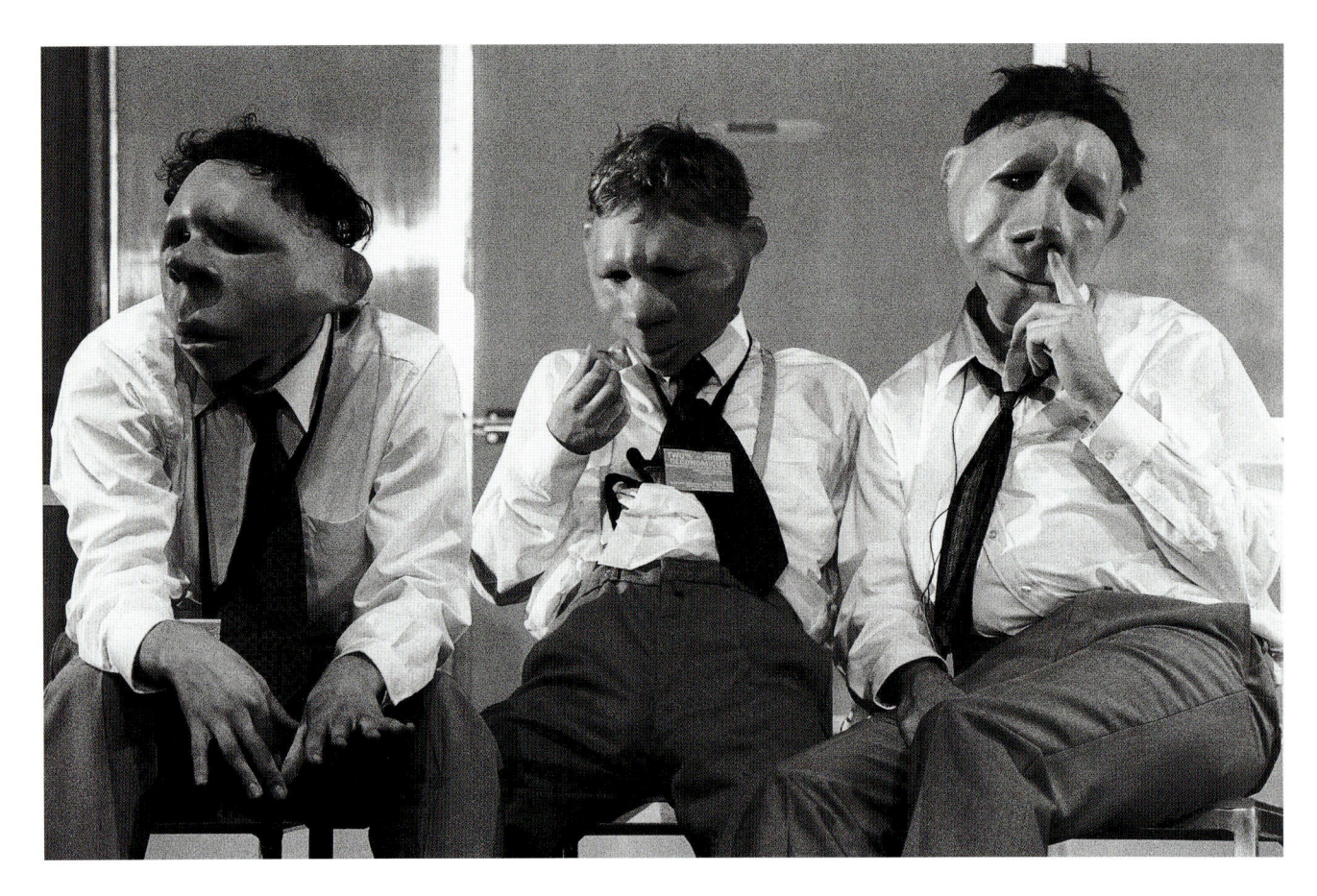

Flöz Production und Schauspiel Dortmund
»Two %-? Homo Oeconomicus?«
Uraufführung
29. September 2001

Von und mit: Valentina Bordenave,
Nils Imhorst, Björn Leese, Hajo Schüler,
Michael Vogel, Nicolas Witte

Carl Zuckmayer
»Der Hauptmann von Köpenick«
10. Februar 2001

Inszenierung: Michael Gruner
Bühne: Peter Schulz
Kostüme:
Michael Sieberock-Serafimowitsch

Jürgen Uter (Wilhelm Voigt)

Marcel Proust
»Auf der Suche nach der verlorenen Zeit«
Dramatisiert von
Harold Pinter und Di Trevis
Deutschsprachige Erstaufführung
8. November 2003
—
Inszenierung:
Hermann Schmidt-Rahmer
Bühne: Herbert Neubecker
Kostüme:
Michael Sieberock-Serafimowitsch
—
Manuel Harder (Marcel)

Marieluise Jeitschko

Ein Auf und Ab im Fluss der Zeiten *Das Dortmunder Ballett 1904 bis 2004*

Das Dortmunder Ballett spiegelt die deutsche Bühnentanzgeschichte in ihrem ständigen Auf und Ab und in all ihren Facetten zwischen »Dienstleister« und eigenständiger Sparte. Immer wieder waren es leidenschaftliche Tänzer und Choreografen, die für Glanzpunkte oder gar eine glanzvolle »Ära« sorgten. Mit Youri Vámos begann in den 1980er Jahren eine neue Zeitrechnung. István Herczog, Ralf Rossa und Jean Renshaw folgten als weitere prägende Ballettleiter. Die Chronisten unterstreichen immer wieder den Hunger des Publikums auf Ballett, den die oft geradezu demonstrativ gefeierten Dortmunder Ballettabende bis heute außergewöhnlich emphatisch belegen.

I. Zaghafte Anfänge

Bis zum Ende des Zweiten Weltkriegs standen nur sehr vereinzelt Ballettabende auf dem Spielplan – so Josef Bayers pantomimisches Divertissement »Die Puppenfee« bereits 1909, dann wieder 1922 und 1936. Eine »Liebesplänkelei« mit Musik von Mozart sollte mitten im Ersten Weltkrieg erheitern. Friedrich von Flotows Ballett »Tannkönig – ein Weihnachtsmärchen« von 1861 wurde 1919 als »Tanzspiel« gegeben. Richard Strauss' »Josephslegende« kam 1922 als Pantomime auf die Dortmunder Bühne. Unter Generalintendant Peter Hoenselaers inszenierte Edith Judis 1935 ein politisch linientreues Spektakel heutigen Ausmaßes mit einem »Volkstümlichen Tanzabend« aus Folklore, Sinfonie und einer Polonaise zu Opernmelodien von Peter Tschaikowsky und Johann Strauß. Auch Léo Delibes' »Coppélia« – schon in der Spielzeit 1924/25 im Programm und überhaupt auf der Dortmunder Bühne so oft aufgeführt wie kein anderes Ballett – studierte sie ein. Der Klassiker nach E. T. A. Hoffmanns »Sandmann«-Erzählung stand als einer der ersten Ballettabende nach dem Zweiten Weltkrieg auf dem Spielplan.

II. Nachkriegswirren

Nach Kriegsende mussten die Tänzer – wie das gesamte Theaterensemble und das Orchester – notdürftigst im »Theater in der Lindemannstraße« improvisieren. Die Ausdruckstänzerin Vera Vacano war im Herbst 1946 von Intendant Herbert Junkers als Ballettmeisterin engagiert worden. Die gebürtige Dresdnerin, Schülerin von Mary Wigman und Gret Palucca, stand meist auch selbst mit auf der Bühne, zunächst mit kurzen Kammerabenden und als Choreografin von Operetteneinlagen z. B. für »Maske in Blau« von Fred Raymond. Obwohl die Kritik ihre Tänze als langweiliges Schreiten (»im Gänsemarsch«) harsch verurteilte, wagte sie sich in den folgenden Jahren an ehrgeizige Inszenierungen: Léonid Massines »Zauberladen« mit Ottorino Respighis Musikarrangement nach Gioacchino Rossini, Hermann Reutters »Kirmes von Delft« (zusammen mit Carl Orffs Operneinakter »Die Kluge« gespielt), Maurice Ravels »Boléro« und schließlich der Erfolgsgarant »Coppélia« waren ihr Programm..

In Vera Vacanos Zeit fallen zwei Glanzpunkte: der weltberühmte Ausdruckstänzer Harald Kreutzberg – ebenfalls Wigman-Schüler – gastierte im Rahmen seiner großen Deutschland-Tournee 1949 (möglicherweise auf Vermittlung der Ballettmeisterin) in der Lindemannstraße. Und die Aufführung von

Paul Hindemiths »Dämon« ließ »Die Welt« jubeln: »Eine vorzügliche Leistung!«

Ab 1950 wurde Vacano von der Tänzerin Tilly Zorn unterstützt. Daneben führte sie eine Ballettschule, die noch bis Ende der 1980er Jahre existierte – immerhin mit bis zu 200 Eleven. Möglicherweise stellte sie sogar die »Kindertanzgruppe«, die Zorn in ihre Einstudierungen von »Der Struwwelpeter« und »Die Puppenfee« einband. »Einen Aufbruch in Neuland der Choreografie bedeutete die Veranstaltung nicht«, resümierte die »Westdeutsche Allgemeine« nüchtern. Immerhin: ›Ihr doppelter Zweck war erreicht: das Theaterpublikum angenehm zu unterhalten und das Ballett einmal voll herauszustellen.« Dem pflichtete die »Westfälische Rundschau« bei und wünschte sich, das Ballett möge »doch endlich wieder richtig heimisch« werden. Denn es sei »seit geraumer Zeit das Sorgenkind der Städtischen Bühnen«, befanden die »Ruhr Nachrichten« und »die ersehnte tänzerische Disziplin der Gruppe will sich nicht einstellen«.

Das änderte sich zumindest hinsichtlich des dramaturgischen Anspruchs durch ein Strawinsky-Doppelprogramm mit der »Geschichte vom Soldaten« und »Pulcinella«, mit der Intendant Paul Walter Jacob – wenn auch 30 Jahre nach der Uraufführung – die Reihe »Theater der Zeit« im Oktober 1950 eröffnete. Eine Pseudo-Operette als Hommage auf die Wiener Ballerina Fanny Elßler zu einem Strauß-Potpourri fand dagegen wenig Gefallen. Hingegen begeisterten die »Spanischen Tänze« des Flamenco-»Gurus« José de Udaeta in der Spielzeit 1951/52 umso mehr. Bei einem »Tanzabend« mit »Max und Moritz«, »Puppenfee« und Webers »Aufforderung zum Tanz« stand bereits der damals 25-jährige Kapellmeister Heinz Panzer, den Wilhelm Schüchter vom Dortmunder »Konservatorium« zum Theater zurückgeholt hatte, am Pult. Bis zum Ende seiner Karriere 1992 dirigierte er immer wieder mit großem Einfühlungsvermögen auch Ballett, sodass Youri Vámos sogar darauf bestand, dass Panzer seine »Carmina burana« an der Staatsoper Berlin musikalisch leitete.

Tilly Zorn
1950–1954 in der Nachfolge von Vera Vacano (nach 1945) Ballettmeisterin und Choreografin

III. Der erste »Ballettdirektor«

Schlagartig änderten sich Niveau und überregionales Ansehen des Dortmunder Balletts unter dem Tänzer und Choreografen Kurt Steigerwald, der als erster Ballettdirektor bezeichnet werden kann. 1925 in Ingolstadt geboren, studierte er Tanz in Berlin, München und Paris. Ab 1945 war er Solotänzer beim Münchner Kammerballett und wurde zum besten deutschen Nachwuchstänzer gekürt. Mit 23 Jahren engagierte Karlsruhe ihn als 1. Solotänzer und jüngsten Ballettmeister Deutschlands. In Dortmund hielt es ihn 1954-1957, bevor er sich nach »Wanderjahren« in Wien, Trier, Mainz, Bielefeld, Krefeld mit Abstechern zu Fernsehen und Film in Oldenburg niederließ und dort nach dem Ende seiner Theaterkarriere eine Ballettschule gründete.

Steigerwald verfocht modernen Bühnentanz auf der Basis der klassischen Technik in der Nachfolge Kreutzbergs. Die prekäre Situation des deutschen Tanzes erklärte er mit fehlenden Einflüssen aus dem Ausland während des »Dritten Reichs«. Höhepunkt seiner Dortmunder Zeit war zweifellos ein dreiteiliges Programm am Hiltropwall mit Igor Strawinskys »Feuervogel«, Jakov Gotovac' »Symphonischem Kollo« und der Uraufführung seines eigenen »Labyrinth«. Steigerwald habe »aus dem zuvor völlig harmlosen Ballett ein Höchstmaß an Vollendung herausgeholt«, anerkannte »Die Zukunft«. Die »Westfälische Rundschau« lobte, dass er »für die moderne Spur des Balletts einen belebenden Ansatz« gefunden habe. In seine letzte Spielzeit fiel auch das Engagement der berühmten Stockholmer Choreografin Birgit Cullberg. Zur Eröffnung der Schweden gewidmeten »Auslands-Kulturtage 1957« inszenierte sie die deutsche Erstaufführung ihres Balletts »Adam und Eva« sowie die Uraufführung von »Dionysos« mit ihrem Sohn Niklas Ek in der Titelpartie.

IV. Zwei Franzosen in Dortmund

Mit Steigerwalds Abschied verfiel das Ballett wieder in die frühere Lethargie. Ballettmeister kamen und gingen. Zu den Highlights zählten sicherlich Marina Candaels Choreografie auf Darius Milhauds »Le bœuf sur le toit«, Joachim Leipzigers »Feuervogel« (zusammen mit Strawinskys szenischem Oratorium »Oedipus Rex«, dirigiert von Heinz Panzer) und Eckard Brakels »Cinderella« (mit dem blutjungen Günter Pick als Narr und Freund des Prinzen).

1963–1966 versuchte der Franzose Michel de Lutry – nach Stationen am Münchner Gärtnerplatztheater und in Zürich – sein Glück in Dortmund (u.a. mit Paul Hindemiths »Vier Temperamenten« zum 70. Geburtstag des Komponisten), folgte aber sehr bald einem Ruf als Kodirektor der Tanzabteilung an der Münchener Musikhochschule und wurde 1975 Ballettmeister an der Bayerischen Staatsoper.

Lutrys Landsmann Fernand Daudey bot Mitte der 1970er Jahre, als Wilhelm Schüchter Intendant und Generalmusikdirektor (GMD) in Personalunion war, ein vielseitiges Programm und bemühte sich mit der Diskussions- und Demonstrationsreihe »Ballett geht in die Schule« um ein junges Publikum. Gastspiele von Antonio Gades und einer Truppe aus dem Senegal ergänzten die eigenen, teilweise bühnentechnisch aufwändigen Produktionen von »Carmina burana« und »Irrlicht« (mit Masken und Projektionen). Daudeys Primaballerina war die zarte Renate Deppisch, die sich 1983 als »Cinderella« mit ihrem langjährigen Partner Uwe Evers in Boris Pilatos Einstudierung von der Bühne verabschiedete.

V. Aufbruch unter Youri Vámos

Mit Youri Vámos begann eine neue Zeitrechnung in der Dortmunder Ballettgeschichte. Dank seines ersten abendfüllenden und bis heute (für mich) schönsten Balletts »Lucidor«, in Klagenfurt uraufgeführt, löste der gebürtige Ungar, Jahrgang 1946, im Herbst 1985 geradezu eine Ballettomanie aus. Das Premierenpublikum jubelte, die Kritik zog nach: »Triumph für das Handlungsballett nach John Cranko«, hieß es in der FAZ, »ein neues Repertoirestück« im »Ballett-Journal«.

Das begeisterte und beflügelnde Geben und Nehmen zwischen Compagnie und Publikum entwickelte sich zum veritablen Liebes-Pas de deux. In Dortmund reifte der ehemals gefeierte Primoballerino der Budapester und Bayerischen Staatsopern zum Meisterchoreografen, der schnell international hoch gehandelt wurde. Den verlockenden Angeboten bot die Ruhrmetropole nicht rechtzeitig Paroli: 1989 wechselte Vámos nach Bonn und 1994 nach Basel, um 1998 – abermals Heinz Spoerlis Spuren folgend – an die »Deutsche Oper am Rhein« zu gehen, wo ihm eine der größten deutschen Compagnien und endlich auch ein Ballett-Probenhaus und eine Schule zur Verfügung stehen – Trost oder Ersatz für das lange diskutierte Modell eines »Ruhr-Balletts« Dortmund/Essen, das Vámos gern geleitet hätte. Dortmunds Ballett hat sich von diesem Aderlass nie wieder wirklich erholt.

»Aus Vámos könnte ein Choreograf werden«, hatte ein Ballettkritiker 1978 prophezeit, als der damalige Solotänzer in einem Programm mit Erstchoreografien junger Tänzer im Rahmen der »Münchner Ballettfestwoche« seine Paganini-Studie »Rhapsodie« als unbestrittenen Höhepunkt des Abends vorstellte. Den phänomenalen Erfolg verdankte »Lucidor« – wie viele spätere Vámos-Ballette – auch Joyce Cuoco, Vámos' langjähriger kongenialer Bühnen- und Lebenspartnerin. Bei aller Zartheit und Sensibilität brachte die amerikanische »Pirouetten-Königin« überraschende athletische Kraft mit – und eine Darstellungsgabe vergleichbar der von Marcia Haydée oder Margaret Illmann. Unvergesslich ist neben der Doppelrolle als Lucidor/Lucile ihre Anastasia in Vámos' »Dornröschen – die letzte Zarentochter«, das allerdings erst 1994 – Jahre nach der Uraufführung, wie auch andere Vámos-Ballette – in Dortmund auf die Bühne kam.

»Theseus und Ariadne« war nach »Lucidor« der nächste Erfolg, sensationell danach »Schwanensee«, eine »psychologische Studie als (Alp-)Traum eines Kindes« mit dem tatsächlich – bei aller markigen Männlichkeit – fast kindlich wirkenden Gyula Zentai als »kleiner« Prinz und dem fulminanten Gast aus Budapest, György Szakaly, als »großer« Prinz,

Youri Vámos
Ballettdirektor
1985–1988

Vámos selbst als sein »anderes Ich« und dämonischer Rotbart, Cuoco als Odette/Odile. Der kanadische Bühnenausstatter Michael Scott entwarf das traumhaft romantische, ideale Ambiente.

Den Märchen des klassischen Balletts hat Vámos immer misstraut. Seine Devise war und ist: »Klassik mit herrschendem Zeitgeist«. Das große Thema »Liebe« sei ohnehin zeitlos, müsse aber immer wieder zeitgemäß dargestellt werden. Das Publikum kam oft auf unterhaltsame Weise auf seine Kosten. So choreografierte Vámos den »Nussknacker« (nach der Bonner Premiere von Dortmund übernommen) auf ein Libretto nach Charles Dickens' rührseligem Weihnachtsmärchen »A Christmas Carol« mit dem baumlangen Mark Hoskins als skurrilem Geizkragen Ebenezar Scrooge. Vámos' Coppélia (Joyce Cuoco) drehte als Geschöpf eines Toulouse-Lautrec ihre Puppen-Pirouetten am Montmartre.

In »Carmina burana« ließ Vámos sich ausschließlich von der Musik inspirieren und stellte das Verhalten der Menschen gegen die Naturgesetze in den Mittelpunkt – Harmonie und Liebe siegen. Mit »Le rouge et le noir« nach Stendhals Roman auf eine Musik-Collage von Edward Elgar nahm Vámos Abschied als Dortmunder Ballettchef. Er zeichnete in dem ehrgeizigen Ballett ein Gesellschaftsbild des 19. Jahrhunderts, fokussiert auf das Schicksal des scheiternden Emporkömmlings Julien Sorel, dem Szakali als brillanter Tänzer starke Konturen verlieh. Neben ihm bezauberte die aparte Barbara Korge als die Sorel verfallene Madame Rênal, deren betrogenen Ehemann Ralf Rossa tanzte.

Vámos, geprägt von eiserner Disziplin und begnadetem Organisationstalent, verlangte von seinen 20 Tänzerinnen und Tänzern täglich absoluten Einsatz. Das zahlte sich sehr bald aus. Auch seine Nachfolger haben noch – soweit die Ensemblemitglieder nicht wechselten – von diesem hohen Standard profitiert, allen voran István Herczog, aber wohl auch Ralf Rossa, der seine beiden Vorgänger als Solotänzer und Assistent hautnah erlebte.

István Herczog
Ballettdirektor
1988–1991

VI. István Herczog – der andere Ungar

Auch Vámos' Nachfolger, sein Landsmann István Herczog, begann seine Karriere an der Staatsoper Budapest. Nach einem Gastspiel der ungarischen Compagnie in Österreich blieb er im Westen, verdingte sich in Regensburg, von wo Stuttgarts John Cranko ihn aber schon nach einem Jahr wegengagierte. Wie Vámos tanzte er schließlich in München und ab 1974 unter Erich Walter an der »Deutschen Oper am Rhein«. Dort entstanden ab 1980 auch abstrakte Choreografien auf Konzertmusik.

Für Dortmund war Herczog ein Glücksfall, als Vámos ging. Mit einem Kontrastprogramm zu Vámos' Handlungsballetten stellte er sich im Dezember 1988 vor. Stürmisch feierte das Publikum seinen abstrakten Dreiteiler »B-B-B« auf Bachs 3. Orchestersuite, Brahms' 3. Sinfonie und Beethovens »Große Fuge« – Letztere in der Choreografie des berühmten Vorbilds Hans van Manen. Wie der Niederländer orientierte auch der Ungar seine tanztechnisch anspruchsvolle »Raumarchitektur« an der Musik. »Einheit von Musik und Tanz« war sein Credo. Gefühl und Eleganz kamen dabei durchaus nicht zu kurz. »Dieser Auftakt weckt große Hoffnungen auf eine Fortsetzung des von Youri Vámos gezauberten Dortmunder Ballettwunders«, vermerkte das »Ballett-Journal«. – »Die überschwängliche, schier unerschöpfliche Fülle des Bewegungsvokabulars ist begeisternd«, schwärmte der »Westfalenspiegel« und lobte weiter: »Jazzdance-, Volks- und Gesellschaftstanz-Elemente verwebt Herczog staunenswert harmonisch und glatt mit Modern Dance und klassischem Ballett. Von der vielerorts noch vor wenigen Jahren geübten Bewegungs-›Askese‹ keine Spur.«

Herczog richtete seinen Blick auf die Möglichkeiten und Besonderheiten seiner Tänzerpersönlichkeiten. So fokussierte er seine »Romeo und Julia«-Choreografie auf Pater Lorenzo – Startänzer Szakali – und überspannte mit dieser einseitigen Sicht den Bogen: Das großartige Solisten-Paar Nicole Verch und Paul Boyd verabschiedete sich – ein schwerer Verlust für die Compagnie. Dass in

»Coppélia« zwei- und dreifache Besetzungen erfolgten, war zwar Hinweis genug auf die Größe der Truppe, aber gleichzeitig Indiz für den Mangel an charismatischen Solisten. Birgit Röthel und Detlef Alexander blieben in Erinnerung – und Henry Rushing als Puppenmacher Coppelius: »Der quirlige Amerikaner flitzt ameisenemsig in Serpentinen, unter seinen Regenschirm geduckt, als Kobold mit Schirm und Charme in Hocke über die Bühne«, beobachtete die »Welt am Sonntag«. Fetzig kam danach »Pink Floyd & Co.« daher, pathetisch ein dreiteiliger Schostakowitsch-Abend zu Herczogs Abschied nach nur drei Spielzeiten.

VII. Intermezzo – Jurek Makarowski

Kaum mehr als ein Intermezzo bot der Pole Jurek Makarowski. 45-jährig nach seiner Tanzkarriere u.a. in Warschau und Hannover 1991 als Ballettchef von Hagen in die größere Nachbarstadt wechselnd, stellte er sich mit einem bühnentechnisch, dramaturgisch und musikalisch bombastischen »Prometheus«-Ballett vor: Auf eine Collage aus Beethovens 9. Sinfonie und Kompositions-Bruchstücken von Krzysztof Penderecki vertanzte er den mythologischen Stoff. »Ballett International« bezeichnete den Einstand als »Nulldiät fürs Publikum«.

Weitaus glücklicher gelang die Hommage auf einen großen Landsmann, »Frédéric Chopin et les femmes fragiles« (1992): »Makarowskis Chopin-Ballett überzeugt durch die harmonische Stimmigkeit von Sujet, Choreografie und Musik«, so die »Westfälischen Nachrichten« (Münster). Aber es blieb ein Intermezzo...

Hochkarätige internationale Gastspiele nährten derweil den Ballettunger der Dortmunder – so das Joffrey Ballet und Jennifer Muller aus New York wie auch das klassische English National Ballet aus London bei »Tanzwelten«. Dortmunds Partnerschaft bei der Biennale »Internationales Tanzfestival NRW« und auch bei der damit abwechselnden regionalen Avantgarde-Schau »Meeting Neuer Tanz NRW« ermöglichte immer wieder faszinierende Einblicke in die Vielfalt zeitgenössischer Bewegungskunst außerhalb Dortmunds.

VIII. Ralf Rossa – neue Klänge

Als John Dew 1995 Intendant wurde, berief er Ralf Rossa zum Ballettdirektor. Der gebürtige Gelsenkirchener kannte »sein« Theater, die Region, die Compagnie und das Publikum wie kein anderer Ballettdirektor in NRW. Nach Engagements als Tänzer und Sänger am »Musiktheater im Revier« und in Oberhausen, das damals noch ein Drei-Sparten-Theater unterhielt, engagierte Dortmund ihn 1982 als Solotänzer, ab 1988 außerdem als Ballettdirektions-Assistenten. In dieser Funktion studierte er Ballettienlagen für Oper, Operette und Musical ein, choreografierte daneben als Gast u.a. in Wien, Innsbruck, Maastricht und »zu Hause«. Vor allem mit »Tabula Rasa« auf Musik von Arvo Pärt und »Fearful Symmetries« zu John-Adams-Kompositionen ließ er aufmerken. Als Interims-Ballettchef hatte er überdies sein organisatorisches Talent unter Beweis gestellt.

Strawinskys »Feuervogel« und »Le sacre du printemps« waren die Erfolgs-Garanten für sein erstes großes Programm, also wieder Musik des 20. Jahrhunderts. Denn, so Rossa, »das klassische Ballettrepertoire wird einfach auf Dauer langweilig, weil es bei aller klanglichen Schönheit doch eine Art Gebrauchsmusik ist. Für mich als Choreograf ist das Schöne an der zeitgenössischen Musik, dass mir der Komponist Zeit gibt und nicht nur einen Rhythmus«.

Aber so ganz kommt ein Ballettchef auch heute kaum an den Klassikern vorbei. Rossa zog sich mit zwei sehr unterschiedlichen »Kompromissen« aus der Affäre: »Giselle« – das Märchen von der schwindsüchtigen Dorfschönen, die sich zu Tode tanzt, als sie sich von Prinz Albrecht hintergangen sieht – erzählte er als Geschichte von Albrechts Erwachsenwerden. Statt Adolphe Adams romantisch-süßlicher Musik verwendete Rossa Kompositionen des Esten Pärt.

Königlich amüsierte sich das Publikum bei seiner Parodie auf »La fille mal gardée« als ulkige pantomimische Landpartie. »Wo's langgeht, ahnt der Zuschauer bereits im Foyer, wenn vor Vorstellungsbeginn und am Ende der Pause keine Theaterklingel schrillt, sondern

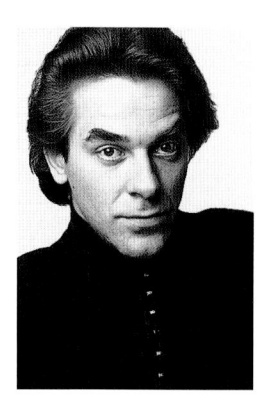

Ralf Rossa
Ballettdirektor
1995–1998

Kuhglocken schäppern und Jodel durch die Halle schallen«, berichtete »theater pur«.

Mit »Verhängte Spiegel« nach Samuel Barbers Oper »Vanessa« (Libretto: Gian-Carlo Menotti), aber mit anderen Kompositionen des Amerikaners, schuf Rossa gleich zu Beginn seiner Direktion sein wohl schönstes Ballett. In der melancholischen Liebesgeschichte bezauberten Feuer-»Vögelchen« Malgorzata Cholewa als Mutter und Elwira Piorun als deren Tochter Vanessa. – Sein apartestes Ballett inszenierte Rossa allerdings nicht im Theater, sondern im sechsgeschossigen gläsernen Foyer des Harenberg City-Center: Zur Eröffnung des »Klavierfestivals Ruhr« 1996 in Dortmund hatte Verleger und Hausherr Bodo Harenberg die Compagnie eingeladen, Modest Mussorgskis »Bilder einer Ausstellung« zu tanzen. Das Publikum wanderte bei den musikalischen »Promenaden« treppauf und treppab mit – ein Erlebnis ganz besonderer Art.

1998 musste Rossa selbst auf Wanderschaft gehen. Als Hallenser Ballettdirektor macht seine Truppe inzwischen überregional positiv auf die Stadt an der Saale aufmerksam.

IX. Avantgarde und ein Touch Fernost

Das »Nürnberger Tanzwerk« mit Dirk Elwert (Organisation) und Jean Renshaw (Choreografie) hatte mit außergewöhnlichen Projekten wie »Orlando« Furore gemacht. Zu progressiv für Franken, befand der neue Intendant und entließ das Erfolgsteam. John Dew griff zu, bot dem Paar aber nicht die Freiräume, die es suchte – Elwert verließ Dortmund bereits nach einer Spielzeit, Renshaw hielt nur ein knappes Jahr länger durch.

Ein Hauch von Avantgarde wehte plötzlich durchs Theater: Die Bühne des Schauspielhauses war ihre Heimat. »Tapetenwechsel« nannte die sympathisch humorvolle Engländerin ihren ersten Abend mit einem witzigen »Ikarus« und dem Pas de deux »bedtime stories« als Rangelei zwischen Mann und Frau. Sensibel, witzig, choreografisch außergewöhnlich war ihr »letzter Kraftakt«, wie sie selbst deprimiert feststellte: »Medea« – mit Musik von Henryk Górecki und Arvo Pärt zu dem antiken Mythos mit autobiografischen Chiffren und Antikriegs-Anklage. »Hätte das Team die nötige und verdiente Unterstützung ›im Hause Dew‹ gehabt, dann hätte das Dortmunder Ballett an seine einstige Glanzzeit anknüpfen können«, mutmaßte die »Neue Westfälische« (Bielefeld), denn: »Renshaw choreografiert originell, denkt theaternah, hat ein starkes Ensemble aufgebaut und bringt gutes Gespür für die richtige Musik mit.«

Es folgte die Taiwanesin Mei Hong Lin, die Dew aus seiner Zeit als Bielefelder Opernoberspielleiter kannte. Sie hatte in ihrer Heimat fernöstlichen Tanz und klassisches Ballett studiert, später an der Essener Folkwang-Schule modernen Tanz. 1991 übernahm sie die Ballettdirektion in Plauen. Ihren abstrakten Choreografien stellte sie in Dortmund eine sehr stimmige Version von Sergej Prokofjews »Cinderella« gegenüber: Aschenbrödel, Einzelkind und kleine Ballettratte, träumt von der großen Karriere. Am glücklichen Ende ist sie Bühnenpartnerin des gefeierten Star-Tänzers.

Als Christine Mielitz 2002 Operndirektorin wurde, war die Hoffnung auf einen Neuanfang im Ballett groß. Aber das Engagement eines Ballettchefs erwies sich – wie anderswo auch in diesen von Sparzwängen regierten Zeiten – als schwierig. So konnte das Geschwisterpaar Mario und Sylvana Schröder nur als Gast seine spannende Arbeitsweise mit der Uraufführung von »Fight Club« vorführen. Birgit Scherzer brachte ihren ungewöhnlichen, harschen »m.e.s.s.i.a.s.«, Peter Breuer eine optisch raffinierte »Carmen-Suite«, Xin Peng Wang »Vier Jahreszeiten«. Das Publikum zeigte sich begeistert von der flüssig unterhaltsamen Choreografie des international arbeitenden Chinesen, der 2001–2003 Ballettdirektor in Meiningen war und in derselben Funktion nach Dortmund engagiert wurde. Verschrecken wird er die Zuschauer keinesfalls, denn seinen neoklassizistischen Tanzstil unterstreicht Wang mit vertrauten Klängen wie sinfonischer Musik von Prokofjew für seine Choreografie »Symphonie Classique« im Mai 2004.

Xin Peng Wang
Ballettdirektor seit 2003

»Moderne«, unbezeichnete
Ballettszene um 1957
aus der Ära des Choreografen
Kurt Steigerwald

»Das Labyrinth«
Ballett von Kurt Steigerwald
Uraufführung Spielzeit 1956/57

Choreografie: Kurt Steigerwald
Musikalische Leitung:
Wolfgang Kuhfuss
Bühne: Harry Breuer
Kostüme: Arno Bosselt

Peter I. Tschaikowsky
»Schwanensee«
1. November 1986

Musikalische Leitung:
Heinz Panzer
Choreografie: Youri Vámos
Ausstattung: Michael Scott

Igor Strawinsky
»Der Feuervogel«
Spielzeit 1967/68

Musikalische Leitung:
Heinz Panzer
Choreografie: Joachim Leipziger
Bühne: Hainer Hill
Kostüme: Gisela A. Zeh

Lilo Künz (Feuervogel),
Joachim George Guthardt
(Zarewitsch)

»Lucidor«
Ballett von Youri Vámos, 1985

Joyce Cuoco (Lucidor/Lucile)

»Theseus und Ariadne«
Ballett von Youri Vámos
Deutsche Erstaufführung
9. Mai 1986

Joyce Cuoco (Ariadne)

»Le Rouge et le Noir«
Ballett von Youri Vámos
Musik nach Edward Elgar
Uraufführung 4. Juni 1988

Musikalische Leitung:
Heinz Panzer
Choreografie: Youri Vámos
Ausstattung: Michael Scott

György Szákály
(Julien Sorel)

»Bilder einer Ausstellung«
Ballett von Ralf Rossa
und Marc Hoskins, Musik
von Modest Mussorgski
und Maurice Ravel
25. Mai 1996 im Harenberg
City-Center Dortmund

»B – B – B«
Ballettabend mit Choreografien
von István Herczog
und Hans van Manen
11. Dezember 1988

Musikalische Leitung:
Heinz Panzer
Ausstattung: István Herczog /
Hans van Manen / Jean-Paul
Vroom

»Orchestersuite«
Ballett von István Herczog
Musik von Johann Seb. Bach

Nicole Verch,
Paul Boyd

▷
»Fight Club«
Ballett von Silvana und
Mario Schröder
Uraufführung
1. März 2003

Ausstattung: Paul Zoller

Ivica Novacovic (Mitte),
Ensemble

»Verhängte Spiegel«
Ballett von Ralf Rossa
Musik von Samuel Barber
Uraufführung
21. Januar 1996

Musikalische Leitung: Peter Hirsch
Bühne: Heinz Balthes
Kostüme: José Manuel Vazquez

von links: Malgorzata Cholewa,
Nanda Hoving

»Symphonie Classique«
Ballett von Xin Peng Wang
Musik von Sergej Prokofjew
Uraufführung
9. Mai 2004

Musikalische Leitung:
Timor Oliver Chadik
Ausstattung:
Jérôme Kaplan

Monica Fotescu-Uta,
Mark Radjapov

Bernhard Schaub

Ohne Orchester geht es nicht *Die Dortmunder Philharmoniker als Basis des Musiktheaters*

Es ist eine Binsenweisheit: Jedes Musiktheater, das auf sich hält, benötigt für seine Aufführungen ein künstlerisch leistungsfähiges Orchester. Und je größer der Architekt eines neuen Theaters den so genannten Graben für dieses Orchester vor und unter der Bühne auslegt, umso mehr Musiker finden darin Platz, was vor allem für die klangliche Qualität großer Opern der Romantik und der Gegenwart von ausschlaggebender Bedeutung ist.

Das nach seiner Eröffnung 1904 im damaligen Kaiserreich als vorbildlich moderner Theaterbau gelobte Dülfer'sche Haus verdankte seinen Ruf nicht zuletzt seinem großen Orchestergraben. Hier fanden auch für die aufwändig instrumentierten Opern eines Richard Wagner oder des damals schon erfolgreichen Richard Strauss genügend Musiker Platz, so dass dank der ebenfalls gerühmten Akustik bei allen Aufführungen der wünschenswerte Vollklang erreicht werden konnte.

Als ich im September 1959 als junger Kulturredakteur nach Dortmund kam, um für die »Westdeutsche Allgemeine Zeitung« u.a. auch das städtische Theaterleben kritisch zu begleiten, fand ich freilich neben den traurigen Ruinen-Resten des Dülfer'schen Hauses am Hiltropwall lediglich das neun Jahre zuvor eröffnete Opernhaus-Provisorium vor. Für Carl Maria von Webers »Freischütz« und das hierfür geforderte Orchester mochte der Graben gerade noch ausreichen, obwohl auch hier kritischere Ohren schon in der Ouvertüre den glanzvollen Geigenjubel einer größeren Streicherbesetzung schmerzlich vermissten. Trotzdem konnte der Neu-Rezensent der von Generalmusikdirektor (GMD) Rolf Agop musikalisch betreuten Saison-Premiere lobend vermerken, dass vor allem das Orchester den Erfolg dieser Neuauflage eines Standardwerks der deutschen Operngeschichte garantierte.

Dieses kleine Beispiel aus der 100-jährigen Geschichte des Dortmunder Musiktheaters mag belegen, wie sehr die bereits 117-jährige Geschichte des Philharmonischen Orchesters Dortmund mit der Historie der drei Opernhäuser der Stadt verknüpft ist. Und zu allen Zeiten konnte gelten, dass eben dieses Orchester – ungeachtet der natürlichen Generationswechsel in seinen Reihen – ein solides künstlerisches Fundament der Opern-, Operetten-, Ballett- und Musical-Aufführungen war. Was in erster Linie der glücklichen Hand zu danken war und ist, die man in Dortmund bei der Wahl neuer Orchesterchefs überwiegend bewies.

I. Der Glücksfall Hüttner

Die Geburtsstunde des heutigen Philharmonischen Orchesters der Stadt Dortmund schlug im Jahr 1887: Der schon 1880 gegründete »Orchesterverein« sollte um etliche Musiker der verwaisten Kapelle Gelsenkirchen erweitert werden. Die Stelle eines festen Dirigenten für dieses jetzt sinfonische Ensemble wurde in der »Allgemeinen Musikzeitung« ausgeschrieben. Die Wahl des Vereinsvorstands fiel auf den erst 26-jährigen Georg Hüttner aus Oberfranken – eine Entscheidung, die sich in den kommenden Jahrzehnten als Glücksfall für das Dortmunder Musikleben erweisen sollte.

Der auch als Geiger und Trompeter ausgebildete Hüttner verfolgte von Beginn seiner Tätigkeit zwei Ziele: die Hebung des künstleri-

Georg Hüttner
(1861–1919)
Bis zu seinem Tode erster Leiter des 1887 gegründeten Philharmonischen Orchesters, das von 1904 an auch den Operndienst im Stadttheater übernahm.

schen Niveaus seiner Konzerte und die Kontinuität der öffentlichen Veranstaltungen. Ungeachtet aller finanziellen Schwierigkeiten gelang es ihm, die rund 40 Berufsmusiker seines Orchesters zu qualifizieren und musikalisch überzeugenden Leistungen anzuspornen, die bei den Dortmunder Musikfreunden auf große Begeisterung stießen und auch von der Presse gebührend gewürdigt wurden. Als 1892 der neu erstandene Kronenburgsaal eröffnet wurde, konnte Hüttner seinen Plan regelmäßiger wöchentlicher Sinfoniekonzerte verwirklichen, was neben wachsendem Publikumszuspruch auch wachsende private und öffentliche Finanzhilfe zur Folge hatte.

1893, nach einer wesentlichen Verjüngung des Orchesters, nannte Hüttner seinen »Orchesterverein« in »Hüttner'sche Kapelle« um. Und weitere vier Jahre später erwies sich die abermalige Umbenennung (in »Philharmonisches Orchester«) als geschickter Schachzug für den regelmäßigen Bezug – wenn auch sehr bescheidener – städtischer Zuschüsse.

Neben den zunehmend beliebten Konzerten, deren Niveau der begabte »Publikumspädagoge« Hüttner mit seiner Programmgestaltung behutsam anhob, wurde das Orchester immer wieder zu Begleitaufgaben herangezogen. Vor allem bei den großen Oratorienkonzerten des von Julius Jannsen geleiteten Musikvereins-Chors im neuen Fredenbaumsaal waren die Philharmoniker hochgeschätzte zuverlässige instrumentale Stützen. Auch in den größeren Nachbarstädten war das Hüttner-Ensemble bei den Oratorienchören beliebt, weil ohne großen Probenaufwand ein sehr gutes Aufführungsniveau erreicht werden konnte.

Im Herbst 1901 spielte das Orchester bei einem Musikfest in Elberfeld unter der Leitung des prominenten Leipziger Gewandhausdirigenten Arthur Nikisch. In einem Brief an Hüttner bedankte sich Nikisch für das »Orchester, auf welches die Stadt Dortmund stolz zu sein alle Ursache hat«. Weitere Gastkonzerte unter der Leitung Hüttners – u.a. in Köln, Bonn und Berlin – mehrten das auswärtige Ansehen der Dortmunder Philharmoniker.

Wilhelm Sieben
(1881–1971)
Musikdirektor/
Generalmusikdirektor
des Philharmonischen
Orchesters 1920–1951;
übernahm 1927 auch die
musikalische Oberleitung
der Oper.

Natürlich wurde in Dortmund schon vor der Eröffnung des Dülfer'schen Hauses 1904 Musiktheater geboten. Vor allem im Kühn'schen Saal, zeitweise auch im konkurrierenden Brüggmann'schen Zirkus gab es im 19. Jahrhundert häufig Opernaufführungen bis hin zu den damals neuen Werken Richard Wagners. Leider ist in den Berichten und Chroniken über diese Darbietungen von »Tannhäuser« oder »Lohengrin«, Mozarts »Zauberflöte« oder Webers »Freischütz« kaum etwas über Besetzung und Qualität des instrumentalen Unterbaus zu lesen. Bekannt ist lediglich, dass auch die Mitglieder der »Hüttner'schen Kapelle«, wie das Orchester selbst nach seiner Aufwertung zu »Philharmonikern« im Dortmunder Volksmund weiter liebevoll genannt wurde, bei solchen Opernabenden mitgewirkt haben, vermutlich auf eigene Rechnung. Man darf aber davon ausgehen, dass bei allem künstlerischem und geschäftlichem Engagement der Veranstalter wie der jeweils verpflichteten Sänger und Musiker diese Aufführungen einen Vergleich mit den Wiedergaben in den Theatern der Kulturzentren des Reichs nicht standhielten.

Diese Erkenntnis, dass vor allem dem immer beliebter werdenden großen Musiktheater in der aufstrebenden Industriestadt Dortmund ein würdiger Rahmen gegeben werden sollte, führte bei den spendenfreudigen Kunstfreunden wie bei der Stadtspitze am Anfang des 20. Jahrhunderts zu dem großzügigen Theaterbeschluss. Der Tatbestand, dass man mit Hüttners Philharmonikern bereits über ein leistungsfähiges Berufsorchester verfügte, mag dabei nicht ohne Bedeutung gewesen sein.

Mit dem 17. September 1904 – der glanzvollen Eröffnung des Dülfer'schen Hauses mit Wagners »Tannhäuser« – war die vertragliche Verpflichtung der Philharmoniker auch als Opernorchester besiegelt. Der von Hüttner dafür ausgehandelte Zuschuss von 24 000 Mark erwies sich bei einer siebenmonatigen Spielzeit als völlig unzureichend und wurde im zweiten Vertragsjahr auf 54 000 Mark erhöht. Die weitergehende Hoffnung Hüttners, die Zahl seiner fest angestellten Musiker wegen der Mitwirkung im Theater von 40 auf 70 erhöhen zu können, erfüllte sich zunächst nicht und konnte erst mit der Spielzeit 1907/1908 bei entsprechender Anhebung des jährlichen Zuschusses verwirklicht werden.

Den Gründer und inzwischen hoch angesehenen Konzertdirigenten Hüttner zog es jedoch nicht ans Pult des musikalischen Opernchefs. Diese Aufgabe überließ er den vom ersten Theaterdirektor Hans Gelling engagierten Kapellmeistern. So lag die musikalische Führung der ebenfalls von Gelling verpflichteten Solistinnen und Solisten, des Chors und des Orchesters bei allen repräsentativen Opernpremieren und nachfolgenden Repertoire-Aufführungen in den Händen von Karl Wolfram – einem bereits an anderen Bühnen bewährten Theaterdirigenten.

In den Annalen der ersten Jahre im Dülfer'schen Haus ist bedauerlicherweise nichts von der Vorbereitungsarbeit Wolframs und des Orchesters auf die vielen ersten Opern-Einstudierungen schon in der Eröffnungssaison wie in den folgenden Spielzeiten überliefert. Es ist jedoch davon auszugehen, dass Hüttners Musiker neben den wöchentlichen Sinfonie-Konzerten und zahlreichen anderen Verpflichtungen meist viermal pro Woche – zuweilen sogar sechsmal – an Nachmittags- und Abendvorstellungen im neuen Theater am Hiltropwall mitwirken mussten. Und dass für jede Premiere außerdem mehrere Orchester- und Gesamtproben erforderlich waren, versteht sich bei aller Routine der erfahrenen Profis an den Pulten ebenso. Hinzu kommt noch, dass in den drei Jahren von Gellings Wirken als »Intendant auf eigene Rechnung« das Orchester nur 40 Musiker hatte, so dass für die großen Opern zusätzliche Kräfte verpflichtet und bezahlt werden mussten.

Nach dem Ausscheiden Gellings wurde dessen bisheriger Opernregisseur Alois Hofmann zum ersten »Städtischen Theaterdirektor« ernannt. Sein Ehrgeiz war es, die neue Dortmunder Bühne auf das künstlerische Niveau der Kölner oder Düsseldorfer Theater zu bringen. Ihm gelang es in diesem Zusammenhang auch, die Erweiterung von Hüttners Philharmonikern von 40 auf 70 fest angestellte Musiker durchzusetzen, ebenso wie die bessere Bindung namhafter Solistinnen und Solisten an das Haus, die unter Gelling noch gleichzeitig am Essener Theater tätig gewesen waren.

Als herausragende Beispiele für die von Hofmann inszenierten großen Werke der Opernliteratur seien hier nur die mehrfachen Gesamtwiedergaben von Wagners »Ring des Nibelungen« oder von Giuseppe Verdis »Aida« genannt. Erwähnung verdient auch, dass schon kurz nach ihrer Uraufführung (am 9. Dezember 1905 in Dresden) die »Salome« von Richard Strauss immerhin sechsmal über die Bühne am Hiltropwall gehen konnte, obwohl es damals eine kühne Tat bedeutete, dieses Werk den Dortmunder Opernfreunden vorzustellen. Und eine besondere Herausforderung für Kapellmeister Wolfram, der bis weit in die 1920er Jahre der erste Mann am Dirigentenpult im Orchestergraben blieb, dürfte ebenso wie für das Orchester die Erstaufführung des »Rosenkavalier« von Richard Strauss am 30. April 1911 gewesen sein.

Die Frage nach dem Grad künstlerischer Vollkommenheit der Opern- und Operettenaufführungen in einem regionalen Musiktheater wie dem im Dülfer'schen Haus ist aus heutiger Sicht schwer zu beantworten. Um 1912 gab es noch keine Vergleichsmöglichkeiten auf Tonträgern, wie sie heute allen Musikfreunden zur Verfügung stehen. Und nur wenige Opernenthusiasten hatten die Möglichkeit, in den Theaterzentren des Reichs oder gar bei den Bayreuther Wagner-Festspielen hochrangige Aufführungen von klassischen, romantischen oder neueren Bühnenwerken mit solchen auf den Dortmunder Brettern zu vergleichen.

Was die sängerischen Sololeistungen angeht, waren die Maßstäbe sicher auch damals schon hoch anzusetzen. Die »dienende Funktion« der Musiker im Orchestergraben blieb dagegen für das Gros des Publikums eher eine notwendige Nebensache. Die instrumentalen Feinheiten in einer Mozart-Oper, die schwel-

Rolf Agop
GMD 1952–1962

gerische Sinfonik und die kammermusikalischen Raffinessen eines »Rosenkavaliers« oder einer »Ariadne auf Naxos« wurden in großzügiger Ausführung gewissermaßen unkritisch hingenommen. Auch der Dirigent musste bei der permanenten Belastung der Profi-Musiker – anders als Hüttner bei seinen Konzerten – künstlerische Abstriche machen, zumal in den Repertoire-Vorstellungen.

Zu den letzten Inszenierungen, die Hofmann gemeinsam mit Wolfram herausbrachte, zählte 1913 die Oper »Samson und Dalila« von Camille Saint-Saëns. Wenig später schied Hofmann, zum großen Bedauern des gesamten Ensembles, aus – wegen aus städtischer Sicht übermäßigen Geldverbrauchs. Sein Nachfolger Hans Bollmann führte das Theater als »Sparkommissar« durch die Kriegs- und ersten Nachkriegswirren bis 1919, konnte aber naturgemäß das Niveau der Hofmann-Ära nicht halten. Die Konzerte des Philharmonischen Orchesters bewahrten sich dagegen auch in den Jahren des Ersten Weltkriegs ihre Beliebtheit und ihren künstlerischen Standard und erfuhren erst durch Hüttners Krankheit und Tod (1919) eine vorübergehende Unterbrechung.

II. Die Ära Sieben

Trotz der schwierigen politischen und wirtschaftlichen Lage beschloss die erste demokratisch legitimierte Führung der Stadt Dortmund im Zusammenwirken mit der Musik liebenden Bevölkerung schon bald nach Hüttners Tod, die Stelle eines »Städtischen Musikdirektors« zu schaffen. Zu den Dirigenten, die Anfang 1920 als mögliche Hüttner-Nachfolger zu Probekonzerten eingeladen wurden, gehörte auch der damals 39-jährige, aus Bayern stammende Wilhelm Sieben.

Orchester, Fachgremien, Publikum und Presse votierten nach dem Probedirigat ebenso spontan wie einmütig für Sieben, so dass die Wahl entschieden war und der neue Musikdirektor seine Arbeit bereits am 2. Juni 1920 mit einem sinfonischen Gedächtniskonzert für Georg Hüttner aufnehmen konnte. Welch gute Wahl die Dortmunder erneut getroffen hatten, bewährte sich danach nicht nur in den 18 Sinfonie- und Oratorienkonzerten in Siebens erster Saison, sondern auch in den folgenden 31 Jahren, die der neue Chef ungeachtet manch verlockender Angebote seinem Orchester und der Stadt bis zu seiner Pensionierung die Treue hielt.

Wie Hüttner verzichtete Sieben zunächst auf die musikalische Oberleitung des Musiktheaters, überließ diese bis 1927 Karl Wolfram, der damit auf eine über 20-jährige erfolgreiche Zusammenarbeit mit dem Orchester kam. Schon 1919 hatte sich die Stadt für Dr. Johannes Maurach als Nachfolger von Bollmann entschieden. Der neue Theaterchef führte jetzt auch offiziell den Titel eines Intendanten.

Maurach, eher ein Mann des Schauspiels, verstand es dennoch, auch für das Musiktheater neue gute Kräfte zu gewinnen. Als er bereits 1922 vorzeitig ausschied, blieb es seinem Nachfolger, dem ausgewiesenen Opernregisseur Karl Schäffer, vorbehalten, vor allem nach Überwindung der ruinösen Inflations- und Besatzungsjahre die Dortmunder Oper zu neuen Höhen zu führen.

Erwähnt sei hier nur neben der ständigen Pflege der klassischen-romantischen Opernliteratur zwischen Mozart und Wagner die spezielle Richard-Strauss-Woche von 1924, zu der das Bühnen- und Orchesterensemble die Opern »Intermezzo«, »Salome« und »Elektra« beitrug. Allein für die Vorbereitung von »Intermezzo« benötigten Schäffer als Regisseur, Wolfram als musikalischer Leiter und Hans Wildermann als Ausstatter rund 100 Einzel- und Gesamtproben – woraus unschwer die besondere Belastung des Orchesters ersichtlich ist. Denn auch in den parallel laufenden Konzerten bot Sieben mit seinem Orchester einige Strauss'sche Orchesterwerke, die bekanntermaßen hohe Anforderungen selbst an erfahrene Instrumentalisten stellen.

Als Sieben schließlich 1927 auch die musikalische Oberleitung des Dortmunder Musiktheaters übernahm, empfand er sich in seiner ihm eigenen bescheidenen Art als »Neuling« am Orchesterpult. Der kurze wirtschaft-

Wilhelm Schüchter
GMD 1963–1974

Marek Janowski
GMD 1975–1979

liche Wohlstand im Deutschen Reich bescherte ihm »angenehme Arbeitsbedingungen«, wie er in einem knappen Rückblick auf sein Dortmunder Wirken schrieb. Auf den Gedanken, den städtischen Haushalt durch Einsparungen beim Orchester zu entlasten, war man höheren Ortes noch nicht verfallen: »...es fehlte uns nie an der Muße, unsere Vorstellungen gründlich und gewissenhaft vorzubereiten, die Leistungen voll ausreifen zu lassen«, zog Sieben Bilanz. »So erlebten zahlreiche Werke – von Gluck bis Hindemith – saubere, bisweilen eindrucksvolle Aufführungen.«

Wesentlich euphorischer als diese autobiografischen Zeilen lesen sich die Betrachtungen Arthur Mämpels zu Siebens Leistungen in der Oper: »Sieben hatte musikalische Maßstäbe gesetzt und übertrug sie nun erst recht ausrichtend auf den Geist des Musiktheaters«, heißt es da. »Bei der Art, wie er sich in die Pflicht nahm, offenbarte sich auch hier eine Charakterstärke von immenser Beständigkeit, allen Schwankungen von Zeit und Umständen zum Trotz.«

Die ein bis zwei Opern-Neuinszenierungen, in denen Sieben in den folgenden Jahren die musikalische Einstudierung und Leitung übernahm, setzten in der Tat künstlerische Maßstäbe. Ob es sich dabei um Mozart, Weber, Wagner, Verdi, Richard Strauss oder um neuere Opern handelte, immer hatten diese Premieren für Solisten, Chor, Orchester und – nicht zuletzt – für das Publikum das Fluidum des Besonderen. Man darf auch davon ausgehen, dass in der Ära Sieben die separaten Orchesterproben vor dem ersten Zusammengehen mit dem Bühnengeschehen zunehmende Bedeutung gewannen. Denn vor allem für Sieben selbst waren es »seine« Musiker, die im Orchestergraben wie auf dem Konzertpodium seine künstlerischen Ziele erreichen und den Solisten, dem Chor und den Tänzern auf der Bühne das bestmögliche musikalische Fundament sichern sollten.

Intendant Richard Gsell, der nach dem Ausscheiden Schäffers 1927 ebenfalls für so etwas wie »frischen Wind« im Musiktheater und Schauspiel sorgte, musste freilich – wie Sieben auch – schon bald die schweren Jahre der Weltwirtschaftskrise (ab 1929) durchstehen. 1932 konnte die totale Schließung des Opernbetriebs nur mit Mühe abgewendet werden. Kapellmeister Friedrich und seine Kollegen dirigierten manche Oper in diesen Jahren der wirtschaftlichen wie politischen Notverordnungen oft vor nur schwach besetztem Haus.

Mit Hitlers Machtübernahme 1933 musste Gsell seinen Abschied nehmen; Sieben blieb, hatte seine Konzertprogramme jedoch dem Diktat von Reichspropagandaminister Joseph Goebbels unterzuordnen, wonach die Musik eines Felix Mendelssohn Bartholdy oder Gustav Mahler nunmehr als »minderwertig« galten. Immerhin konnte das Dortmunder Theaterleben ab 1934 im ideologiefreien Kunstraum zwischen Mozart und Strauss, zwischen Johann Sebastian Bach und Max Reger weiterblühen. Bis 1937, als der renommierte Opernregisseur Georg Hartmann Oberspielleiter und Intendant des Theaters am Hiltropwall war, kann sogar von einer neuen Hochzeit der Dortmunder Bühne gesprochen werden: Im Zusammenwirken mit Kapellmeister Hans Trinius, Chordirektor Hans Paulig und Ausstatter Fritz Mahnke bot Hartmann z.B. schon 1934 eine viel beachtete »Elektra« von Richard Strauss. Auch Ludwig van Beethovens »Fidelio« in der Inszenierung des gleichen Trios konnte als beispielhaft gelten. Dortmunds Oper gewann damals über die Stadtgrenzen hinaus wieder an Ansehen, wobei den qualifizierten Orchesterleistungen stets ein wesentlicher Anteil an den Erfolgen zukam.

Der Nachfolger des nach Duisburg wechselnden Hartmann konnte sich als Dortmunder Theaterchef mit dem Titel eines »Generalintendanten« schmücken: Peter Hoenselaers pflegte als Paladin der nationalsozialistischen Machthaber die repräsentative Oper und das deutsche Singspiel, konnte aber das künstlerische Niveau Hartmanns nicht halten. Auch Sieben wurde 1937 der Titel des »Generalmusikdirektors« zuerkannt. Diese Ernennung

Hans Wallat
GMD 1980–1985
Ehrendirigent der
Dortmunder
Philharmoniker

Klaus Weise
GMD 1985–1990

würdigte einen Dirigenten, der im In- und Ausland bereits hohes Ansehen genoss und der seine Dortmunder Sinfoniker zu einem hoch qualifizierten Orchester »erzogen« hatte.

Der Zweite Weltkrieg brachte das Dortmunder Theater- und Konzertleben keineswegs zum Erliegen, weil – wie überall im Reichsgebiet – die Bühnenkünstler und Musiker im Interesse der kriegsverherrlichenden Propaganda weitgehend vom Militär- und Rüstungsdienst befreit blieben. Als das schöne Dülfer'sche Haus 1943 ein Opfer der Bomben wurde, die Innenstadt immer mehr in Trümmern sank, musste improvisiert werden, bis Goebbels zum irrwitzigen »totalen Krieg« aufrief und die Theater schließen ließ.

Ähnlich wie in anderen zerstörten deutschen Theaterstädten gab es auch in Dortmund ungeachtet der krassen Not der ersten Nachkriegsjahre einen großen »Kulturhunger« bei den kunstsinnigen Einwohnern. Schon im Herbst 1945 begann, u.a. in Marten und Hörde, später in der erhalten gebliebenen Aula der Pädagogischen Hochschule an der Lindemannstraße, ein zwar bescheidenes, aber sofort dankbar angenommenes Sprech- und Musiktheaterleben.

Sieben konnte seine Musiker allmählich wieder um sich scharen und sogar einige fähige junge Kräfte hinzugewinnen. Für die ersten Premieren von Otto Nicolais »Lustigen Weibern« und Gioacchino Rossinis »Barbier von Sevilla« auf der Behelfsbühne standen als Kapellmeister der schon zuvor bewährte Hellmuth Günter sowie Hans Trippel und Erich Jadwabski bereit. Die ersten Orchesterkonzerte musste Sieben in allerlei unzerstörten Vorortsälen bestreiten, wohin seine treue Hörergemeinde auch lange Fußmärsche in Kauf nahm.

Mämpel – damals auch Dramaturg des Dortmunder Nachkriegstheaters – hat in seiner umfangreichen Dokumentation zur 75-Jahr-Feier der Städtischen Bühnen gerade diese »Wiedergeburt« des professionellen Theaterspielens besonders ausführlich beschrieben. Hier sei nur unter dem Aspekt der Leistungen des Orchesters vor und auf den wechselnden Notbühnen an einige Schwerpunkte erinnert – etwa die »Zauberflöte«, mit der Dr. Herbert Junkers als neuer Intendant im Theater an der Lindemannstraße die Saison 1947/48 als Regisseur eröffnete (musikalische Leitung: Hellmuth Günter). Dort vollzog sich in den beiden »ambulanten« Spielzeiten unter Leitung von Schauspielintendant Willem Hoenselaars eine erste technische Konsolidierung des Theaters. Damals wurde auch der Beschluss gefasst, für Theater und Orchester am Hiltropwall ein neues, angemessenes Zuhause zu schaffen.

1950 war es so weit. Im neuen, bis 1966 für Oper und Operette – später auch für Kammer- und Jugendkonzerte – reservierten Haus gab es erstmals wieder einen echten Orchestergraben, in dem Sieben zugleich seine letzte Dortmunder Opern-Einstudierung, Beethovens »Fidelio«, leitete. Mit dem vor allem als Schauspieler schon wohlbekannten Allroundkünstler Paul Walter Jacob wurde ein neuer Generalintendant gewonnen, der sich nach Siebens Ausscheiden 1951 in seinen Dortmunder Jahren sogar zum Dirigenten mehrerer Wagner-Neuinszenierungen berufen fühlte – für die folgsamen Orchestermusiker und Teile des Publikums freilich eher ein Kuriosum.

III. Der »Pädagoge« Agop

Der 1952–1962 amtierende Orchesterchef Rolf Agop, von der Nordwestdeutschen Philharmonie in Herford kommend, verfügte auf der Bühne wie im Konzert nicht über die erforderliche Ausstrahlung, um seine Musiker zu den künstlerischen Höhenflügen seines Vorgängers zu führen. Nach anfänglichen Erfolgen und trotz seines rühmenswerten Einsatzes für aktuellere Werke – zum »pädagogischen Prinzip« der sinfonischen Hauptkonzerte Agops gehörte die konsequente Einbeziehung eines neueren Werks – blieben die nur 700 Plätze des neu erstandenen Opernhauses am Hiltropwall, von den begehrten Operetten abgesehen, oft schwach besetzt. Die Abonnentenzahl der Sinfoniekonzerte im neuen Capitol-Großkino und zuletzt in der Kleinen Westfalenhalle (jeweils

Moshe Atzmon
GMD 1991–1994

Anton Marik
GMD 1994–2001

fast 2000 Plätze) schrumpfte auf wenige hundert Getreue.

Dann kam im September 1962 die Neuinszenierung von Verdis »Othello«. Hermann Schaffner war kurz zuvor bereits zum Nachfolger Jacobs erkoren worden. Im Orchestergraben dirigierte »auf Probe« Wilhelm Schüchter. Der im deutschen Musikleben längst gut bekannte Maestro bewarb sich um die Nachfolge Agops. Und jedem, der Ohren hatte zu hören, wurde sofort klar, dass hier nach harter Probenarbeit die schlummernden Qualitäten der früheren Sieben-Musiker von einem berufenen Opern- und Konzertdirigenten neu geweckt worden waren. Als wenige Wochen später Schüchter in der plötzlich wieder voll besetzten Kleinen Westfalenhalle auch noch mit einem umjubelten Sinfoniekonzert aufwartete, war seine Berufung zum neuen Orchesterchef nur noch Formsache.

IV. Von Schüchter bis Fagen

Wilhelm Schüchters intensive, geradezu unerbittliche Arbeit mit den Musikern und Bühnenkünstlern – nach dem Ausscheiden von Intendant Schaffner dann auch als Musiktheaterchef – wird an anderer Stelle dieses Buches gewürdigt, ebenso die seiner Nachfolger Marek Janowski (1975–1979) und Hans Wallat (1980–1985). Besonders die von Schüchter noch erreichte Erweiterung des Orchesters auf ein fast 100-köpfiges echtes philharmonisches Ensemble und dessen allmähliche Verjüngung durch fähige Streicher, Bläser und Schlagzeuger sicherte auch den weiteren »Generälen« wie Klaus Weise (1985–1990) bei Oper und Konzert ein meist mehr als nur solides Fundament ihrer Arbeit.

Nach dem vorzeitigen Ausscheiden des ab 1991 amtierenden Generalmusikdirektors Moshe Atzmon, für den bereits im Juni 1994 Hans Wallat die Neueinstudierung des »Rosenkavaliers« von Richard Strauss übernommen hatte, sicherte der ehemalige Erste Kapellmeister (1985–1989) Anton Marik, zunächst als stellvertretender GMD aus Heidelberg nach Dortmund zurückgekehrt, die kontinuierliche künstlerische Arbeit auch im Musiktheater. Marik war es u.a. auch zu verdanken, dass die von Heinz Lukas-Kindermann schon Jahre zuvor begonnene Neuinszenierung von Wagners »Ring des Nibelungen« vollendet und in den folgenden Spielzeiten mehrfach in geschlossenen Zyklen aufgeführt werden konnte. So war es nur folgerichtig, dass Marik nach zweijähriger kommissarischer Tätigkeit als Orchester- und musikalischer Opernchef auch zum Dortmunder Generalmusikdirektor ernannt wurde. Zusammen mit den Generalintendanten Horst Fechner und John Dew garantierte sein Wirken für weitere sechs Jahre qualitätvolles Musiktheater.

Der Beschluss des Rats, an der Brückstraße ein neues, seit Jahrzehnten ersehntes Konzerthaus zu bauen, bedeutete für die heutigen Dortmunder Philharmoniker schon im Vorhinein eine neue Ära. Nicht nur, dass die bislang jeweils dreimal im Opernhaus aufgeführten Philharmonischen Konzerte nun in dieses Konzerthaus umsiedeln sollten. Auch von den vielen Gastorchestern, die der neu berufene Konzerthaus-Intendant Ulrich Andreas Vogt ab 2000 zu verpflichten begann, war so etwas wie eine bisher nicht gekannte »fruchtbare Konkurrenz« zu erwarten.

Nach dem Ausscheiden Mariks 2001 konnte zunächst Wallat gewonnen werden, für eine Saison erneut die musikalische Regie am Hiltropwall zu übernehmen. Zum Dank dafür und in Würdigung der außergewöhnlich guten und künstlerisch produktiven Zusammenarbeit ernannte das Orchester den Opernfachmann zu seinem Ehrendirigenten. Mit Wallat und den Philharmonikern hat das Konzerthaus bereits spektakulär die ersten Teile des Wagnerschen »Ring« in konzertanter Form geboten – eine Hommage zum 75. Geburtstag des Dirigenten im Jahr 2004.

Nach der Interimspielzeit 2001/02 war die erste Aufgabe des neu ernannten Generalmusikdirektors Arthur Fagen die Eröffnung des Konzerthauses an der Brückstraße am 13. September 2002 mit der 3. Sinfonie von Gustav Mahler. Für die seither neu gefassten und

Arthur Fagen
GMD seit 2002

erweiterten Aufgabenbereiche des Orchesters, das laut einem Ratsbeschluss seit der Spielzeit 2002/03 den Namen »Dortmunder Philharmoniker« trägt, sorgt als Orchesterdirektor der Geiger und vielseitige Kammermusiker Thomas Rink. So werden die Dortmunder Philharmoniker ihr erfolgreiches Engagement bei den Jugend-, Familien- und Schulkonzerten weiter ausbauen und vermehrt auch auf Gastspielreisen gehen, was zuvor nur in seltenen Fällen möglich gewesen war. Das Salzburger Festspielhaus und so renommierte Konzertsäle wie der Concertgebouw in Amsterdam und das Palais des Beaux Arts in Brüssel zählen u. a. zu den herausragenden Zielen dieser Mehrung des Ansehens von »Musik aus Dortmund«.

Dortmunder Philharmoniker 2004

Die »Hüttner'sche Kapelle« mit ihrem Leiter um 1898

Das Philharmonische Orchester mit Georg Hüttner um 1905 im großen Fredenbaum-Festsaal

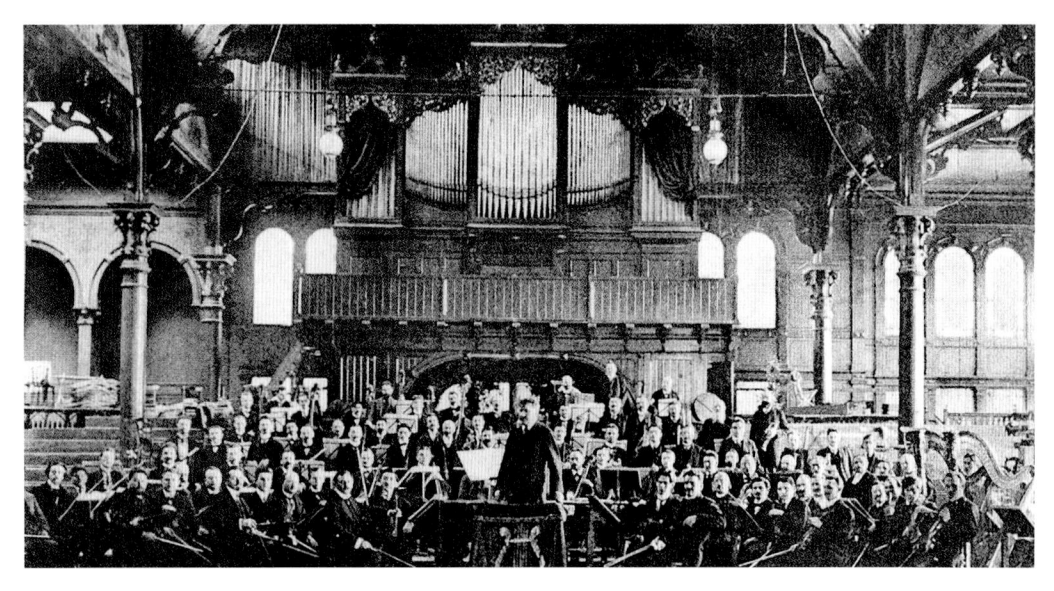

Provisorien nach 1945: Philharmonisches Orchester im Theater an der Lindemannstraße (bis 1950)

Philharmonisches Orchester in der Ära Schüchter in der Kleinen Westfalenhalle (bis 1966)

Ab 1970 wurden die Philharmonischen Konzerte im neuen Opernhaus aufgeführt

Das Philharmonische Orchester
unter seinem neuen Generalmusikdirektor
Arthur Fagen eröffnete am 13. September 2002
das Konzerthaus Dortmund, die »Philharmonie
für Westfalen«, neue Heimstatt der
heutigen »Dortmunder Philharmoniker«

Dirk Aschendorf

Die andere Seite des Kunstwerks Oper *Chor und Extrachor des Theaters Dortmund 1904 bis 2004*

Horst Drewniak
Chordirektor
1965–1985

»Ich bin Sänger und kein Akrobat« – ein Satz, der anfängliche Vorbehalte nicht nur der Solisten, sondern auch so mancher Chorsänger gegenüber dem modernen Regietheater ausdrückt. Der Dortmunder Opernchor habe da keine Ausnahme gemacht, erinnert sich Helmut Schock. 37 Jahre lang, bis zu seiner Pensionierung 2001, sang er als erster Bass im Dortmunder Opernchor, trat noch im alten Interimstheater auf, dem heutigen Schauspielhaus, erlebte den Bau der neuen Oper und deren glanzvolle Einweihung 1966 mit. Noch gut erinnert sich Schock an die Zeiten, als die Chorregie im Wesentlichen darin bestand, »geordnet auf- und abzutreten«. Mit dem Regietheater seit Mitte der 1970er Jahre wurde der Chor auch als ›Person‹ gefordert, wurde jeder Einzelne ins Regiekonzept eingebunden und »stand nicht mehr nur nach Stimmgruppen geordnet herum«, so Schock.

I. Stärke des Chors

Der Sänger, dessen Vater schon dem Dortmunder Opernchor angehört hatte, erlebte neben dem äußeren Wiederaufbau der Nachkriegszeit auch die für viele immer noch ›goldene‹ Ära unter Generalmusikdirektor Wilhelm Schüchter mit. Unter diesem ausgewiesenen Wagner- und Strauss-Spezialisten erreichte der Opernchor Ende der 1960er Jahre mit 52 Chorsolisten auch seinen zahlenmäßigen Höchststand – die 60 mochte man Schüchter selbst in der Wirtschaftswunderzeit nicht zugestehen. Heute gehören dem Chor 44 Sängerinnen und Sänger an. Damit gehört der Dortmunder Chor zu den mittelgroßen Klangkörpern in der deutschen Opernlandschaft.

Bemerkenswert ist, dass sich die Zahl der Chorsolisten in den letzten 100 Jahren kaum verändert hat: Das Bühnenjahrbuch von 1906 nennt 43 Choristen und selbst 1944, als das alte Stadttheater von Bomben zerstört wurde, weist das Jahrbuch 23 Herren und 25 Damen aus. Eine deutliche Zäsur bei der Zahl der Sängerinnen und Sänger gab es eigenartigerweise zwischen 1933 und 1941: Für diese Zeit geben die Jahrbücher lediglich rund 30 Sänger an, obwohl gerade während der Zeit des Nationalsozialismus die Werke Richard Wagners als große Repräsentationsopern regelmäßig auf dem Spielplan standen. Erhaltene Besetzungszettel vermelden allerdings »Mitglieder des Dortmunder Männergesangsvereins«, »Damen aus der Bürgerschaft« oder auch einen »Damen Extra-Chor« als Verstärkung.

Nach dem verkleinerten Wiederaufbau des Theaters am Hiltropwall, dem heutigen Schauspielhaus, schien die Chorgröße von etwa 30 für die Dortmunder Verhältnisse ausreichend zu sein. 1952 gab es jedoch Verstärkung: Der damalige Chordirektor Dr. Hans Wedig, der sein Amt 1942–1964 innehatte, gründete den noch heute bestehenden Extrachor für die großen Choropern, die in Dortmund seit Bestehen des Stadttheaters zur Aufführungstradition gehören. Sein Debüt gab der Extrachor mit Verdis »Aida« unter der Intendanz von Paul Walter Jacob; sein »Goldenes« feierte er mit Wagners »Die Meistersinger von Nürnberg« in der Regie von Christine Mielitz.

Erst als der Neubau der Oper 1966 realisiert war und stimmlich gefüllt werden musste, erreichte auch der Opernchor wieder seine alte zahlenmäßige Stärke.

II. Gestiegene Ansprüche

Neben den anspruchsvolleren Regieanweisungen an die Chorsolisten kamen ab Mitte der 1960er Jahre verstärkt auch sprachliche Anforderungen auf die Sängerinnen und Sänger zu. Verdis »Il Trovatore« in der Eröffnungsspielzeit sei die erste Oper gewesen, für die das Dortmunder Ensemble Italienisch habe einstudieren müssen, so Schock. Später sei das Werk dann noch einmal auf Deutsch einstudiert worden. Schock erinnert sich auch an eine kurz darauf neu inszenierte »Traviata«, die sogar alternierend gegeben wurde: einmal in der Originalsprache, dann wieder in der deutschen Übersetzung – eine beachtliche Leistung, wenn man die Zahl von bis zu 26 Aufführungen pro Monat berücksichtigt. Nur der Montag war spielfrei. Dafür gab es sonntags oft zwei Aufführungen und bis zu 14 verschiedene Stücke im Monat.

Inzwischen ist die Aufführung der meisten Werke des Musiktheaters in der Originalsprache ebenso wie das ausgefeilte Konzept des Regietheaters eine Selbstverständlichkeit. Die Chorarbeit sei dadurch vielschichtiger und für den Sänger interessanter geworden, erklärt Schock, der selber immerhin fünf der insgesamt elf Dortmunder Chorleiter aktiv erlebt hat. Besonders Horst Drewniak hat den Chor in 20 Jahren (1965–1985) stark geprägt. Er wurde noch unter GMD Schüchter in sein Amt berufen. Ihm folgten Thomas C. Vierlinger und Andreas Hempel. Seit 1995 leitet Granville Walker Chor und Extrachor der Dortmunder Oper. Neben der Chorleitung nimmt Walker auch Dirigierverpflichtungen wahr und stellt sich in der Jubiläumsspielzeit des Theaters als Komponist vor: Seine Kinderoper »Herr Ritter und Herr Mönch« wird 2005 uraufgeführt.

Heute ist für den Chorsänger auch die Übernahme solistischer Aufgaben keine Ausnahme mehr. Tanzszenen in Musicals wie der »West Side Story« oder Soloprogramme wie die »Comedian Harmonists« runden die Chorarbeit ab. Aber auch der Wechsel vom Chor auf die Solistenseite ist nicht ungewöhnlich, hat doch jedes Mitglied des Opernchors eine abgeschlossene Musik- und Gesangsausbildung.

Für die Dortmunder Operngeschichte seien nur zwei Beispiele für einen solchen Seitenwechsel angeführt: die Sopranistin Marta de Marco und der Tenor Norbert Schmittberg. Führte das Bühnenjahrbuch 1935/36 die de Marco noch als Chormitglied, so sang sie zwischen 1937 und 1942 bereits große Solopartien. Schon 1937 war sie als Fiakermilli in »Arabella« von Richard Strauss zu erleben. Der Kritiker des »Dortmunder General-Anzeigers« schrieb damals: »Marta de Marco hatte für die fast unerfüllbaren gesanglichen Schwierigkeiten der Fiakermilli einige sehr kraftvolle Gipfeltöne zu versenden.« Für das in den 1930er und 40er Jahren in Dortmund politisch korrekt gepflegte italienische Repertoire wurde Marta de Marco als Solistin u.a. in Riccardo Zandonais »Francesca da Rimini«, in Arrigo Pedrollos »L'Amante in trappola«, als Mimi in »La Bohème« und in der Titelpartie von »Madame Butterfly«, beide von Giacomo Puccini, eingesetzt. Außerdem weist ein Besetzungszettel sie 1940 als Zweite Dame in Mozarts »Zauberflöte« und in der hochvirtuosen Partie der Marie in Gaetano Donizettis »Die Regimentstochter« aus.

Während der Intendanz von John Dew übernahm Norbert Schmittberg, dessen Karriere ebenfalls als Chorsänger begonnen hatte, große Tenorpartien, beispielsweise in den »Trojanern« von Hector Berlioz oder den Max in Carl Maria von Webers »Der Freischütz«.

Diese Beispiele zeigen Chor und Solisten nicht als Konkurrenz, sondern als zwei sich ergänzende Seiten des musikalischen Kunstwerks »Oper«, wobei – im Idealfall – jeder Künstler die jeweils andere Seite kennt und beherrscht.

Granville Walker
Chordirektor seit 1995

Der Chor (außen) und die Tanz-gruppe der Städtischen Bühnen Anfang der 1950er Jahre

Ernst Krenek, »Leben des Orest«, Spielzeit 1954/55

Chorleitung:
Dr. Hans Wedig

Auftritt des Chors
unter Leitung von
Chordirektor
Horst Drewniak im
Opernfoyer (um 1970)

▷
Giuseppe Verdi
»Nabucco«, 7. März 2004
Musikalische Leitung:
Arthur Fagen
Inszenierung:
Heinz Lukas-Kindermann
Bühne: Andreas Wilkens
Kostüme: Uli Kremer
Chöre: Granville Walker

Chor- und Extrachor

Der Chor des Theaters
Dortmund
mit Chordirektor
Granville Walker *(links)*
Spielzeit 2003/04

Richard Wagner,
»Die Meistersinger
von Nürnberg«
27. Oktober 2002

Musikalische Leitung:
Arthur Fagen
Inszenierung:
Christine Mielitz
Bühne: Stefan Mayer
Kostüme: Caritas de Wit
Chöre: Granville Walker

»Prügelfuge« 2. Akt
mit Chor- und Extrachor

Wolfgang Schneider

Theater für Kinder – Theater für Jugendliche – Theater in Dortmund *Eine kleine Kulturgeschichte in 50 Kapiteln*

- 100 Jahre Theater Dortmund sind auch 50 Jahre Kinder- und Jugendtheater Dortmund, sind Geschichten für ein junges Publikum, Stücke und Inszenierungen, ästhetische Erziehung und kulturelle Bildung, Schauspieler und Zuschauspieler, Grimm und Grips, »Emil und die Detektive«, »Peter und der Wolf«, »Klamms Krieg« und »Das Herz eines Boxers«.
- »Die Jugend ist kein Vorbereitungsalter, sondern es ist ein Lebensalter für sich« war das Leitmotiv für Intendant Paul Walter Jacob, Theater für Kinder im Spielplan zu etablieren.
- Am 31. Oktober 1953 hob sich der Vorhang für »Robinson soll nicht sterben« von Friedrich Forster in der Regie von Hans Keller. Das Stück spielt in London im Jahr 1730 und stellt die Revolte einer Kinderhorde zugunsten des in Not geratenen Dichters Daniel Defoe dar. Es war eines der meistgespielten Dramen der Nachkriegszeit.
- »Im Kindesalter und demnach vor der Pubertät müssen die in jedem Menschen schlummernden künstlerischen Kräfte angesprochen werden, mit dem Ziel, jedem Kind die Fähigkeit zu verleihen, das wahrhaft Schöne zu erkennen und zu lieben«, schrieb Stadtrat Karl Hansmeyer zum 50-jährigen Bestehen der Städtischen Bühnen Dortmund.
- Um den Schulbetrieb nicht zu behindern, wird nur samstags und sonntags gespielt.
- Das integrierte Modell: Das Ensemble wurde vertraglich verpflichtet, auch Kindertheater zu spielen.
- »Nicht nur das Märchen..., auch das für das Kind unserer Tage geschriebene Zeitstück..., eine ganze Reihe von Kinderopern und Kinderkomödien, das Geeignetste und in entsprechender Darbietung Verständlichste schließlich an der großen, bisher noch in viel zu starkem Maße nur der Schule als Lehrstoff vorbehaltenen klassischen und romantischen Literatur, das alles ist Stoff für ein neues Kinder- und Jugendtheater.« (Paul Walter Jacob, 1955)
- Und immer wieder Weihnachtsmärchen.
- Ein Märchen zu Ostern.
- Die Kindertheater-Vormiete, das Abo-System von damals.
- Fünf Vorstellungen für 2,00 bis 7,50 DM, je nach Preisgruppe.
- Kästner für Kinder. Vom Kinderbuch zum Kinderstück.
- »Kästner hat wie kein anderer zuvor die Alltagssprache der Großstadtjugend der zwanziger Jahre belauscht und sie in seinen Dialogen festgehalten.« (Marcel Reich-Ranicki)
- 1964 Gründung des Arbeitskreises Jugendtheater: Interessierte Pädagogen, Mitarbeiter des Jugendamts und die Künstler des Hauses erörtern die Schülervorstellungen.
- Das Theater als 7. Unterrichtsstunde.
- Die Schule als Besucherorganisation.
- Illusionstheater mit »Peter Pan«.
- »Wie der heilige Mike schießen lernte«, ein Stück, zwei unterschiedliche Inszenierungen: eine für Kinder, eine für Erwachsene. (1967)
- »Das Kindertheater wurde nicht gerne gemacht, man hat es halt so mitgemacht, und es wurde so etwa in drei Wochen zusammengeschustert.« (Heinz Ostermann, Schauspieler)
- Kinder spielen Kinder.
- Noch einmal Heinz Ostermann: »Wenn Kindertheater vom Erwachsenentheater mitgemacht wird, nicht eigenständig ist, so wird es schnell zum fünften Rad am Wagen.«

Manfred Gust
Künstlerischer und
Betriebsleiter des KJT
1985–1995

Andreas Gruhn
Leiter des Kinder-
und Jugendtheaters
seit 1999

- Klassiker für Klassen: Shakespeare, Lessing, Brecht u. a.
- »Der Sinn und Zweck des Jugendtheaters kann nicht allein darin liegen, das Publikum von morgen frühzeitig an den Theaterbesuch zu gewöhnen«, schreibt Gert Omar Leutner, Künstlerischer Leiter ab 1967, später Intendant des Schauspiels, zum 15-Jährigen.
- Das TheO, das Theater am Ostwall, wird 1968 Spielstätte.
- »Theaterunterwegs«: Gastspiele in der Stadt.
- Künstlerische Erlebnisse vermitteln, theatrale Erfahrungen machen, leidenschaftliches Interesse wecken.
- Ein Wettbewerb für ein Jugendstück aus der Alltagswelt im Alter von 12 bis 16.
- 1975: vierte Sparte – ein eigenes Ensemble!
- Das Theater sollte Mut machen.
- Das Spiel sollte der Emanzipation dienen.
- Die Aufführung sollte Kommunikation in Gang setzen.
- »Liebe Kinder« hieß es im Vorwort zu den Programmheften. Die Kleinsten durften sich eingeladen und willkommen fühlen.
- Peter Möbius und Klaus D. Leubner als künstlerische Köpfe, Manfred Gust als guter Geist.
- Das Ensemble schrumpft in der Spielzeit 1984/85 von 14 auf sieben Mitglieder. Heute sind es acht Schauspieler/innen.
- Kriterien für Kindertheater: »So unabhängig und selbstständig wie möglich. Eigene Proben- und Aufführungsräume (am besten eine eigene großzügige Spielstätte), eigenes Ensemble, eigene Dramaturgie, eigene Bühnenbildner, eigene Leitung in künstlerischer und organisatorischer Hinsicht, eigene Technik. Dazu Übersicht und Befugnis für die Etats: Werbung, Ausstattung, Gäste- und Personalstellen.« (Manfred Gust, 1989)
- Übergangstheater in der Waschkaue der Zeche Minister Stein.
- »Bloody English Garden«, eine Aufführung, so schmutzig wie die Spielstätte, so derb wie nun mal Jugendliche sein können, so wild wie die neuen Stücke von der Insel.
- Theater Sckellstraße. Ein neues Haus.
- Dortmund Hauptbahnhof, Gleis 2: Theater im Zug. Von Suzanne von Lohuizen. 30 Zuschauer, zwei Schauspieler, eine beeindruckende Geschichte.
- Theater muss wie Fußball sein: BVB und KJT.
- Von Frankfurt am Main über Leipzig und Dresden bis in die Hauptstadt der DDR: Mit dem Zug im Frühsommer 1990 auf kulturpolitischer Reise. Eine Initiative des Kinder- und Jugendtheaterzentrums in der Bundesrepublik Deutschland als Plädoyer für den Erhalt von Kultureinrichtungen in der Wendezeit. Endstation: Bundesjugendministerium Bonn.
- Theater als Schule des Sehens.
- 1999: Andreas Gruhn, der neue Leiter.
- »Poetischer Realismus, damit kann beschrieben werden, was das Team des Kinder- und Jugendtheaters seinem Publikum zeigen will. Für viele ist es die erste Begegnung mit dem Medium Theater; man muss erst einmal verstehen, dass auf der Bühne live gespielt wird, dass die Schauspieler dort auf der Bühne alle Kommentare hören können und spontane Reaktionen durchaus erwünscht sind.« (Andreas Gruhn)
- Kooperationen mit Museen, dem Westfalenpark und dem Kinderschutzbund.
- »Das Theater wirkt in die Stadt hinein, will Kultur, Geschichte, Poesie vermitteln und manchmal der Gesellschaft den Spiegel vorhalten.« (Andreas Gruhn)
- Theaterpädagogik als Dramaturgie des Zuschauerraums.
- Der Kulturdezernent gratuliert. Die Kinder feiern. Die Theatermacher freut's. Das Kindertheater wird 50.
- »Die Geschichte vom kleinen Muck«. Bettina Zobel bearbeitet das Märchen von Wilhelm Hauff. »Ein Erzähler führt durch die Geschichte, erklärt, verweist oder weist hin und greift am Ende sogar in die Fabel ein, wird Teil von ihr, geht von außen nach innen, wird vom Beschützer und Bewahrer zum Begleiter, schließlich zum Verbündeten und so für den Zuschauer zum Verbindungsmann zwischen Fiktion (auf der Bühne) und Realität (im Theatersaal).« (Joachim Giera im »Fundevogel«)
- Weiter so! Und ändert euch!

Intendant, Schauspieler, Regisseur und
Dirigent P. Walter Jacob gründete 1953
das »Kindertheater«

Friedrich Forster
»Robinson soll
nicht sterben«
Eröffnungspremiere
des »KJT«
31. Oktober 1953

Inszenierung:
Hans Keller

sitzend:
Erhard Grosser als
Daniel Defoe
von links:
G. König, R. Armbrüster,
H. G. Krogmann,
Erich Wittke,
Klaus Kindler,
H.-Karl Schulz

Volker Ludwig /
Detlef Michel
»Das hältste ja
im Kopf nicht aus«
Spielzeit 1980/81

Inszenierung: Klaus D.
Leubner
Musikalische Leitung:
Hanna Ruess
Ausstattung: Paul Huhle

von links:
Annett Schönmehl, Beate
Ehrmann, Ingeborg Haarer,
Detlev Redinger, Joe Glagau,
Ludwig Paffrath

»Fahrt ins Osterland«
Spielzeit 1955/56

Sir James Matthew Barrie
»Peter Pan«
Spielzeit 1968/69

225

Nach dem Roman
von A. A. Milne
»Pu der Bär«
28. Oktober 1999

Inszenierung:
Andreas Gruhn
Ausstattung:
Patrick Bannwart

Georg Starke (Pu)

Andreas Gruhn
»Vincent«
Uraufführung
4. Mai 2001

Inszenierung:
Andreas Gruhn
Ausstattung:
Patrick Bannwart
Musik:
Thomas Klemm

Rainer Kleinespiel
(Vincent)

100 Jahre Städtisches Theater Dortmund *Eine Chronik*

1904 17. September: Eröffnung des neu erbauten Stadttheaters am Hiltropwall mit Richard Wagners »Tannhäuser«; Architekt: Prof. Dr. Martin Dülfer, München; Direktor: Hans Gelling (Vereinigte Stadttheater Essen / Dortmund); Oberspielleiter der Oper: Alois Hofmann; das Philharmonische Orchester (gegründet 1887) übernimmt unter seinem Gründer und Musikdirektor Georg Hüttner den Operndienst; 1. Kapellmeister: Karl Wolfram (bis 1927 auch musikalischer Oberleiter der Oper)

1907 Theatergemeinschaft mit Essen aufgehoben; erster städtischer Theaterdirektor: Alois Hofmann (bis 1913); Oberregisseur des Schauspiels: Karl Habermeyer

1913 Theaterdirektor: Hans Bollmann (bis 1919); Oberspielleiter des Schauspiels: Wilhelm Maurenbrecher

1919 Erster »Intendant« (künstlerische und geschäftliche Oberleitung): Dr. Johannes Maurach (bis 1922); Künstlerischer Beirat: Bühnenbildner Hans Wildermann (bis 1926); Tod Georg Hüttners

1920 »Städtischer Musikdirektor«: Wilhelm Sieben (bis 1951)

1922 Intendant: Karl Schäffer (bis 1927)

1924 Richard-Strauss-Woche

1925 Oberspielleiter des Schauspiels: Wilhelm Maurenbrecher und Oskar Walleck; Oberspielleiter der Oper: Dr. Willi Aron

1927 Intendant: Richard Gsell (bis 1933); Wilhelm Sieben übernimmt die musikalische Oberleitung der Oper; Oberspielleiter der Oper: Oskar Walleck

1928 Oberspielleiter des Schauspiels: Wilhelm Maurenbrecher und Ernst Reschke

1931 Drohende Theaterschließung, Etatkürzungen

1933 Nach Machtergreifung der Nationalsozialisten Bruno Bergmann zunächst kommissarischer Theaterleiter, dann Intendant (bis 1935); Operndirektor: Dr. Georg Hartmann

1935 Intendant: Dr. Georg Hartmann (bis 1937)

1937 Generalintendant (bis 1944): Peter Hoenselaers; Oberspielleiter der Oper: Dr. Peter Andreas, 1. Kapellmeister: Hans Trinius, Oberspielleiter des Schauspiels: Siegfried Nürnberger; 50-jähriges Bestehen des Orchesters; Prof. Wilhelm Sieben zum GMD ernannt

1943 Dülfer'sches Haus von Bomben schwer getroffen, provisorischer Spielbetrieb im Foyer und auf Behelfsbühnen

1944 1. September: Schließung aller deutschen Theater

6. Oktober: neuerlich schwere Bombenzerstörungen des Stadttheaters

1945 Mitglieder des alten Ensembles kehren zurück; Schauspieler und Regisseur Willem Hoenselaers erster Nachkriegsintendant (bis 1947); erste Vorstellungen im St.-Michael-Bau in Aplerbeck, später im Saalbau in Marten und in verschiedenen Kinosälen; Wiederaufbau des Orchesters durch Wilhelm Sieben

1947 17. September: Eröffnung des Theaters in der Lindemannstraße; Intendant: Dr. Herbert Junkers (bis 1950); Willem Hoenselaers Schauspieldirektor und Schauspieler

1948 Abonnementsystem wieder eingeführt; weitere Spielstätten im Süd-Theater am Rheinlanddamm und in Mengede

100 Jahre Städtisches Theater Dortmund *Eine Chronik*

1949 Goethewoche mit prominenten Gästen
1950 Generalintendant: Paul Walter Jacob (bis 1962)
12. November: Eröffnung des neuen Kleinen Hauses (Opernhaus) am Hiltropwall mit Beethovens »Fidelio«; »Capitol«-Großkino als Konzertsaal genutzt
1952 GMD: Rolf Agop
1953 Gründung des Kindertheaters unter P. Walter Jacob
1954 Jubiläumsspielzeit zum 50-jährigen Bestehen der Städtischen Bühnen; Woche des zeitgenössischen Theaters; Beschluss zum Bau eines neuen Schauspielhauses
1955 Woche des Gegenwartstheaters
1958 Eröffnung des Schauspielhauses am Ostwall (Aula Käthe Kollwitz-Gymnasium)
1962 Generalintendant: Dr. Hermann Schaffner (bis 1965); Oberspielleiter der Oper: Reinhold Schubert; Oberspielleiter des Schauspiels: Rolf Schneider
1963 GMD: Wilhelm Schüchter
1965 Schüchter nach dem vorzeitigen Ausscheiden Schaffners auch Künstlerischer Leiter des Musiktheaters; Rolf Schneider kommissarischer Künstlerischer Leiter des Schauspiels
1966 3./4. März: Eröffnung des neuen Opernhauses (Architekt Heinrich Rosskotten) mit der Oper »Der Rosenkavalier« von Richard Strauss und dem Schauspiel »Leben des Galilei« von Bertolt Brecht; Gert Omar Leutner Schauspieldirektor
1968 Umzug des Schauspiels ins umgebaute Kleine Haus am Hiltropwall
1969 Eröffnung des Schauspielstudios im Haus am Hiltropwall

1970 Trennung der Sparten Musiktheater und Schauspiel; Intendant des Musiktheaters: GMD Schüchter; Intendant des Schauspiels: Gert Omar Leutner
1972 Vorschlag zur Auflösung des eigenen Orchesters und des Musiktheaters durch Kulturdezernent Dr. Alfons Spielhoff; Protestaktionen der Theatermitglieder
1973 Erkrankung Schüchters, Vertragsauflösung; zweites Exposé von Spielhoff zur geplanten Theaterreform, Protestzug von Theater- und Orchestermitgliedern aus Dortmund und den Nachbarstädten; Ablehnung des »Spielhoffpapiers« durch den Rat der Stadt
1974 27. Mai: Tod Wilhelm Schüchters; kommissarischer Intendant des Musiktheaters: Dieter Geske
1975 Generalintendant und 1. Regisseur des Musiktheaters: Paul Hager (bis 1983); Zweierdirektorium mit Verwaltungsdirektor Karlheinz Engels; GMD: Marek Janowski (bis 1980); Spartentrennung zwischen Musiktheater und Schauspiel aufgehoben; Oberspielleiter des Schauspiels: Andreas Weißert; Kooperationsvertrag für Oper und Schauspiel mit dem Theater Gelsenkirchen (nach wenigen Jahren wieder aufgelöst)
1978 England-Gastspiel des Opernensembles und Orchesters in Leeds
1980 GMD: Hans Wallat; Oberspielleiter des Schauspiels: Roland Gall
1982 Verwaltung schlägt Schließung des Schauspiels vor
1983 12. April: Tod Paul Hagers; Dieter Geske kommissarischer General-Intendant
1984 Leiter des Schauspiels: Jost Krüger

1985 Generalintendant: Horst Fechner (bis 1995); GMD: Klaus Weise; Oberspielleiter der Oper: Heinz Lukas-Kindermann; Schauspieldirektor: Guido Huonder; Kinder- und Jugendtheater bleibt selbstständige Sparte und zieht vom Theater am Ostwall in die Aula Sckellstraße

1990 Musikalischer Oberleiter (Interim): Siegfried Köhler

1991 GMD: Moshe Atzmon; kommissarischer Schauspieldirektor: Jost Krüger

1992 Schauspieldirektor: Jens Pesel

1994 GMD: Anton Marik

1995 Generalintendant: John Dew (bis 2001); Erster Regisseur und Leiter des Spechtheaters: Wolfgang Trautwein (bis Januar 1999)

1999 Schauspieldirektor: Michael Gruner; Leiter des Kinder- und Jugendtheaters: Andreas Gruhn

2001 Geschäftsführender Direktor: Albrecht Döderlein; kommissarischer Operndirektor: Albrecht Faasch; kommissarischer GMD: Hans Wallat (Ehrendirigent)

2002 Operndirektorin: Christine Mielitz; GMD: Arthur Fagen

13. September: Eröffnung des neu erbauten Konzerthauses Dortmund durch das Philharmonische Orchester unter Arthur Fagen

2003 Philharmonisches Orchester erhält den Namen »Dortmunder Philharmoniker«; Kinder- und Jugendtheater (KJT) feiert sein 50-jähriges Bestehen

2004 17. September: Festveranstaltung zur Eröffnung der Jubiläums-Spielzeit 2004/05

(Bei den Jahresangaben handelt es sich in der Regel um den Spielzeitbeginn des Theaters im Herbst)

Die Autoren

Dirk Aschendorf
Journalist; seit 2003 Leiter der Abteilung für Presse- und Öffentlichkeitsarbeit am Theater Dortmund.

Dr. Udo Bermbach
1971 – 2001 Professor für Politische Wissenschaft an der Universität Hamburg mit dem Schwerpunkt »Politische Theorie und Ideengeschichte«; seit einigen Jahren steht der Zusammenhang von Politik, Gesellschaft und Musiktheater im Mittelpunkt seines Forschungsinteresses; zahlreiche Veröffentlichungen, u.a. »Der Wahn des Gesamtkunstwerks. Richard Wagners politisch-ästhetische Utopie« (1994/2004); »Wo Macht ganz auf Verbrechen ruht. Politik und Gesellschaft in der Oper« (1997).

Detlef Brandenburg
Journalist, Chefredakteur der Zeitschrift »Die Deutsche Bühne«.

Dr. Ulrike Gärtner
Kunsthistorikerin in Dortmund.

Werner Häußner
Redakteur in Würzburg; Musikkritiker u. a. für das »Main-Echo« in Aschaffenburg und »Die Tagespost« in Würzburg.

Dr. Günther Högl
Historiker; seit 1995 Direktor des Stadtarchivs Dortmund.

Michael Holtkötter
Diplom-Kunsthistoriker; Denkmalpfleger bei der Stadt Dortmund und Lehrbeauftragter für Baugeschichte an der FH Dortmund.

Dr. Marieluise Jeitschko
Journalistin mit Schwerpunkt Kulturreportage sowie Tanz- und Musiktheaterkritik; freie Mitarbeit u.a. bei »Tanz-Journal«, »Ballett Intern«, »Die Deutsche Bühne« und »Rheinischer Merkur«.

Sigrid Karhardt
Kulturredakteurin der »Ruhr Nachrichten« und seit mehr als einem Vierteljahrhundert Chronistin des kulturellen und kulturpolitischen Geschehens in Dortmund.

Dr.-Ing. Renate Kastorff-Viehmann
Professorin an der Fachhochschule Dortmund, Lehrgebiete: Baugeschichte, Städtebau- und Technikgeschichte.

Stefan Keim
Freier Kulturjournalist u. a. für WDR, Deutschland-Radio, »Frankfurter Rundschau«, »Die Welt« und »Die Deutsche Bühne«.

Dr. Sonja Müller-Eisold
Musikkritikerin der »Westfälischen Rundschau« und 1. Vorsitzende des Richard-Wagner-Verbands Dortmund; ehemalige Lehrbeauftragte an der Hochschule für Musik in Dortmund.

Annegret Schach
Jounalistin, Kulturredakteurin der »Westdeutschen Allgemeinen Zeitung« in Dortmund.

Bernhard Schaub
Jounalist; als Kulturredakteur der »Westdeutschen Allgemeinen Zeitung« seit 1959 Chronist des Dortmunder Musiklebens.

Dr. Wolfgang Schneider
Direktor des Instituts für Kulturpolitik und Dekan des Fachbereichs Kulturwissenschaften und Ästhetische Kommunikation der Universität Hildesheim; Vorsitzender der ASSITEJ Deutschland und Präsident der Internationalen Vereinigung des Theaters für Kinder und Jugendliche.

Thomas Voigt
Freier Musikjournalist, in den letzten Jahren vor allem für WDR, DLR und BR; seit 1988 Mitglied der Jury »Preis der Deutschen Schallplattenkritik«, 1992–1996 Redakteur der Zeitschrift »Opernwelt«, 1998–2003 Chefredakteur des Klassik-Magazins »Fono Forum«; auch als Moderator, Autor und Dozent tätig.

Rainer Wanzelius
Journalist; Kulturredakteur der »Westfälischen Rundschau« in Dortmund.

Bildnachweis

Einar Bangsund, Dortmund (188, 189);
Thilo Beu, Dortmund (187, 188);
Gudrun Bublitz, Stuttgart (19);
Foto Feldmann, Dortmund (136, 138, 139);
Theo Grüne, Geseke (167);
Helga Heinersdorff, Dortmund (140, 141, 225);
Otto Kaschewitz, Dortmund (76);
Helga Kirchberger, Dortmund (158, 160, 161, 162, 163, 164, 165, 166, 182, 183, 184, 185, 186, 201, 202);
Walter Kirchberger, Dortmund (200, 219, 224);
Slg. Krause-Stadthaus, Dortmund (136);
Andrea Kremper, Dortmund (171, 191, 192);
Hans Kühn, Mönchengladbach (201);
Franz Luthe, Dortmund (10);
Slg. Gisela Pamp, Herdecke (138);
Horst-Dieter Roggenbach (213);
Stadt Dortmund, Denkmalbehörde (76, 79, 80);
Stadt Dortmund, Presseamt (142);
Stadt Dortmund, Stadtarchiv/Slg. Valentin Frank (76, 77, 78, 108, 109, 127, 128);
Städtische Bühnen Dortmund (130, 139, 159, 161, 163, 165, 180, 181, 182, 201, 224, 225);
Stage Picture, Björn Hickmann (15);
Stage Picture, Thomas M. Jauk (12, 13, 16, 17, 23, 172, 220, 221);
Stage Picture, Bettina Stöß (173, 205);
Matthias Stutte, Krefeld (169, 170, 189, 190, 203, 204);
Anke Sundermeier, Dortmund (226);
Theaterwissenschaftliche Sammlung des Instituts für Theater-, Film- und Fernsehwissenschaft der Universität Köln (86, 87, 88);
Martin Wampl, Dortmund (202);
Armin Wenzel, Essen (168)

Alle nicht einzeln aufgeführten Abbildungen:
Archiv Theater Dortmund

Abbildungen Umschlag:
Archiv Theater Dortmund; Stage Picture, Thomas M. Jauk; Stadtarchiv Dortmund; Jürgen Wassmuth.

Wir danken besonders dem Stadtarchiv Dortmund für die Unterstützung bei der Bildrecherche.

Trotz größter Sorgfalt konnten die Bildquellen nicht in allen Fällen ermittelt werden.
Wir bitten gegebenenfalls um Mitteilung.